Von Robert Payne ist als
Heyne-Taschenbuch erschienen:

Stalin · Band 12/48

GRETA GARBO

Ihre Filme – ihr Leben

von
ROBERT PAYNE

WILHELM HEYNE VERLAG
MÜNCHEN

HEYNE ALLGEMEINE REIHE
Nr. 01/7919

Titel der Originalausgabe
THE GREAT GARBO
Aus dem Amerikanischen übersetzt
von Christa Bandmann

Dieser Titel erschien bereits in der
Heyne Filmbibliothek mit der Band-Nr. 32/33
und in der Allgemeinen Reihe
mit der Band-Nr. 01/5634.

3. Auflage
1. Auflage dieser Ausgabe

ISBN 3-453-04722-2

Inhalt

Für
Patricia
amantissima diva

Die große Garbo

Danksagung

Für Rat und Hilfe danke ich Ivy Wilson, Melvyn Douglas, George Cukor, Rexford Stead, Mr. Homler von der MGM, Arnold Genthe, Lena Daun, den Bibliothekaren der New Yorker Filmakademie, den *Movie Star News*, dem Svenska Filminstitut in Stockholm und William Rayner.

Die Legende

Was also sollen wir erst glauben, wenn einer dazu gelangte, jenes Schöne selbst rein, lauter und unvermischt zu sehen, das nicht voll menschlichen Fleisches ist und Farben und anderem sterblichen Flitterkram, sondern das göttlich Schöne selbst in seiner Einzigartigkeit zu schauen?

PLATO, *Symposion*

Sie allein wurde unter den Frauen ihrer Zeit zur Legende. Sie lebte ihr Leben wie alle anderen, mehr oder weniger konventionell, wurde von ihrer Umgebung geachtet, sagte die Dinge, die von ihr erwartet wurden, aber als Mythos hob sie sich ab von der Menge, wurde von Millionen Menschen geliebt und verehrt, weil sie in den Augen ihrer Anbeter Liebe und Verehrung verdiente. Sie war in ihren Filmen selten das, was man eine große Schauspielerin nennt. Sie hatte keine außergewöhnliche Botschaft zu vermitteln. Sie hielt auch keine Reden, stand nie an der Spitze einer Bewegung und liebte es nicht, etwa wie Helena von Troja, den neugierigen Blicken ganzer Heerscharen ausgesetzt zu sein. Ihr Leben war bemerkenswert ereignislos. Doch die Legende gedieh, genährt von ihrer Schönheit. Über unser Jahrhundert hinaus wird man von der vollkommenen Schönheit ihres Gesichtes sprechen.

Die Ebenmäßigkeit ihres Antlitzes hätte den Neid der Götter heraufbeschworen: ein Gesicht von äußerster Feinheit, geschliffen aus Porzellan, geklärt in lodernden Flammen, glatt wie der Kieselstein eines Bergbaches. Das war die göttliche Schönheit, von der Plato sprach, und von der die Dichter träumten. Sie war die Abstraktion von Schönheit, das platonische Ideal, entrückt und unwirklich und doch gegenwärtig, jeden bezaubernd, dem sie begegnete.

Ihr Gesicht war ein einmaliges Phänomen: Aus welchem Blickwinkel es auch betrachtet wurde, es zeigte höchste Vollendung, enthüllte eine neue Makellosigkeit. Nase, Mund, Wangen und Stirn – alles befand sich in vollkommenem Einklang. Die Gesichtszüge wurden von großen, brennenden Augen beherrscht, die ein inneres Licht zu erleuchten schien, das es ermöglichte, sich mit ihr zu unterhalten, ohne ein Wort zu sprechen, statt dessen dem ständig wechselnden Licht ihrer Augen zu folgen und zu antworten. Ihre Augenlider waren schwer, ihre Wimpern ungewöhnlich lang. Zweifelte ein Freund an ihrer Echtheit, sagte sie: »Zieh dran, dann wirst du's sehen!« Also zog er dran und stellte fest, daß sie tatsächlich zu ihr gehörten. Zeigte sie sich in der Öffentlichkeit, pflegte sie sie zu tuschen, denn sie waren von der hellen Farbe ihres Haares.

Keine andere Schauspielerin glich ihr, weil sie keiner anderen glich. Sie besaß ein außergewöhnliches Maß an Faszination, nicht nur wegen ihrer Schönheit; es war vielmehr diese Lebensgier die sich in ihrem Gesicht widerspiegelte – eine wilde, kindliche Begeisterung, die direkt unter der Oberfläche ihrer Haut zu liegen schien. Ihre Bewegungen hatten die Leichtigkeit wie die von Kindern, und wenn sie ging, schritt sie wie ein Kind, wie ein Eroberer aus. Sie lachte wie ein Kind, hob die Schultern wie ein Kind und benahm sich frei und ungezwungen. Und während ihre Bewegungen denen von Kindern glichen, trug sie in ruhender Pose den Hochmut einer Königin oder Kaiserin zu Schau. Sie war sich dieser dünkelhaften Gesten bewußt, aber da sie gleichermaßen schön war, ob sie nun lächelte oder die Stirn runzelte oder sich hoffärtig gebärdete, nahm keiner Anstoß daran. Ihre Schönheit und ihre Art zu handeln, waren nicht voneinander zu trennen, und das Publikum achtete selten darauf, welche Gefühle sie in ihren Filmen darzustellen hatte, über deren Banalität sie eigentlich erhaben war. Für die Zuschauer war sie eher eine Göttin als eine Schauspielerin.

Das Wunderbarste an ihr war die Ausstrahlung ihres Gesichtes – ein ruhiges, weißes, reines, durchsichtiges Licht. So muß Aphrodite ausgesehen haben, als sie mit Salzkristallen im Haar den Fluten entstieg. Ihre Anmut war betörend. In einem Zeitalter, das keine Göttinnen auf Erden hervorbrachte, erkannte man in ihr die Göttin, und war sie keine, so glich sie einer Göttin eher, als jede andere Sterbliche. In ihrem Blick lag immer etwas Segnendes, weniger Befehlendes, oftmals sogar Erstaunen, als könnte sie sich nicht daran gewöhnen, so bewundert und verehrt zu werden. Sie war alles in einem: kindlich, jungfräulich, königlich und mütterlich, und diese widersprüchlichen Eigenschaften und ihre vollendete Schönheit machten aus ihr jene Göttin.

Sie tauchte zu einer Zeit auf, in der sie dringend gebraucht wurde, in den schweren Jahren, die dem Ersten Weltkrieg folgten. Sie verschwand für immer von der Filmszene, nachdem der Zweite

›Anna Christie‹ *(Anna Christie, 1931) von Jacques Feyder*

›In Mata Hari‹ (Mata Hari, 1931) von George Fitzmaurice

Weltkrieg ausgebrochen war. Sie trat in eine Welt, von der sie erwartet wurde, einer Welt, die gehofft hatte, daß eine Göttin erscheinen möge. Und sie erschien nun tatsächlich, ausgerüstet mit allen Eigenschaften, die zu einer Göttin gehörten. Kraft, Würde und Herrlichkeit – alle diese Qualitäten, die beinahe außerhalb des menschlichen Vermögens liegen – schienen ihr eigen zu sein. Mit einem Lächeln gelang es ihr, aus einem Mann einen Sklaven zu machen, mit einem Blick, zu töten. Frauen fühlten keine Eifersucht; denn sie war ein Wesen, was außerhalb ihrer Welt existierte. Männer begehrten sie nicht, da sie menschlichem Verlangen entrückt schien, wenngleich sie in ihren Filmen alle Gefühlsregungen der Liebe durchlebte. Ihre Filmliebhaber wirkten nahezu töricht. Jeder Mann glaubte, er könne es besser, und gleichzeitig fühlte er sich frei von jeder Verpflichtung, sich beweisen zu müssen. Es genügte, ihre Schönheit zu betrachten, in ihr zu ertrinken. In ihrem Gesicht war etwas von der Ursprünglichkeit der Natur, des Windes, von gemeißeltem Gestein. Schnee wurde zu Feuer, Feuer wieder zu Schnee. Irgendwo im Herzen dieses Mysteriums brodelte ein wilder Vulkan.

Sie war die *stella assoluta*, der Stern der Sterne. Auch dies war eine Ehre, die ihr dank göttlicher Fügung zustand, sie hatte nichts dafür getan. Sie nahm diese Honneurs huldvoll entgegen. Sie machte sich nicht viel daraus, denn ihrer Schönheit war sie sich bewußt. Für die meisten Menschen hatte ihr Aussehen etwas Mystisches. Es war, als hätte Gott ein makelloses Gesicht erschaffen und es in der vollkommensten Form, die ihm entsprach, geformt und vollendet. Es war etwas so Reines und Klassisches in diesem Gesicht, daß man vermuten konnte, es wäre einst in Stein gemeißelt und würde wieder zu Stein. Es war undenkbar, daß es alt werden würde, und es war undenkbar, daß sie sterben könnte.

Ihr Körper war von gleicher Beschaffenheit wie ihr Gesicht. Er war schlank und geschmeidig und schien sich ohne jede Anstrengung zu bewegen. Sie ging nicht, sondern schritt mit flinken, pantherartigen Bewegungen aus. Ihre Schultern waren eckig und breit, ihre Brüste klein, ihre Hüften rund, ihre Hände lang und schmal und wunderschön geformt. Von den Schultern bis zu den Knien hatte sie die Figur eines Athleten, die Beine und Füße glichen denen eines Landmannes und waren um so schöner, weil sie solide und kräftig geformt waren. Ihr Körper glich dem einer Göttin, eines Kindes und einer reifen Frau. Selbst wenn sie sich wollüstig auf einem Bärenfell räkelte, ließ sich das einst schlaksige und

langbeinige Kind nicht verleugnen. Ebenso wie ihr Gesicht wurde ihr Körper oft plötzlich unbeweglich, verlor sich in Meditation, und dann, ebenso schnell, wie sie lächelte, wurde ihr Körper wieder lebendig. Doch gefesselt von ihrem Gesicht, blieb ihr Körper für den Betrachter im Dunkel. In der Verzauberung ihres Lächelns lag die Erfüllung sehnlichster Wünsche.

Für die Zuschauer war ihr Körper tatsächlich nicht so wichtig. Sie nahmen wahr, daß er sich durch den Raum bewegte, daß er elegant gekleidet war und ab und zu in die Arme eines Leinwand-Liebhabers fiel. Sie selbst war gegenwärtiger, wenn ihr Gesicht in Großaufnahme auf der Leinwand erschien. Sie existierte für ihr Publikum als ein Gesicht und eine Haltung. Als Homer versuchte, ein Bild von Helena zu vermitteln, schilderte er, wie sie den Festungswall von Troja entlangschritt, umweht von einem glänzenden Schleier. Aber er beschrieb niemals ihr Gesicht. Es genügte den Griechen, den Schleier zu sehen, um die Schönheit, die sich dahinter verbarg, zu erahnen. Und es war nicht nötig, die Garbo zu beschreiben. Auch sie trug einen Schleier, der ihre Schönheit enthüllte und gleichzeitig verbarg. Ihre Fremdartigkeit war dem Zuschauer vertraut, aber sie blieb fremdartig. Doch vermittelte sie immer das Gefühl des *déjà vu*. Wir haben sie schon einmal gesehen, aber wo? In einem Traum? Oder vor langer Zeit? Wir erinnerten uns an ein Gesicht in der Menge, das flüchtig aufleuchtete und das man niemals wieder vergaß. Oder war es die Erinnerung an eine vor langer Zeit erzählte Geschichte? Oder sahen wir sie in einem anderen Leben? Wenn wir ihr nicht schon einmal begegnet sind, wie können wir unser Gefühl der Vertrautheit mit ihr erklären?

Keine andere Filmschauspielerin übte diese seltsame Wirkung auf uns aus. Vieldeutigkeit umgab sie, denn sie war beides: entrückt und sehr nah. Sie war von dieser Welt und sie war es doch nicht. Wir erblickten sie mit dem Schock des Erkennens, wie es Dante erging, als er Beatrice auf dem Ponte Vecchio begegnete, und im selben Augenblick erkannten wir wie Dante, daß wir sie schon einmal gesehen haben.

Im Film sahen wir sie in der Rolle der *femme fatale*, der Verführerin und der Versuchung, aber wir wußten, sie war nichts von alledem. Wir fragten uns, was wäre, wenn sie Rollen erhielte, die ihrer würdig waren? Endlich spielte sie Rollen wie die Königin Christine, die Kameliendame und Anna Karenina, die ihr entsprachen, zumindest annähernd. Aber warum wurden so viele schlechte

Filme mit ihr gedreht? Keiner schien den geringsten Zweifel an ihrer Schönheit und an ihrem Talent zu haben. Dennoch spielte sie Jahr für Jahr in Filmen, die uns heute völlig blödsinnig erscheinen, und die nur durch ihre Gegenwart erträglich wurden. Das waren die Augenblicke, in denen alles, was nicht Garbo war, aus dem Bild verbannt war. Nur sie allein beherrrschte die Leinwand auf eine glänzende Weise zwanglos, versehen mit all jenen zusätzlichen Rechtfertigungen, die denjenigen zustehen, die wahrhaft schön sind, so daß ihnen alles erlaubt ist. Ihr war es sogar erlaubt in drittklassigen Filmen zu spielen.

Dieses Problem konnte kaum mit den üblichen Begriffen der Hollywood-Produzenten gelöst werden. Sie betrachteten sie als Handelsware, die beliebig vermarktet werden konnte. Sie debattierten endlos über Verkaufsmöglichkeiten, eingängige Werbeslogans und andere Marktstrategien. Und sie fanden auch eine Schublade: die *femme fatale*. Und das schien zu funktionieren. Sie eruierten und erfuhren, daß das Garbo-Publikum in Europa viel größer war als in den Vereinigten Staaten. Doch auf die naheliegende Idee, die Garbo in Europa filmen zu lassen, kamen sie nicht. Statt dessen etikettierten sie sie als »Hollywood-Requisit«, nahmen sie an die Hand, stellten ihr die jugendlichen Filmliebhaber aus dem Hollywood-Repertoire zur Seite. Aber sie dachten kaum über das Problem nach, mit dem sie sich wiederholt konfrontiert sahen: ihr perfektes Aussehen mit einer Rolle in Einklang zu bringen. Ihr Gesicht strahlte Poesie aus, also sollte auch ihre Rolle etwas Poetisches haben. Sie war von der Veranlagung her eine dramatische Schauspielerin, also sollte sie auch in einem Drama eingesetzt werden. Statt dessen umgab man sie mit dem albernen Fluidum der geheimnisumwitterten Frau mit dunkler Vergangenheit, die dazu bestimmt ist, harmlose Männer zu umgarnen, um sie schließlich zu zerstören. In diese Schablone sah sie sich hineingepreßt, und es schien, als würde sie da nie wieder rauskommen.

Ein schönes, hochgeistiges Einhorn hatte den Garten betreten. Die Eigentümer betrachteten es, erwogen die verschiedensten Probleme, die sich durch sein Erscheinen ergeben hatten, und entschlossen sich, eine Kette um seinen Hals zu legen, um es als Arbeitspferd zu benutzen. Es wurde ein Arbeitspferd. Allerdings mit einem Unterschied: Es blieb ein Einhorn.

Das war nicht unbedingt die beste Art, das Problem zu lösen. Das Überraschende daran war, daß die MGM (Metro-Goldwyn-Mayer) drei Jahre lang wirklich nicht wußte, was sie mit ihr anfan-

›Camille‹ (Die Kameliendame, 1937) von George Cukor

gen sollte. Sie drehten zehn Filme mit ihr, die nur deshalb bedeutend waren, weil sie so unbedeutend waren. Poesie und Dramatik kamen in den Drehbüchern nicht vor, sondern zeigten sich nur in ihrem Gesicht. Schlafwandlerisch ging sie durch ihre Filme, fügte sich den Anordnungen der Regisseure, leicht frustriert, sich treiben lassend. Sie war damals bereits im Begriff, eine Legende zu werden, aber das hatte nichts mit der Qualität ihrer Filme zu tun.

Der Stein des Anstoßes war ihre Schönheit, die fortwährend mit der Arroganz ihrer perfekten Proportionen überraschte. Sie hatte nichts mit gewöhnlicher Schönheit gemein, sie konnte keinen üblichen Zwecken dienen, ohne daß es verheerende Folgen gehabt hätte. Sie ruhte in sich selbst und gehorchte ihren eigenen Gesetzen.

»Was also sollen wir glauben, wenn der Mensch dazu gelangte, jenes Schöne selbst rein, lauter und unvermischt zu sehen?« fragte Plato im Symposion. Und er antwortete, daß wir, wenn wir wirklich die vollkommene Schönheit sähen, in das Gesicht Gottes schauten, die schrecklichste und entsetzlichste Erfahrung, die man sich vorstellen kann.

In der ersten der »Duinenser Elegien« sieht sich Rainer Maria Rilke, wie er in Verzweiflung zu den Engeln ruft:

»Wer, wenn ich schrie, hörte mich denn aus der Enge Ordnungen? Und gesetzt selbst, es nähme einer mich plötzlich ans Herz: Ich verginge vor seinem stärkeren Dasein. Denn das Schöne ist nichts als des Schrecklichen Anfang, den wir grade noch ertragen, und wir bewundern es so, weil es gelassen verschmäht, uns zu zerstören. Ein jeder Engel ist schrecklich.«

Ihre besondere Eigenschaft war diese erschreckende Schönheit, die zerstörerisch und gleichzeitig schöpferisch wirkte, die die Menschen von ihrem Alltag ablenkte, sie dazu brachte, nach dem Unmöglichen zu streben, und die ihre Wunden nur heilte, um sie wieder zu öffnen. Mit ihrer Anwesenheit forderte sie die Perfektion heraus, und das allein, war revolutionär genug. Ihre Schönheit ließ die anderen Frauen nicht in Erscheinung treten. Aber ihre Schönheit hatte soviel Macht, daß man ihr nicht grollte. Im Gegenteil – sie freuten sich darüber. Es amüsierte, welchen verheerenden Einfluß ihre Schönheit auf die Vorstellungskraft der Männer hatte.

Diese vollendete Schönheit war einem Zeitalter zu wünschen, in dem Bildhauer, Maler und Dichter und nicht Filmemacher sie hätten feiern können. Film ist die vergänglichste unter den Kün-

›Queen Christina‹ (Königin Christine, 1933) von Rouben Mamoulian

›Camille‹ (Die Kameliendame, 1937) von George Cukor

sten. Und bereits einer der Garbo-Filme – *Das göttliche Weib (1928)* – ist verdorben. Das Negativ, soweit bekannt ist, hat sich zersetzt, und eine Kopie ist bislang nicht gefunden worden.

Zur Zeit des Lorenzo Medici haben die Bildhauer, Maler und Dichter der Schönheit der Simonetta Vespucci in Stein, auf Leinwand und Papier gehuldigt. Sie zeigten die vollendete Schönheit, wie sie unter ihnen lebte, und gaben der Nachwelt Zeugnis davon. Solange Simonetta Vespucci lebte, beherrschte sie Florenz, und als sie in frühen zwanziger Jahren von der Schwindsucht dahingerafft wurde, wurde ihr Körper im Triumph durch die Straßen von Florenz getragen, damit die Menschen sie ein letztes Mal betrachten konnten, wissend, daß sich dieses Wunder niemals wiederholen würde.

Wie Simonetta Vespucci, wurde die Garbo bereits zu ihren Lebzeiten zur Legende, ohne die Gesetze, nach denen Legenden entstehen, zu verstehen oder zu kennen. Die MGM nahm für sich in Anspruch, dieses Mysterium erfunden zu haben. Tatsache aber ist, daß diese Legende gar nicht erst erfunden werden mußte. Sie schuf sie selbst, fast unbewußt und ohne Anstrengung. Als sie ungefähr acht Jahre alt war, gab sie auf dem schrägen Dach eines Schuppens in einem schäbigen Stockholmer Hinterhof ihre erste Vorstellung. Danach wurde sie Schritt für Schritt die Begleiterin ihrer eigenen Legende, die neben ihr herlief. Sie war scheu, störrisch, launisch und so unsicher, daß sie gar nicht bemerkte, wieviel Liebe, Zuneigung und Sympathie ihre Verehrer ihr entgegenbrachten. Ihre Schönheit machte sie oft verlegen und ängstigte sie gar, doch dann war sie ihr wieder so selbstverständlich und vertraut, daß sie ihr gleichgültig war.

Zwischen zwei Weltkriegen, im Zeitalter der Tyrannei, der Armut und der Massaker, war sie eine der wenigen, die dem menschlichen Leben Würde verliehen. Da sie mit ihrem ganzen Herzen Schauspielerin war, glich sie einer göttlichen Gnade, die ebenso unerwartet erschien wie sie wieder verschwand. Doch sie wurde nicht vergessen. Neue Generationen wuchsen heran, die sie ebenso verzauberte, verwirrte und beglückte. Sie bevölkerten die Garbo-Festivals, sahen ihre Stummfilme und fragten sich auch, wie es wohl möglich war, daß eine Schauspielerin solche schwachsinnigen Filme gedreht hatte. Warum hatte sie sich derartig mißbrauchen lassen? Und wie konnte es geschehen, daß sie sich in *Königin Christine* und *Die Kameliendame* triumphierend über diese Banalitäten erhob, die sie als Schauspielerin zu zerstören drohten? Warum ging sie weg vom Film? Was besaß sie, was andere Schauspieler nicht besitzen? Zweifellos zeichnete sie etwas Seltsames und Rares aus, aber das war nicht allein ihre Schönheit.

Alle Menschen sind mehr oder weniger von Geheimnissen umgeben, und wir werden auch das Mysterium Garbo nicht vollends aufdecken können. Sie genoß ihre Zurückgezogenheit, lebte ihrem Beruf und ging allen öffentlichen Ehrungen so weit wie möglich aus dem Wege. Sie sagte nie, daß sie allein sein wolle. Sie sagte, sie wolle allein gelassen werden, um ihr eigenes Leben zu leben. Sie wollte sie selbst bleiben, denn sie hatte frühzeitig erkannt, daß Schauspieler auf Grund ihres Berufes leicht zu dem werden können, was das Publikum von ihnen erwartet. Das Publikum drohte, sie in ihr eigenes Image einzusperren, und mit der ihr eigenen Sensibilität zog sie sich brüsk zurück, um sich zu retten. Was sie zu sagen hatte, sagte sie in ihren Filmen. Der Rest war Schweigen. Bei einer genaueren Betrachtungsweise ihrer Filme enthüllen sie manchmal sehr deutlich ihre Sehnsüchte und Leidenschaften und ihre erstaunliche Fähigkeit, sich fremde Stimmungen und Gedanken aufzubürden, die notwendigerweise mit den eigenen nichts zu tun hatten.

Sie hatte die Macht, Regisseure, Kameramänner, Schauspieler und Drehbuchautoren ihrem Willen unterzuordnen. Manchmal bemerken wir mitten in einem Film, daß sie etwas sagt, das mit der Film-Story überhaupt nichts zu tun hat, wo sie zu sich selbst spricht und allein zu sein scheint. Das ist dann eindringlicher, als alle Worte, die für sie geschrieben wurden.

Dies ist ein Porträt der Schauspielerin Garbo, ihrer Triumphe und ihrer Niederlagen, der unvorhergesehenen Ereignisse, die sie nach Hollywood und zu Weltruhm brachten. Innerhalb weniger Jahre wurde sie zum Star der Stars, zur *stella assoluta*, zur einzigen Schauspielerin ihrer Zeit, über die in ferner Zukunft noch gesprochen werden wird.

Die Kindheit der Greta Gustafsson

*Meine Liebe zu Schweden ist unendlich, da
die Phantome überall sind.*

RAINER MARIA RILKE

Schweden ist ein rauhes Land, wo die langen Winter die Erinnerung an die kurzen Sommer vertreiben. Das Land der blauen Seen, der einsamen Berge, der unendlichen Wälder und der ungestümen arktischen Winde hat den Geist und Charakter der Menschen geprägt. Sie sind wechselweise ruhig, aufbrausend, überschäumend, intro- und extrovertiert. Sie sind Menschen von natürlicher Schönheit, blauäugig und blondhaarig mit einer eigenartigen hellen Haut. Sie lieben das Leben, lachen wenn die Sonne scheint und hassen die langen Winter, die sie in Eis und Nebel hüllen.

In diesen langen Wintern auferstehen die Geister der Vergangenheit und plagen die Schweden von heute. Sie erinnern sich an die in ganz Nordeuropa gefürchteten schwedischen Piraten und an die Mythen früherer Zeiten, als heldenhafte Schlachten gegen schauerliche Gestalten stattfanden, als Ungeheuer dem Meer entstiegen, und als der geheimnisvolle König Erik ein Dorfmädchen zu seiner Königin machte. Dann waren da noch andere Könige wie Gustav Wasa, der wechselweise blutrünstig und sanft war, der die in alle Richtungen verstreuten Stämme zu einem Königreich einte. Da war Gustav Adolf, der aus einem Königreich ein Kaiserreich machte, der gegen die aufstrebende Macht Rußlands wütete, der seine Henker nicht ruhen ließ, bis sie ihre scharfen Äxte schwangen, um ihre Opfer in Ketten zu legen, zu foltern, bis sie sich endlich zu Tode bluteten. Diese Folterinstrumente sind im Götengarten-Museum in Stockholm zu besichtigen. Einer der schwedischen Könige, Gustav III., wurde in seiner Theaterloge erschossen. Andere Könige starben in geistiger Umnachtung oder fielen auf dem Schlachtfeld. Es war eine wilde und legendäre Geschichte, einem hochgeistigen Volk angemessen.

Es war auch ein duldsames und gottesfürchtiges Volk, das Erinnerungen in Ehren hielt, um sie an die Nachwelt weiterzugeben. Dorfstamm-Rollen, Tauf- und Heiratsregister sowie Sterbeurkunden wurden sorgsam aufbewahrt, so daß es den Anschein hatte, als sei dieses Volk in seine Vergangenheit verliebt. Wir kennen die Geschichten ziemlich obskurer Familien. Wir wissen zum Beispiel, daß im Jahr 1600 im Dorf Asby in der Provinz Östergötland in Südostschweden ein Junge namens Jonas Anderson-Ekstrand geboren wurde. Mit fünfzehn Jahren meldete er sich bei der Armee von Gustav Adolf, und mit dreißig kehrte er wieder in sein Dorf zurück, um zu heiraten. Er kam nie über den Rang eines gemeinen Soldaten hinaus. Sein Weib schenkte ihm fünf Söhne, und sein ältester Sohn Carl machte ihn viermal zum Großvater. Normalerweise hätte der älteste Sohn den Namen Carlsson gehabt. Aber aus unbekannten Gründen nahm er den Namen Carl Gustav Frederiksson an, und sein Sohn nannte sich Johan Gustafsson. Das war das Ende des verwirrenden Namenwechselspiels, und die Kinder von Johan behielten den Namen Gustafsson. So geschah es, daß in der zwölften Generation nach Jonas Anderson-Ekstrand in dem armseligen Arbeiterviertel Södermalm in Stockholm ein Mädchen namens Greta Lovisa Gustafsson geboren wurde, Nachfahrin des Soldaten Asby und von Generationen von Bauern. Die Welt kennt sie als Greta Garbo.

Stockholm ist eine Stadt, die aus Inseln besteht, die durch Brücken miteinander verbunden sind. Im Herbst erhält der Mälarsee eine dunkle Farbe, und die Wolken schieben sich wie Treibeis zusammen. Auf den Zinnen und Türmen der Altstadt glitzert der Frost, und wenn dann der Schnee fällt, ist der See fast so weiß wie die Stadt. Zu Beginn des Winters überraschen eiskalte Regengüsse, und dichter Nebel umhüllt die Stadt. Eisige Winde wehen zwischen den Inseln. Södermalm, das auf einer Felsinsel liegt, ist diesem Wind sehr ausgesetzt. Pfeifend saust er durch die dunklen, schäbigen Straßen. In Södermalm leben Menschen, die sich entschlossen haben, den Elementen zu trotzen, oder die es sich nicht leisten können, woanders zu leben. Man blickt von dort auf den See, auf die Altstadt und den Hafen hinab. Nachts sieht man die Lichter der Altstadt und glaubt, vom Herzen Stockholms eine Ewigkeit entfernt zu sein.

Inzwischen sind die Verhältnisse besser geworden, aber damals lag Södermalm in den Händen der Armut. Die Bewohner waren kleine Geschäftsleute und einfache Arbeiter. Es gab einzelne »gute« Straßen, die beste war Götgatan, die quer über die Insel verläuft. Sie war breit und gut gepflastert, und die Geschäftsleute achteten darauf, daß die Schaufenster sauber und die Fensterläden frisch gestrichen waren. In den Seitenstraßen aber sah es ganz anders aus. Auf halber Höhe der Götgatan mündet die Blekingegatan mit ihren vier- und fünfgeschossigen Wohnhäusern. Dort ist alles häßlich. In einer kleinen Dreizimmerwohnung in der Blekingegatan 32 in der vierten Etage verbrachte Greta Lovisa den größten Teil ihrer Kindheit. Sie wurde im örtlichen Krankenhaus am frühen Morgen des 18. September 1905 geboren.

Ihr Vater Carl Alfrid Gustafsson wurde in dem kleinen Dorf Frinnaryd in Südschweden geboren und verbrachte die ersten zwanzig Jahre seines Lebens auf dem Hof des Vaters. Er war ein gutaussehender Mann, über ein Meter achtzig groß, und seine berühmte Tochter war ihm sehr ähnlich. Er hatte ein sehr offenes Gesicht, das starke Sensibilität vermuten ließ. Er sah nicht aus wie ein Bauernsohn, und tatsächlich fragten sich manche Leute, ob er nicht einer anderen Gesellschaftsschicht angehörte. Seine Haltung war anmutig, und er hatte eine angeborene Sanftheit und Freundlichkeit, die ihn von all den anderen Arbeitern unterschied. Er selbst behauptete immer, Mechaniker gewesen zu sein, aber in Wirklichkeit verbrachte er den größten Teil seines Lebens als einfacher Arbeiter in Stockholm. Er hatte es immer schwer in seinem Leben.

Carl Alfrid war siebenundzwanzig als er Anna Lovisa Karlsson heiratete. Sie war die Tochter eines Bauern aus einem Dorf in Wärmland in Mittelschweden. In ihren Adern floß lappländisches Blut, und von ihrer Herkunft zeugten auch die mongolischen Augenfalten. Sie war sehr empfindsam, aktiv und sprach einen bäuerischen Dialekt. Im Gegensatz zu ihrem Mann, der sehr gern las, hatte sie nie ein Buch zur Hand genommen. Sie machte nie viele Worte, sondern handelte. Bei ihren Mitmenschen war sie sehr beliebt. Zur Familie Gustafsson gehörten noch zwei weitere Kinder: Sven, der Erstgeborene, der seinem Vater glich, und Alva, die der Mutter ähnlich sah.

In späteren Jahren, als aus Greta Lovisa Greta Garbo geworden war, wurde sie einmal nach ihren Kindheitserinnerungen gefragt. Sie konnte sich an nichts mehr erinnern, lediglich an die Schule und daran, daß sie dort fast jeden Augenblick haßte, und daß sie keinen großen Eindruck bei ihr hinterließ. Es gab die üblichen Jugendstreiche. Neben der elterlichen Wohnung lebte eine verbitterte alte Jungfer, die sich immer über die Kinder beklagte, die sich dann ihrerseits rächten, indem sie ihr Sand und Wasser ins Fenster warfen bzw. schütteten. Greta Lovisa war der Anführer dieser Bande, denn als Kind war Greta ein Wildfang, liebte Bockspringen und hatte ihren eigenen, eifersüchtig bewachten Sack mit Mur-

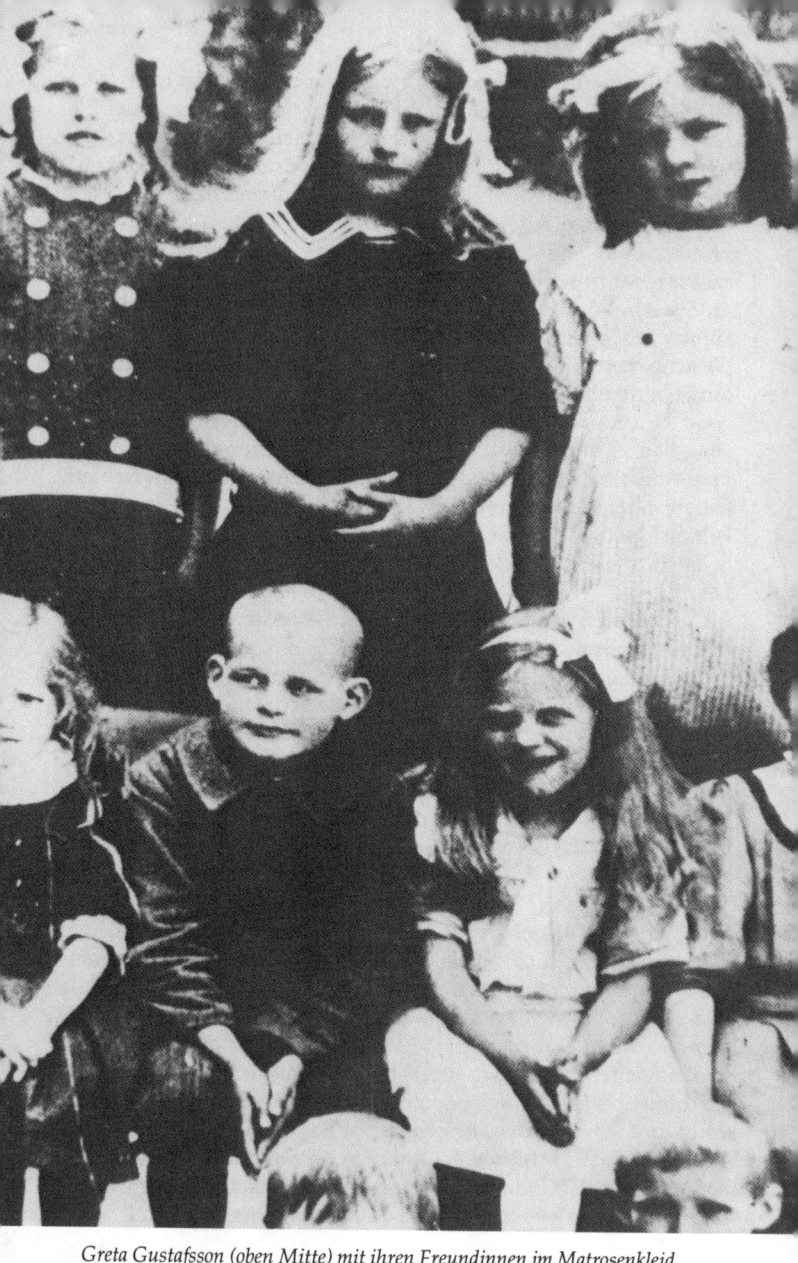

Greta Gustafsson (oben Mitte) mit ihren Freundinnen im Matrosenkleid

meln. Sie wäre gern ein Junge gewesen und stellte sich manchen Leuten als der Sohn der Gustafssons vor.

Die Nachbarn hatten sie als ein dünnes, schlaksiges, mondgesichtiges Kind in Erinnerung, das schnell in die Höhe schoß und nie genügend zu essen hatte. Auf der gegenüberliegenden Straßenseite befand sich eine Art Bauhof, den die Kinder nach Arbeitsschluß übernahmen. Die Nachbarn sahen Greta im Hof herumspielen und sie in sich selbst versunken tanzen oder sahen, wie sie das Dach eines Holzschuppens erklomm, das sie als Bühne oder Tanzboden benutzte. Ihrer Mutter brachte sie eine tiefe Liebe entgegen und ihren Vater betete sie an; die Nachbarn erzählten, wie Besucher der Gustafssons Greta dabei erwischten, als sie sich, eingewickelt in einen alten Vorhang, im Spiegel betrachtete. Sie berichteten auch, daß sie scheu und nervös gewesen sei und sich unter dem Tisch versteckte, wenn unbekannte Besucher auftauchten. Dann hockte sich ihr Vater nieder, spielte und scherzte solange mit ihr, bis sie schließlich wieder hervorkroch, ihre kleine Hand um den kleinen Finger des Vaters geklammert.

Sie erinnern sich auch daran, daß sie auf eine pathetische Art empfindsam war, jedoch nie in Tränen ausbrach. Ihr Gesicht erstarrte, sobald sie überlaute Stimmen hörte. Sie liebte es, ihrem Vater entgegenzugehen, wenn er von seiner Arbeit heimkehrte. Sie hüpfte die Straße hinunter, sehr ausgelassen und fröhlich. Sie paßte sich seiner Stimmung an: war er fröhlich, wurde auch sie fröhlich, war er niedergeschlagen, verfinsterte sich auch ihr Gesicht; sie ahmte seine Gesten nach und versicherte ihn ihrer Liebe.

Die Gustafssons waren eine glückliche Familie. Greta war am glücklichsten mit ihren Geschwistern. Als kleine Kinder spielten sie gemeinsam Theater. Greta war Bühnenbildner, Autor und Hauptdarsteller. »Wir mußten alte Kostüme anziehen und das spielen, was sie verlangte«, erinnert sich Sven. »Am liebsten verkleidete sie sich als Junge. Sie deutete auf mich und sagte: ›Du bist der Vater‹, und dann auf meine Schwester: ›Du bist die Mutter‹. Und als ich sie fragte, welche Rolle sie übernehmen wolle, erwiderte sie: ›Ich bin euer ertrunkenes Kind.‹« Als Sven gefragt wurde, ob Greta Lovisa in Södermalm glücklich war, antwortete er: »Ich glaube nicht, daß sie wirklich glücklich war, solange sie zur Schule ging. Ihre einzige glückliche Zeit, an die ich mich erinnere, war die unserer Sommeraufenthalte in dem kleinen Hotel unserer Großeltern in Sparreholm. Sie war gern draußen auf dem Land, möglichst viele Kilometer von Stockholm entfernt.«

Aber die Besuche bei ihren Großeltern waren selten. Den größten Teil ihrer Kindheit und Jugend verbrachte sie in der Wohnung in der Blekingegatan und in der nahegelegenen Catharinen-Schule. Schon als Kind träumte sie vom Theater, erinnert sich ihr Bruder: »Lange, bevor sie selbst ein Theater besucht hatte, phantasierte sie schon von der Bühne. Diejenige, die ihre Liebe zum Theater unterstützte, war Agnes Lind, die einen kleinen Tabakladen in der Blekingegatan besaß. Sie war eine freundliche Frau, die Starfotos sammelte und Bilder aus Zeitungen ausschnitt, die danach in ein Buch geklebt wurden.« Greta Lovisa, die ›Keta‹ gerufen wurde, gehörte zu den wenigen, die sich dieses Klebebuch ansehen durften.

»Die kleine Keta kam fast jeden Tag in mein Geschäft«, berichtet Agnes Lind. »Sie stürzte sich auf meine Bildersammlung, und ich erinnere mich noch ganz genau an jenen Tag, als sie den Leuten in meinem Geschäft laut verkündete, daß sie, wenn sie alt genug wäre, um zur Bühne zu gehen, so berühmt werden würde wie Naima Wyfstrand.«

Zu jener Zeit war Naima Wyfstrand der Star des schwedischen Theaters.

Kurz vor ihrem siebenten Geburtstag wurde Greta Lovisa eingeschult. Ihre Zensuren aus der Zeit zwischen dem 22. August 1912 und dem 14. Juni 1919 sind uns noch erhalten; sie zeigen, daß ihre Noten für Betragen und Fleiß immer sehr gut waren, aber ihre geistige Entwicklung zu wünschen übrig ließ. Die Schule bediente sich eines komplizierten Systems, nachdem die Schüler beurteilt wurden. Es gab fünf Noten: A, a, ab, ba, B, die ›sehr gut‹, ›gut‹, ›noch gut‹, ›erträglich‹ und ›hoffnungslos‹ entsprachen. In Zeichnen und Turnen wurde sie mit einem B bewertet; in Religion erhielt sie ein A, in Lesen, Schreiben und Handarbeit ab. In Geschichte hatte sie a oder ab, ebenso in wissenschaftlichen Fächern, Mathematik und Geografie. Im Schönschreiben erhielt sie immer eine sehr gute Note, was nicht sehr überrascht, da ihre Handschrift kühn und klar war. Wenn man die Zeugnisse anschaut, gewinnt man den Eindruck eines gescheiten und sogar hochintelligenten Mädchens, das sich jedoch zurückhält, ziemlich faul ist und nicht den Ehrgeiz hat, sich als Schülerin besonders hervorzutun. Ihre früheren Schulkameradinnen erinnerten sich, daß sie nur die Schultern zuckte, wenn sie wegen irgendeiner Missetat von einem Lehrer gerügt wurde. Als ihr einmal der Lehrer wegen Zuspätkommens einen Verweis erteilte, sagte sie ihm schroff, daß er am Tag zuvor selbst zu spät zum Unterricht erschienen sei.

Sie wuchs sehr schnell, und es hatte den Anschein, als verbrauchte sie damit einen großen Teil ihrer Energie. Mit zehn Jahren wuchs sie so schnell wie eine Stangenbohne, und mit zwölf hatte sie fast ihre spätere Größe erreicht. Im Klassenzimmer saß sie gern auf der hinteren Bank, um ihre Lehrer von dort mit naseweisen Reden zu provozieren. Ihre Schulfreunde erinnern sich an ihr bübisches Schmollen und die Art, wie ihr die Haare in die Augen hingen, und an ihre kräftigen, eckigen, mit Tinte verschmierten Hände. Sie erinnern sich auch, daß sie eine der besten Murmelspielerinnen war. Sie wurde G. G. oder Keta genannt und war sehr beliebt. Doch besaß sie unter den Schülern nur wenige enge Freunde, und die mußten gut aussehen oder ihr Interesse am Theater teilen.

In ihrer Kindheit gab es auch schwere Jahre. Sie war noch nicht neun Jahre alt, als der Erste Weltkrieg ausbrach und im neutralen Schweden die Lebensmittel rationiert wurden. Es war eine spannungsreiche Zeit, denn man fürchtete, daß Schweden mit in den Krieg hineingezogen werden könnte. Der Krieg war ständiges Gesprächsthema, das zu jeder Mahlzeit und bis tief in die Nacht hinein diskutiert wurde. Auch Greta Lovisa wurde von diesem Fieber ergriffen, und ungefähr 1918, mit zwölf Jahren, machte sie den Krieg zum Gegenstand einer ihrer Aufführungen. Die Dekoration bestand aus alten Möbeln, die Schauspieler trugen zusammengeschnippelte Kleider ihrer Eltern, und Greta Lovisa, eingehüllt in ein weißes Leintuch, spielte die Rolle der Friedensgöttin und sang feierlich: »Warum machen die Völker Krieg? Warum vergießen sie Blut?«

An einem anderen Tag des gleichen Jahres trödelte sie auf dem Weg zur Schule, schlenderte durch den Park und spielte mit den Eichhörnchen. Sie achtete nicht auf die Uhrzeit, und schließlich war es zu spät, um pünktlich in der Schule zu sein. Sie beschloß, nicht in die Schule zu gehen, und statt dessen durch das Quartier Latin von Stockholm zu bummeln. Sie hatte gehört, daß es dort Italiener zu sehen gäbe, die Luftballons verkauften, Spielzeugsoldaten und kleine angemalte Dörfer herstellten, die man in der Hand halten konnte. Es war schon Nachmittag, als sie die Italiener endlich fand und sich mit einem Luftballonverkäufer anfreundete. Die Schule hatte sie längst vergessen. Ihre Geschwister warteten vor dem Schultor vergeblich auf sie. Als es dunkel wurde, und von

Greta noch immer keine Spur zu finden, wurde die Polizei benachrichtigt, die Suchtrupps aussandte.

Um zehn Uhr machte Greta sich endlich auf den Heimweg, beschenkt mit einem großen, roten Luftballon. Der Vater nahm sie stürmisch in die Arme, und der Luftballon, den sie eng an ihren Körper preßte, platzte, und sie begann zu weinen. Sie war todunglücklich darüber und fühlte sich elend, weniger wegen der Strafe, die sie in der Schule erwartete, sondern wegen des Luftballons. Am nächsten Tag legte der Lehrer sie vor aller Augen übers Knie. Außerdem erhielt sie im Zeugnis einen Vermerk, daß sie im ersten Halbjahr 1918 ohne Erlaubnis der Lehrer und Eltern dem Unterricht ferngeblieben war. Sie schwänzte nie wieder. Sie war bemerkenswert gesund und fehlte nur insgesamt sechzehn Tage während der sieben Jahre, die sie die Catharinen-Schule besuchte.

Es passierte aber auch Schlimmeres. An einem Abend im Winter, es war schon ziemlich früh dunkel geworden, ging sie ihrem Vater entgegen, der von der Arbeit nach Hause kam. Södermalm war in dichten Nebel gehüllt, und die Straßen waren verschneit. Plötzlich erkannte sie im schummrigen Licht einer Gaslaterne zwei Männer, die miteinander kämpften. Die beiden Männer waren von sehr unterschiedlicher Statur. Der eine war ein stämmiger Riese, der andere lang und schmal. Sie schwangen ihre Fäuste, und Schweiß triefte von ihren Gesichtern. In dem dünnen Mann erkannte sie ihren Vater. Sie blieb wie angewurzelt stehen, beobachtete sie schweigend bis ihr Vater in den Schnee zu Boden fiel. Wütend warf sie sich dem Riesen entgegen und schrie: »Warum schlägst du ihn? Das darfst du nicht tun! Bitte laß ihn gehen!« Der grobschlächtige Kerl befreite sich aus ihrer Umklammerung, starrte auf sie hinab und sagte mit einem Blick auf ihren Vater: »Gut, dein Kind ergreift für dich Partei. Ich laß euch in Ruhe. Haut ab ihr zwei.« Während sie mit ihrem Vater nach Hause ging, fühlte sie sich krank vor Demütigung und Angst.

Sie wußte, daß sich ihr Vater manchmal prügelte, aber das war nicht ungewöhnlich, denn das taten fast alle schwedischen Arbeiter. Und wenn der Vater einmal betrunken nach Hause kam, wußte die Mutter, wie sie mit ihm umzugehen hatte. Meist schickte sie die Kinder aus dem Haus, bis er sich wieder erholt hatte. So waren ihr also Prügelei und Trunkenheit nicht fremd. Doch neu für sie war es zu wissen, daß ihr Vater, den sie so bewunderte, schwächer war als ein anderer Mann, und daß ihn irgendeiner ungestraft niederschlagen und in den Schnee werfen konnte. Verstohlen betrachtete sie ihn von der Seite, und seinen Gesichtsausdruck hat sie nie vergessen können. Von allen traumatischen Erlebnissen in ihrem Leben – und es gab viele – war das wohl das am tiefsten gehende.

Zu jener Zeit hatte sie sich schon mit Haut und Haaren der Bühne verschrieben. Als Elfjährige hatte sie ihr erstes Theatererlebnis. Mit einer Freikarte war sie ins Theater gekommen. »Es war das Eindruckvollste, das ich jemals in meinem Leben gesehen habe«, sagte sie später einmal. »Mir war, als öffneten sich für mich die Himmelstore.« Mit ihrer Freundin Mona Martenson lungerte sie immer wieder in der Nähe der Bühneneingänge des Morbakke und des Södratheaters auf der Götgatan herum und erklärte, daß sie mit Carl Pederson, einem jungen Ex-Boxer liiert sei, der in Musicals am Morbakke spielte und unter dem Namen Carl Brisson berühmt werden sollte. Einmal schickte sie sich an, ihm ein paar Blumen in die Hand zu drücken. Mit ernstem Gesichtsausdruck nahm er die Blumen entgegen und sagte: »Arme kleine Keta, geh nach Hause zu deiner Mutter.« Sie brach in Tränen aus und lief beschämt davon. An solchen Abenden, wenn sie sich auf der Götgatan herumtrieb, wurden Sven und Lava beauftragt, Greta nach Hause zu holen.

Das Theater war für sie eine Zufluchtsstätte, ein Ort, an dem sie ihrer Phantasie freien Lauf lassen konnte. Das Theater ließ sie den Alltag vergessen. Sie wollte um jeden Preis Schauspielerin werden, gegen alle Hindernisse. Die größte Schwierigkeit war die Tatsache, daß es unmöglich war, zur Bühne zu gelangen, ohne die Königliche Schauspiel-Akademie absolviert zu haben. Diese Akademie war von Gustav III. gegründet worden. Gustav III. war der legendäre König, der gegen den Obersten Feldherrn revoltierte, der Gedichte verfaßte und Theaterstücke schrieb, die zu lesen heute noch Spaß macht, und der zu den aufgeklärteren Monarchen zählte. Er verbot die Folter als ein Instrument gerichtlicher Ermittlungen und führte die Pressefreiheit ein.

Da Greta noch zu jung und zu unerfahren war, um die Königliche Schauspiel-Akademie zu besuchen, spielte sie mit dem Gedanken, Filmschauspielerin zu werden. Sie hatte gehört, daß Leute manchmal auf der Straße angesprochen und gefragt wurden, ob sie bereit wären, in irgendeinem Film eine kleine Rolle zu übernehmen. Nichts wünschte sie sich sehnlicher, als daß ihr das passieren möge. Sie war noch nicht einmal zwölf Jahre alt, als sie sich zum ersten Mal als Filmschauspielerin bewarb, doch vergeblich.

Im Februar 1917 machten sich Greta Lovisa und Mona Martenson auf den Weg zum Nordisk Filmstudio auf der Insel Lidingö. Sie hatten sich zu diesem Anlaß besonders hübsch gemacht, und sie konnten zweifellos für Siebzehn- oder Achtzehnjährige gehalten werden. Es war nicht schwierig, auf die Insel Lindigö zu gelangen, denn man brauchte nur die Straßenbahn an der Haltestelle zu besteigen, einen Fahrschein zu lösen, um damit die Brücke passieren zu können, die direkt auf die Insel führte. Der See war zugefroren und mit einer dicken Eisschicht bedeckt. Da die Mädchen wenig Geld besaßen, entschlossen sie sich, über das Eis zu Fuß zu gehen. Sie rutschten einen steilen Abhang hinunter und versuchten, das Eis zu überqueren. Unglücklicherweise lag der Schnee sehr hoch und sie versanken bis zu den Knien im Schnee. Sie kamen nur sehr langsam voran und erreichten vollkommen erschöpft das andere Ufer. Dort machten sie sich auf die Suche nach dem Studio, doch wen sie auch fragten, niemand konnte ihnen eine Auskunft geben. Inzwischen waren sie hungrig und durchfroren. Schließlich gaben sie es auf, aber nicht ohne sich gegenseitig zu versprechen, es noch einmal zu versuchen, wenn es wärmer wäre, und sie die genaue Lage der Studios vorher mit Hilfe eines Stadtplans festgestellt hätten. Niedergeschlagen kehrten sie nach Hause zurück.

Sie gingen weiter zur Schule und die heimlichen Theater- und Kinobesuche mehrten sich. Inzwischen besaß Greta Lovisa eine umfangreiche Bildersammlung von Carl Pederson, die eine ganze Schuhschachtel füllte. Ihr Vater versuchte, sie davon abzuhalten, dauernd ins Theater zu gehen, aber sie hörte nicht auf ihn. Das Theater war zu ihrem Lebensinhalt geworden. An Carl Pederson schrieb sie Gedichte, die leider nicht mehr erhalten sind. Folgendes Gedicht hatte sie an ihre Lieblingslehrerin Judith Ronnell gerichtet.

»Ich möchte, daß die Sonnenstrahlen fallen auf die liebste Lehrerin von allen.«

Mit diesem Vers war ein Weihnachtsgruß verbunden. Sehr ähnliche Gedichte erschienen in Almanachen, aber offenbar hat sie in diesem Fall keinen zu Rate gezogen, als sie dieses Gedicht für ihre Lehrerin verfaßte. »Sie war ein eigenartiges, besonders anziehendes Mädchen«, erinnert sich Judith Ronnell. »Sie erledigte sorgfältig ihre Schulaufgaben, aber ihre Gedanken waren immer beim Theater. Ich erinnere mich auch daran, daß sie Ungerechtigkeiten haßte. Wenn einer ihrer Schulkameraden im Unterricht eine Rüge erhielt, erwartete sie ihn draußen auf dem Flur und legte ihm tröstend den Arm um die Schultern.«

Mit dreizehn Jahren wurde sie etwas fülliger, aber das änderte nichts an ihrer außerordentlichen Schönheit. Sie bevorzugte Matrosenhemden, kämmte das Haar in die Stirn und trug lange Rökke, die ihr bis an die Knöchel reichten. Sie besaß eine sehr gute körperliche Kondition, kränkelte nie und hielt sich immer gern an der frischen Luft auf. Ein besonderes Vergnügen war es für sie, auf einem großen blauen Schlitten den Helgaland-Hügel hinabzurasen. Je älter sie wurde, desto ähnlicher wurde sie ihrem Vater.

Der Krieg ging zu Ende, und sie drückte noch immer die Schulbank. Ihre Noten waren im letzten Halbjahr 1918 so gut wie nie zuvor. In Zeichnen erhielt sie ein B, ein ba für Turnen und Hauswirtschaft, und in allen übrigen Fächern hatte sie ein glattes A. Sie hatte nun bewiesen, daß sie ihren Kopf benutzen konnte, und verließ im Juni 1919 endgültig die Schule.

1919 verbrachte sie die langen Sommerferien bei den Großeltern auf dem Lande. Als sie nach Stockholm zurückkehrte, fand sie veränderte Familienverhältnisse vor. Der Vater hatte sich ein ernstes Nierenleiden zugezogen und war bettlägerig. Der Lebensunterhalt mußte verdient werden, und so gingen Sven, Alva und die Mutter außer Haus arbeiten, während Greta Lovisa ihren Vater pflegte und ihn zu seinen wöchentlichen Besuchen im Krankenhaus begleitete. Vater und Tochter waren unzertrennlich. Die Krankheit schleppte sich dahin, und sie mußte mit ansehen, wie sein Körper langsam verfiel. Es war das erste Mal, daß sie mit dem Tod in eine so enge Berührung kam. Sein langsamer Tod erschreckte sie und laugte sie seelisch vollkommen aus. In späteren Jahren sprach sie mit Schaudern von den Monaten, die sie am Krankenbett ihres Vaters verbracht hatte. Diese Zeit gehörte zu der schrecklichsten ihres Lebens. Ihr war, als fühlte sie ihr eigenes Ende nahen, während ihr Vater dahinsiechte.

Als der Winter kam, breitete sich eine Grippeepidemie in Schweden aus. Täglich gab es Tote. Das Leben ihres Vaters hing nur noch an einem Haar. Das Geld, das ihre Mutter und die Geschwister verdienten, reichte zum Leben kaum aus. In jenem Winter eröffnete die Heilsarmee Suppenküchen für die Armen in Södermalm. Als Greta Lovisa berühmt geworden war, kramten die Offiziere der Heilsarmee in ihrem Gedächtnis und erinnerten sich daran, daß sie für die Kinder der Blekingegaten Unterhaltungsspiele aufgeführt hatten. Einen Teil der Aufführung bestritten die

Kinder selbst. Sie führten ein orientalisches Phantasiestück vor. Greta Lovisa hüllte sich in einen schweren Samtvorhang und mimte eine chinesische Prinzessin. Sie hielt einen Fächer in der Hand und sang seltsame Lieder über ein imaginäres China. In Erinnerung an jene Aufführung sagte ein Oberst der Heilsarmee später: »Ich wußte schon damals, daß eine große Schauspielerin in ihr steckte, als ich sie zum ersten Mal sah.«

Doch niemand konnte das wissen; auch nicht in ihren kühnsten Träumen mag Greta Lovisa geahnt haben, daß sie alsbald als Schauspielerin Beifall erhalten würde. In diesem denkwürdigen Winter waren ihre Gedanken ausschließlich auf ihren Vater und seine Krankheit gerichtet. Den folgenden Frühling erlebte er noch und starb dann schließlich am 1. Juni 1920 im Alter von 48 Jahren. Nach dem Tod des Vaters rückte die Familie noch enger zusammen.

Mit dem Tode des Vaters starb auch etwas in Greta Lovisa, und die Armut machte sie nur noch ehrgeiziger. Kindheit und Jugend waren vorüber, sie war eine fast erwachsene Frau. Zwei Wochen nach dem Tode des Vaters erhielt sie in der Chatarinen-Kirche die erste Heilige Kommunion. Aus diesem Anlaß wurde ein Foto gemacht: Ein plumper Arm ruht auf der Lehne eines Stuhles, sie trägt ein weißes knöchellanges Kleid, und in der Hand hält sie einen kleinen Strauß weißer Rosen. Ihr Haar schmückt eine übergroße weiße Seidenschleife. Das rundliche Gesicht mit den klaren Augen und dem vollen Mund sieht ziemlich unbekümmert aus. Ihre Zukunft scheint vorgezeichnet. Sie sieht aus wie ein Mädchen, das eines Tages heiraten und Kinder kriegen wird, das sich in einem gemütlichen Heim niederlassen und von dem man nie wieder etwas erfahren wird. Aber dieses Foto führt in die Irre, denn es gibt frühere Fotos von ihr, die auf sie als Schauspielerin mit klaren, feingeschnittenen Zügen hinweisen. Das Kommunion-Foto vermittelt den Eindruck, als spielte sie die Rolle der lieblichen Unschuld. Sie trägt eine Maske, ähnlich denen, die auf Schokoladenbüchsen oder Keksdosen zu finden sind. Sie trägt sie gut, überzeugt aber nicht.

Sie war nun vierzehn Jahre alt. Innerhalb der nächsten zwei Jahre würde sie ihren ersten Film drehen und drei Jahre später bereits ein Star sein. Ihr Leben schien eine erstaunliche Wendung zu nehmen.

Jahre später, als es fast niemanden in Amerika oder Europa gab, der sich nicht an ihrer Schönheit ergötzte, stellten ihr die Journalisten die unvermeidlichen Fragen nach ihrer Familie und ihrer

Greta Gustafsson im Kommunionkleid am 13. Juni 1920

Kindheit. Ihr Gesicht rötete sich vor Zorn. »Warum soll ich Ihnen darüber etwas erzählen? Das geht Sie gar nichts an!« Sie pochte auf die Wahrung ihres Privatlebens und zeigte nicht die geringste Neigung, diese Fragen zu beantworten. Sie sagte: »Manche Leute werden in roten Backsteinhäusern geboren, andere in schlichten weißen Holzhütten. Wen interessiert dieser Unterschied? Wir alle sind in Häusern geboren. Ich wehre mich dagegen, zu sagen, daß ich in diesem oder jenem Haus geboren bin; daß das meine Mutter und das mein Vater ist. Warum soll die Welt über sie reden? Ich will nicht, daß meine Mutter oder mein Vater in aller Munde sind!«

Doch die Welt, die ihr Können und ihre Schönheit bewunderte, hatte ein Recht, etwas über sie zu erfahren. Sie war schließlich nicht vom Himmel gefallen. Ihre große Popularität hing selbstverständlich eng mit ihrer Persönlichkeit zusammen. Waren ihre Presseagenten für einen Teil ihrer Popularität verantwortlich, so gab es auch noch andere Gründe für ihre starke Anziehungskraft, die sie auf Männer hatte, und für die Zuneigung und Verzweiflung, mit der sie von den Frauen betrachtet wurde. Trotz ihrer Schönheit fühlten sich Männer und Frauen gleichermaßen zu ihr hingezogen. Sie gehörte zu ihnen; sie war ihnen vertraut; sie erfüllte ihre Träume. Sie war das, was alle Frauen zu sein wünschten, und was alle Männer begehrten. Sie brachte etwas Neues und doch Vertrautes mit auf die Leinwand, etwas, das die Leute instinktiv wiedererkannten. Es war kein Zufall, daß die beiden Größten der Leinwand Greta Garbo und Charlie Chaplin waren; sie hatten sehr viel mehr Gemeinsames, als man gemeinhin annimmt.

Wenn sie sagte: »Was geht Sie das an?«, ging es ihr immer um die Wahrung ihres Privatlebens. Sie hatte keinerlei Interesse daran, daß bekannt wurde, wie sie in Armut aufgewachsen und daß ihre Kindheit nicht immer rosig gewesen war. Einst war sie ein barfüßiges, verwahrlostes Kind, das sich phantastische Geschichten auf einem zugigen Hinterhof ausdachte und auf dem niedrigen Dach einer Holzhütte stehend Kindergedichte deklamierte. Wie alle, die die Armut kennengelernt haben, war sie sehr verschwiegen. Es schien, als wollte sie sagen: »Ich will Ihnen nicht erzählen, wer mein Vater war, denn wenn ich es Ihnen sagen würde, gäbe es kein Geheimnis mehr um mich.« Die Person ihres Vaters hatte einen Schatten auf ihr Leben geworfen. In allen ihren Filmen konnte man in ihrem Gesicht einen Hauch von Tragik entdecken.

Der Aufstieg der Garbo

GARBON: Ein geheimnisvoller Geist, der
des Nachts manchmal auftaucht, um mit
dem Mondschein zu tanzen.

Der Winter 1919 zog sich hin, und der Frühling ließ lange auf sich
warten. Nachdem der Krieg zu Ende gegangen war, kam es in
Schweden zu einem wirtschaftlichen Aufschwung. In den Eisen-
hütten, den Sägemühlen und auf Schiffswerften begann eine fie-
berhafte Tätigkeit. Immense Summen wurden in die wachsende
Filmindustrie gesteckt. Es entstanden vorwiegend überlange
Epen, die sich mit dem mittelalterlichen Schweden beschäftigten.

In dieser Zeit wurde der schwedische Film von zwei außerordentlichen Regisseuren beherrscht: Victor Sjöström und Mauritz
Stiller. Sjöström war Schwede, und Stiller war ein russischer Jude
und kam aus Finnland. Sjöström war athletisch gebaut, ruhig,
philosophisch und erdverbunden. Stiller dagegen war schlank,
hochgewachsen, und sein Gesicht war von Falten durchfurcht.
Unter seinem buschigen Haar glühten seine Augen wie die eines
Tigers. Er wurde »der große Mauritz« genannt, und er machte den
Eindruck eines Mannes, der sich seiner Wirkung wohl bewußt war
und sich eine Bevormundung nicht gefallen ließ. Seine Haltung
war gerechtfertigt, da er über ein großes filmisches Verständnis
verfügte und ein ausgezeichnetes Gespür fürs Theatralische hatte;
darüber hinaus war er ein hervorragender Violinist und besaß ein
gutes rhythmisches Gefühl. Er hatte längere Zeit selbst als Schauspieler gearbeitet, kannte so ihre Probleme, und war immer ehrgeizig bemüht, höchstmögliche Qualität zu erreichen. Er versprach, einer der größten Filmregisseure seiner Zeit zu werden.

1919 entstand einer seiner besten Filme, *Herr Arnes Schatz*, der
auf einer Erzählung von Selma Lagerlöf beruhte. Es ist die Geschichte dreier schottischer Söldner aus der Armee von Johan III.
von Schweden. Die drei entschließen sich, Freibeuter zu werden.
Sie werden festgenommen und in eine Burg gesperrt, aus der sie
aber entkommen, um sich an dem Mann, der sie einkerkerte, zu
rächen. Verkleidet als Wanderburschen, die nach Arbeit suchen,
marschieren sie durch Eis und Kälte und gelangen schließlich zum
Schloß des Herrn Arne, plündern es aus, zünden es an und fahren

mit seinem Schatz davon, nachdem sie nur die Waise Elsalill am
Leben gelassen haben. Die drei Söldner machen sich auf den Weg
zur Küste, während das Mädchen Elsalill ihnen in ihren Träumen
folgt. Das Pferd, der Schlitten und der Schatz verschwinden ohne
jede Spur, während sie einen See mit dünner Eisdecke überqueren. Elsalill findet Unterschlupf in der Hütte eines Fischhändlers;
sie besitzt das Zweite Gesicht, weiß wo die drei sich aufhalten und
was ihnen passieren wird. Eines Nachts wird sie auf geheimnisvolle Weise zu dem Gasthaus geführt, wo sich auch die Söldner
befinden, und wider jede Vernunft verliebt sie sich in Sir Archie,
den Anführer der drei. Sie weiß, daß er sich schrecklicher Verbre-
chen schuldig gemacht hat, aber sie fühlt auch, daß sie ihn schüt-
zen muß, selbst dann noch, als der Gastwirt, durch eine beiläufige
Bemerkung über den Schatz des Herrn Arne aufmerksam geworden, die Soldaten kommen läßt. Als die Soldaten eintreffen, benutzt Sir Archie das Mädchen als einen Schild, kann entkommen
und schließlich zu seinem Schiff gelangen. Mit einem Speer in der
Brust stirbt Elsalill. Auch die Söldner erreichen das Schiff, doch
bevor der Kapitän die Segel setzen lassen kann, werden sie verra-
ten. Den Schluß bildet eine besonders schöne Bildsequenz, als die
Schweden den Körper Elsalills zurückerhalten und schwarzge-
kleidete Frauen über den Schnee am Bug des Schiffes vorbei dem
Zug folgen.

In *Herrn Arnes Schatz* gab es einige sehr reizvolle Sequenzen: die
Flucht der Freibeuter aus dem Schloßturm; die Dorfbewohner, die
mit den Wassereimern kommen, um die Flammen zu löschen; der
feierliche Marsch der Schotten über den Schnee, nachdem sie ihren Schatz verloren haben; ihr Krawall im Gasthaus und die seltsamen Träume und Visionen der Elsalill; schließlich die schwarz-
gekleideten Frauen im Schnee, deren Bewegungen die Tiefe ihres
Schmerzes und ihrer Trauer ausdrücken.

Stillers Film eroberte Stockholm im Sturm. Er benutzte die
ganze Palette filmischen Raffinements: Nahaufnahmen, Über-
blendungen, plötzliche Tempiwechsel – ein langsames Tempo für
die Traumszenen und ein schnelles Tempo für die Action-Szenen.
Mit seinem guten Instinkt für die Arbeit an der Kamera und seinem Sinn fürs Lyrische schuf er ein Meisterwerk des schwedischen Films. Einige Filmsequenzen wurden monochrom einge-
färbt, was dem Film ein hohes Maß an Realität verlieh. Mary Johnson, die die Rolle der schönen und sanften Elsalill spielte, wurde
über Nacht zu dem Star des schwedischen Films. Stillers Filme

hatten bis dahin kein sehr starkes Einfühlungsvermögen in das schwedische Temperament gezeigt, doch das war ihm nun mit *Herrn Arnes Schatz* gelungen. Mauritz Stiller war damals 36 Jahre alt.

Als Greta Lovisa *Herrn Arnes Schatz* sah, sah sie sich selbst in der Rolle der Elsalill. Im Frühjahr 1920 machte sie den ersten Versuch, Stiller von ihrem großen schauspielerischen Talent zu überzeugen. Sie lauerte ihm vor seiner Haustür auf. Als er in sein Auto steigen wollte, stürzte sie sich auf ihn und bat ihn um Probeaufnahmen. Stiller sah sie etwas befremdet an, stellte ihr ein paar höfliche Fragen und versuchte, ihr begreiflich zu machen, daß sie als Schauspielerin noch zu jung sei. »Kommen Sie wieder, wenn Sie mehr Erfahrung haben«, sagte er sanft und fuhr davon. Aber er vergaß sie nie. Zwei Treffen mußten noch stattfinden, bis Stiller sie endlich akzeptierte.

Greta Lovisa wartete ab. Sie war fest entschlossen, Schauspielerin zu werden, und hielt sich häufiger denn je im Theater oder im Kino auf. Nebenbei verdiente sie sich ihr Geld als Rasierschaum-Mädchen in einem Frisiersalon. Verschiedene Barbiere in Stockholm haben sich später gebrüstet, daß sie für sie gearbeitet hätte, aber nur einer namens Arthur Ekengren, der einen Laden in der Götgatan besaß, konnte sie überzeugend beschreiben. Bei ihm verdiente sie sieben Kronen in der Woche.

Das Seifenschaum-Mädchen ist in Schweden eine beliebte und angenehme Einrichtung. Das Mädchen legt den Umhang um den Hals des Kunden, bereitet die Seife vor, streicht sie auf das Gesicht des Kunden, säubert die Rasierklingen und wärmt zwischendurch die Handtücher. Es unterhält die Kunden, besorgt ihnen die gewünschten Zeitungen und erhält dafür Trinkgelder. Wenn sie früh am Morgen den Laden betrat, ging sie zu ihrem Schrank, entnahm ihm die Uniform und küßte jedes einzelne Foto von Carl Pederson, es waren siebzehn oder achtzehn, die an die Innenseite der Schranktür gepinnt waren. Und wenn der Laden am Abend zumachte, küßte sie sie wieder. »Für uns«, sagt Arthur Ekengren, »war sie der Sonnenschein. Wir konnten uns nicht vorstellen, je ein besseres oder zuvorkommenderes Mädchen gehabt zu haben. Sie war immer fröhlich. Manchmal gab es Tage, an denen ich glaubte, daß sie vor Aufregung platzen würde. Sie warf dann ihre Arme um den Hals meiner Frau und verkündete, daß sie eines Tages eine große Schauspielerin sein würde. Und sie träumte – ich habe noch niemals jemanden gesehen, der soviel träumte. Sie erzählte uns ihre Träume, die alle von irgendwelchen Prinzessinnen handelten, die von schönen Prinzen geehelicht wurden. Ich kann Ihnen sagen, Greta lebte ihr Leben auch im Unterbewußtsein aus, und wir beneideten sie alle.« Sie hatte eine ganz gute Stimme, und Ekengren erinnert sich daran, daß sie manchmal Arien aus schwedischen Opern sang. Es schien, als warte sie darauf, daß irgend etwas geschah, und sie vermittelte den Eindruck, daß es Leute in den Filmstudios gab, die nach einer Beschäftigung für sie Ausschau hielten.

Ihre Fröhlichkeit war ansteckend. Manchmal lachten alle Kunden über ihre obskuren Geschichten. Sie ging regelmäßig ins Theater, und es gab Leute, die sich über ihre lauten Bravorufe beklagten, wenn ihr auf der Bühne irgend etwas besonders gut gefiel.

Aber all das war nur äußerlich. In ihrem Innern sah es weniger lustig aus. Nachdem ihr Vater gestorben war, tat sie das, was viele Menschen tun: Sie entschloß sich, vieles anders zu machen und ihr Leben so weit wie möglich zu ändern. So hörte sie als Rasierschaum-Mädchen auf und bewarb sich beim Paul U. Bergström-Kaufhaus, das gegenüber vom Haymarkt im Zentrum von Stockholm lag. Das Geschäft, gewöhnlich als PUB bekannt, war in ganz Schweden berühmt. Sie stellte sich dort vor und zeigte Interesse an ihrer Einstellung. Nach einigen Tagen gab man ihr den Job als Packerin. So verdiente sie 125 Kronen monatlich, eine von ihr nie gekannte Summe Geld. Bei Bergström arbeitete sie zwei Jahre lang.

Bergström bewahrt seine Unterlagen sorgfältig auf, und so sind auch die Bewerbungsunterlagen der Greta Lovisa heute noch einzusehen. Die Handschrift war wie immer kühn, mit großen, ausladenden, dekorativen Anfangsbuchstaben, während die übrigen Buchstaben ordentlich aneinandergefügt waren.

Für ihre Unterlagen machte Bergström auch ein Foto von ihr in einem einfachen schwarzen Kleid, die kurzgeschnittenen Haare aus der Stirn gekämmt und an den Seiten etwas aufgelockert. Sie lächelt verführerisch, etwas kindisch, und von ihrer betörenden Schönheit ist nicht viel erkennbar. Sie spielte die Rolle eines pflichtbewußten Ladenmädchens.

Zunächst handelte es sich bei Bergström um eine ziemlich untergeordnete Arbeit, aber schon nach einem halben Jahr durfte sie in der Abteilung für Damenmäntel arbeiten. Der Abteilungsleiter war voll des Lobes über sie und sagte, daß sie schnell wie Queck-

HATTAR

FÖR

DAMER

OCH

FLICKOR

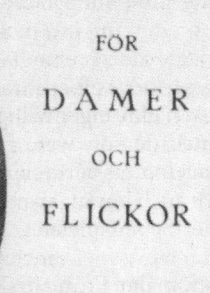

"EDIT"
Damhatt i tagal-
fläta. Finnes i vitt,
svart, marin, grå-
blått, beige, grönt,
rött och grått.
Kr. 11.50

"VANJA"
Damhatt i manilla-
fläta. Finn. i svart,
marin, brunt, grå-
blått, rost, grönt,
vitt
Kr. 9.75

"MARGIT"
Damhatt i liséré-
fläta. Finnes i
marin o. beige
brunt o. beige
rosa o. beige
grönt o. beige
rost o. beige

Kr. 7.25

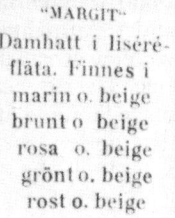

"VERA"
Damhatt i tagalfl., band-
kantad. Finnes i svart,
marin, brunt, beige, rost,
gråblått, grönt, lila, rött,
vitt .... Kr. 18.—

"OLGA"
Damhatt i eng. skinn.
Storlek 57—61 cm.
Kr. 4.75

Greta Gustafsson als Hutmodel im Paul U. Bergström-Katalog 1921

silber sei. Sie kam von einer Abteilung in die andere, und die Personalabteilung war so zufrieden mit ihr, daß man ihr eine Dauerstellung anbot. Man schätzte sie als eine hart arbeitende, intelligente und hübsche Angestellte; keiner ihrer Kollegen schien zu bemerken, daß sie eigentlich eine eigenwillige junge Frau als Mitarbeiterin hatten, die entschlossen war, zur Bühne zu gehen. Während der Geschäftszeit interessierte sie sich ausschließlich für ihre Arbeit und freute sich auch daran, aber nach Ladenschluß gehörten ihre Gedanken der Schauspielerei, und sie sprach selten von etwas anderem.

Anfang 1921, als Bergström den Frühjahrskatalog mit einer Auflage von fünfzigtausend Exemplaren vorbereitete, der in ganz Schweden versandt werden sollte, beschäftigte er sie als Hutmodell. Ursprünglich hatte ein anderes Mädchen die Hüte vorführen sollen, aber der Werbeleiter sah in Greta Lovisa ein vorzügliches Modell. So erschien im Frühjahrskatalog 1921 auf Seite 109 Greta Lovisa Gustafsson mit fünf verschiedenen Hutmodellen zum Preis von 4,75 bis 18 Kronen. Jeder Hut trug einen Mädchennamen: Edit, Vanja, Vera, Olga und Margit. Auf diese etwas merkwürdige Weise erschien ihr Bild zum ersten Mal in der schwedischen Öffentlichkeit.

Einige Monate später, im Sommerversandkatalog, führte sie fünf andere Hüte vor, deren Preise schon etwas höher waren. Auch sie hatten alle einen Namen: Clary, Ethel, Jane, Solveig. Inzwischen war sie etwas reifer geworden. Bei den Frühjahrsaufnahmen konnte man sie ohne weiteres für siebzehn oder achtzehn Jahre alt halten, aber auf den Aufnahmen, die im Sommer entstanden, sah sie bereits wie eine ernsthafte junge Dame von fünfundzwanzig aus. Tatsächlich war sie aber erst fünfzehn.

Inzwischen hatte sie einige Freunde, die in dem einen oder anderen Filmstudio arbeiteten, und die nach einer eventuellen Rolle für sie Ausschau hielten. Im Frühjahr 1921 erhielt sie dann auch eine erste kleine Filmrolle. Sie bat bei Bergström um Urlaub, bekam eine Woche frei und spielte in einem Film von John W. Brunius, dem 35 Jahre alten Regisseur der Skandia Filmgesellschaft. Nur ihre engsten Freunde wußten, was sie machte, und versprachen ihr Verschwiegenheit.

Brunius drehte eine Reihe von historischen Filmen, die wegen ihrer Cleverness und ihres Charmes bemerkenswert waren. Er war kein bedeutender Filmemacher. Er besaß nicht den Sinn für Komposition wie Sjöström oder Stiller, die in alles, womit sie sich beschäftigten, einen höheren dramatischen Sinn brachten. Er wollte lediglich die Geschichte von Schwedens Vergangenheit gefällig und heiter erzählen. Er war gerade dabei den Film *En Lyckoriddare* (Der fröhliche Kavalier) zu drehen, der auf einer Geschichte von Hary Molander, dem Bruder des Direktors der Königlichen Schauspiel-Akademie, beruhte, als sich Greta Lovisa bei ihm vorstellte. Brunius war von ihrem Charme und ihrer Begeisterung für den Film und das Theater entzückt und gab ihr die Rolle eines Serviermädchens in einer Wirtshausszene. Es war eine winzige Rolle, da es zahlreiche Serviermädchen in diesem Film gab, mit denen der fröhliche Kavalier, den Gösta Ekman mit viel Verve spielte, flirtete. Die weibliche Hauptrolle hatte Mary Johnson übernommen, die in Stillers *Herrn Arnes Schatz* so gut herausgekommen war. In diesem Film ist Greta Lovisas Gesicht weniger als zwei Minuten auf der Leinwand zu bewundern.

Ihr Name erschien nicht in den Anzeigen, und niemand zollte ihr Aufmerksamkeit – und das war gut so, denn sie hätte erhebliche Schwierigkeiten bekommen, wenn Bergström ihr auf die Schliche gekommen wäre. Inzwischen interessierte sich Bergströms Werbemanager für kurze Werbefilme und suchte Rat bei Captain Lasse Ring, einem sehr bekannten Werbefilmer. Er war ein sehr humorvoller Mann und gerade auf die Idee gekommen, einen Film zu machen *Wie man Kleider nicht trägt.* Olga Anderson, eine professionelle Schauspielerin, wurde engagiert, um zu zeigen, wie man Kleider nicht trägt. Greta Lovisa bekam Wind von dieser Sache, suchte Captain Ring auf und erhielt eine lustige Rolle, die ihr genau auf den Leib geschrieben war. Sie tritt in einem gutgeschnittenen Mantel auf, mit hochgeknöpften Stiefeln und einer sportlichen Mütze – offensichtlich eine Frau, die sich für eine Autofahrt zurechtgemacht hat. Sie lächelt gut gelaunt, ein wenig scheu. Zu ihrem Entsetzen, scheint sich ihre Kleidung unversehens aufzulösen. Ein karierter Rock und ein karierter Schal tauchen plötzlich aus dem Nichts auf, und mit Hilfe zahlreicher Tricks verwandelt sich ihr Kostüm in eine Reiterkluft. Der ganze Film dauerte sieben Minuten, wovon zwei Minuten der Schauspielerin gehörten, die sich nichts sehnlicher wünschte, als Filme zu drehen. Captain Ring erkannte, daß sie ihre schwierige Rolle sehr selbstbewußt gemeistert hatte, und dachte daran, sie so bald wie möglich wieder zu engagieren. Sie war eine angenehme Mitarbeiterin. Sie fügte sich seinen Anweisungen, besaß komisches Talent, und die Arbeit mit ihr machte Spaß.

Greta Gustafsson in ›Unser täglich Brot‹, 1921

Gegen Ende des Jahres produzierte er einen weiteren Werbe-
film, in dem sie eine noch kleinere Rolle spielte. Der Film mit dem
Titel *Unser tägliches Brot* warb für eine örtliche Bäckerei. Sie mimte
eines der jungen Mädchen, die auf dem Dachgarten des Strandho-
tels von Stockholm kalorienreiche Torten verspeisen. Der Witz des
Films sollte darin bestehen, zu beobachten wie sich junge Mädchen mit Schokoladencrème, Korinthenbrötchen und Eclairs voll-
stopfen. Der geeignetere Filmtitel wäre wohl gewesen »Wie man
nicht ißt«. Greta Lovisa verschlingt ein Stück Torte nach dem anderen, als hätte sie zeit ihres Lebens mit einer strengen Hungerdiät
verbracht. Und wenn gar nichts mehr reingeht oder der Bissen zu
groß geraten ist, stopft sie mit den Händen gierig nach.

Innerhalb eines Jahres drehte sie drei Filme. Ihre Auftritte waren
immer nur sehr kurz, insgesamt erschien sie etwa zehn Minuten
auf der Leinwand. Aber das konnte sie nicht entmutigen und von
ihrem festen Entschluß abbringen, Filmschauspielerin zu werden.
Sie konnte sich kein anderes Leben vorstellen, das für sie lebens-
wert gewesen wäre.

Eines Abends, im Sommer 1922, betrachtete sie gelangweilt die
Auslagen eines Buchladens, als sie bemerkte, daß ein hochge-
wachsener, gutaussehender Mann sie unverwandt anstarrte. Sie
wandte sich ab, aber er betrachtete weiterhin ihr Spiegelbild im
Schaufenster. Er bewunderte ihr klargeschnittenes Profil, ihre hohen Wangenknochen und ihre vollen Lippen. Über diese erste Begegnung sagte er später: »Ich war fasziniert von ihrer Schönheit.
Sie hatte das Aussehen eines Menschen, der einem im Traum begegnet. Von diesem Moment an war ich entschlossen, sie der übrigen Welt nicht vorzuenthalten.«

Die Aufmerksamkeit des Fremden ignorierend, verschwand
Greta Lovisa in dem Buchladen. Er folgte ihr. Oberflächlich blät-
terte sie in den verschiedensten Büchern, während der Fremde sie
nicht aus den Augen ließ. Allmählich wurde ihr unheimlich zumute, sie verließ das Geschäft und ging eilig nach Hause.

Was dann geschah, gleicht einem Märchen. Am nächsten Tag
kam jener Mann, rechts und links eine Schauspielerin am Arm, in
die Hutabteilung von Bergström. Es handelte sich um den Regisseur Erik Petschler, der ähnliche Slapstick-Komödien produzierte
wie Mack Sennet. Laut, aber fröhlich und mit einem Hauch Vulgarität, verlangte er nach zwei ausgefallenen Hutmodellen für seine
zwei Freundinnen. Es gab viel Gelächter bis die Hüte endlich gekauft und verpackt waren. Greta Lovisa bediente ihn zwar nicht,

Greta Gustafsson (Mitte) mit Tyra Ryman und Irene Zetterberg in ›Luffar-Pet-ter‹ (Peter, der Vagabund, 1922) von Erik A. Petschler

sondern eine ältere Kollegin, aber sie erkannte in ihm den Mann wieder, der ihr am Tag zuvor in den Buchladen gefolgt war. Sie erkundigte sich, wer er wäre, suchte seinen Namen im Telefonbuch und rief ihn in der Mittagspause des gleichen Tages an. Er sagte ihr, daß er sich lebhaft an sie erinnere und sich freuen würde, wenn sie einige Probeaufnahmen bei ihm machte. Er stecke in den Vorbereitungen einer Komödie, die er in kurzer Zeit produzieren würde; der Titel *Luffar-Petter* (Peter der Tramp). Die Probeaufnahmen gelangen. Leichten Herzens bat sie den Abteilungsleiter von Bergström um einen kurzen Urlaub und verschwieg diesmal den Grund nicht. Das war ein Fehler, denn Bergström schätzte keine Verkäuferin, die allzu viel Interesse an einer Filmkarriere zeigte. Er war wohl der Ansicht, daß damit die Arbeit in seinem Geschäft zu kurz käme. Man teilte ihr mit, daß die Firma nichts dagegen hätte, wenn sie in ihrer Freizeit filmen würde, aber sie hätte nicht die geringste Absicht, die Urlaubsarrangements der Mitarbeiter allein in ihrem Interesse zu ändern. Petschler erfuhr von dem unglückseligen Gespräch. Er warnte sie davor, Bergström ohne eine finanzielle Sicherheit zu verlassen, zumal er ihr nur zehn Kronen pro Drehtag zahlen könne. Sie verbrachte eine unruhige Nacht, aber am Morgen hatte sie sich entschieden. Die Unterlagen enthalten eine kurze Notiz: Beendigung der Beschäftigung: 22.7.1922, Begründung: geht zum Film.

Luffar-Petter ist einer dieser konzeptionslosen Filme und nur deshalb denkwürdig, weil er so völlig planlos ins Blaue hinein gedreht wurde. Niemand wußte – am allerwenigsten Petschler, der Regie führte und die beiden Hauptrollen spielte –, was in der nächsten Minute geschehen sollte. Er spielte die Rolle des Feuerwehrmannes Silverjölm und die des Vagabunden Max August Petterson, genannt »Luffar-Petter«; Luffar-Petter ist der Schurke und der Feuerwehrmann eine Art Dandy. Der Bürgermeister des Dorfes hat drei Töchter, die von Tyra Ryman, Irene Zetterberg und Greta Gustafsson gespielt wurden. Zum eigenen Spaß tragen die drei Schulmädchen gleiche Kleidung. Bei ihrem ersten Auftritt sind sie alle drei mit schwarzen T-shirts und schwarzen kurzen Turnhosen bekleidet und werden gerade von der Turnlehrerin gedrillt, die einem Baumstamm gleicht und in ihrer würdevollen Haltung etwas furchterregend wirkt. Ihre Art provoziert geradezu zu einem Streich. Die drei Mädchen stellen ihr ein Bein und geben ihr schließlich auch noch einen kräftigen Tritt in den Hintern.

Der Feuerwehrmann macht Greta den Hof und bietet an, die

Greta Gustafsson (vorn) mit Lyra Ryman und Irene Zetterberg in Luffar-Petter (Peter, der Vagabund, 1922) von Erik A. Petschler

drei Mädchen nach Stockholm mitzunehmen. Während der Fahrt gehen sie baden. Die Mädchen tragen wieder gleiche Schwimmanzüge, tollen ausgelassen im Wasser, am Ufer und um das kleine Zelt herum, das sie mitgenommen haben. Sie fangen einen Fisch, der dann auch mitten im Gesicht des Feuerwehrmannes landet. Nun tritt der Landstreicher auf und stellt erstaunt fest, daß er große Ähnlichkeit mit dem Feuerwehrmann hat. Er stiehlt dessen Kleider und entfleucht nach Stockholm. Auf die Szene mit den Mack-Sennett-Badeschönheiten folgt nun die Mack-Sennett-Verfolgungsjagd. Petter wird schließlich gefaßt, und der Feuerwehrmann befiehlt, die Wasserschläuche auf ihn zu richten. Während wir Petter zuletzt mit Wasser durchtränkten Hosen sehen, erleben wir am Schluß, wie der eingebildete Feuerwehrmann aufhört, Greta den Hof zu machen, um eine reiche Witwe zu heiraten.

Diese Filmkomödie hat sehr viele Schwächen. Abgesehen von der Doppelrolle, die Petschler spielte, ist am ärgerlichsten, daß die Darsteller maßlos utrierten; Greta nicht minder. Trotzdem ist der Film amüsant, pfiffig und originell. Die Premiere fand im Odeon-Theater in Stockholm am 22. Dezember 1922 statt. Das schwedische Magazin *Swing* verkündete mit ironischem Unterton die mögliche Geburt eines neuen schwedischen Stars. Die Bildunterschrift lautete: »Greta Gustafsson. Eventuell Schwedens neuer Filmstar. Begründung: ihre angelsächsische Erscheinung.« Die Kritik zu *Luffar-Petter* im Swing fiel etwas ernsthafter aus: »Obwohl Fräulein Gustafsson das zweifelhafte Vergnügen genoß, eine Badenixe in Erik A. Petschlers Feuerwehr-Film zu spielen, konnten wir keinen Eindruck von ihren schauspielerischen Fähigkeiten gewinnen. Allerdings ist es immer eine Freude, einen neuen Namen auf der schwedischen Leinwand zu entdecken, und wir hoffen, daß wir Gelegenheit haben werden, wieder auf sie aufmerksam machen zu können.«

Sie war tatsächlich nicht vielversprechend, und niemand, der den Film sah, konnte sich vorstellen, daß sie das Zeug zu einer großen dramatischen Schauspielerin hatte. Was sie vor allem zunächst brauchte, war eine ordentliche Ausbildung und Disziplin.

Petschler entschloß sich, sie bei Frans Ewall einzuführen, dem früheren Direktor der Akademie, die dem Königlichen Theater angeschlossen war. Frans Ewall gab inzwischen Schauspielern Privatunterricht und genoß den Ruf, einen besonderen Instinkt für talentierte junge Schauspielerinnen zu haben. Man sagte, er könne aus einer Gruppe junger Mädchen diejenigen herausfin-

Greta Gustafsson in Luffar-Petter

den, die schauspielerisches Talent besäßen. Greta stellte sich ihm vor, und sie gefiel ihm auf Anhieb. Obwohl sie an jenem Abend keine besonders gute Figur machte, ließ er sich nicht täuschen. Aber er konnte nicht mehr tun, als sie für ein Stipendium an der Akademie zu empfehlen. Die letzte Entscheidung war der Kommission des Königlichen Schauspielhauses vorbehalten. Auf einer kahlen Bühne würde sie vorsprechen müssen.

Jedes Jahr bewerben sich zwei- bis dreihundert junge Leute für dieses Stipendium. Die Prüfung ist kurz, strapaziös und so angelegt, daß wirklich nur die begabtesten Schüler in die engere Wahl gelangen. Die Prüfung findet in einem riesigen, zugigen Hörsaal statt. Die Prüfer hören aufmerksam zu, kein Augenzwinkern verrät ihre Meinung über das Vorgeführte. Nur sieben oder acht Schüler pro Jahr erhalten das begehrte Stipendium, das ihnen ein dreijähriges Studium ermöglicht.

Die Prüfung fand im August 1922, kurz vor Gretas 17. Geburtstag, statt. Sie war fast krank vor Aufregung und machte in der Nacht vor der Prüfung kein Auge zu. Zusammen mit anderen angehenden Schauspielern wartete sie auf einem langen Korridor darauf, aufgerufen zu werden. Da sie im Alphabet vorn lag, brauchte sie nicht allzu lange zu warten. Sie erinnerte sich an fast nichts mehr, nur noch an das Gefühl, das sich ihrer bemächtigte, als sie die Bühne betrat. Sie fühlte sich grenzenlos allein und jener Prüfungskommission schutzlos ausgeliefert. Der Gedanke, daß von diesem Auftritt ihre weitere Zukunft abhing, war ihr unerträglich. Frans Ewall hatte die kurzen Szenen für sie ausgesucht. Sie spielte die Rolle der Catherine Hubscher aus Victorien Sardou's *Madame sans Gêne*. Die Hubscher war eine Waschfrau, die einen Leutnant der napoleonischen Armee heiratete, der später Marschall von Frankreich wurde. Sie spielte sehr temperamentvoll und gebrauchte einen unglaublichen Gassenjargon. Darauf folgte noch eine Szene aus Ibsens *Die Frau vom Meere*. Sie war erfolgreich, denn drei Tage später erhielt sie die Nachricht, daß sie angenommen wäre. »Ich war so aufgeregt«, bekannte sie später, »daß ich vor Freude beinahe gestorben wäre.«

Die Königliche Schauspiel-Akademie gehört zu den härtesten Schulen der Welt. Die Schüler werden wie die Athleten trainiert. Sie leben nur diesem Schauspieler-Dasein. Sie lernen, ihre Persönlichkeit zu entwickeln, man ermuntert sie, paarweise zu spielen und nicht in der Gruppe. Es wurde für wichtig erachtet, einen persönlichen Stil zu entwickeln und gleichzeitig einer strengen

Zucht zu folgen, die jede Extravaganz des Temperaments verbot. Im ersten Jahr war Greta noch unsicher und probierte sich aus. Im zweiten Jahr, nach einer schwierigen Prüfung, erhielt sie als Vertragsschülerin achtzig Mark im Monat. Es wurde von den Schülern erwartet, daß sie wie Mönche und Nonnen in heiliger Verpflichtung zu ihrer Kunst lebten. Der Stundenplan war so konzipiert, daß sie kaum Zeit für sich selbst hatten. Ein normaler Tag begann um acht Uhr morgens mit einer Stunde dramatischen Spiels, darauf folgten eine Stunde klassische Studien, eine Stunde Fechten und eine Stunde Sprechtechnik. Zum Unterricht gehörten außerdem die Fächer: Diktion, Stimmführung, Körperhaltung und Schminken, das mit sehr viel mehr Sorgfalt unterrichtet wurde als an anderen Schauspielschulen. Am Abend spielten sie entweder eigene Stücke oder besuchten die Aufführungen im Königlichen Schauspielhaus. Am Ende des dritten Jahres hatte sich die Zahl der Schüler etwa auf die Hälfte reduziert.

Greta war sehr gut auf der Akademie, und sie hätte noch besser sein können. Sie war unverändert faul, widerspenstig und unaufmerksam im Unterricht. Sie machte, was sie wollte, und dachte oft nicht an die Folgen. Das Kuriose daran war, daß sie für die anderen zum Vorbild wurde, die nun ihre Eigenheiten übernahmen. Ihre Rettung war ihr offensichtliches Talent. Ihre Art, sich zu verhalten, hielt man auf der Schule für eine Masche, während man ihren Nachahmern Gleichgültigkeit und Grobheit nachsagte. Wenn sie auf der Bühne stand, ging sie ganz in ihrer Rolle auf und gab, was sie hatte. Spielte sie nicht, hielt sie frivole Reden oder verbrachte ganze Stunden lang in schwermütiger Stille.

Maria Schildknecht, die dramatischen Unterricht erteilte, sagte viele Jahre später: »Sie war damals viel schöner, als sie es heute ist. Die Vorstellungen, die sie gab, waren wunderbar sauber gearbeitet, aber sie selbst litt unter einer Art Trägheit.«

Karl Nygren, einer der Direktoren des Theaters, erinnert sich, daß sie eine gute Altstimme hatte, schöne tiefe Töne und eine starke Resonanz.

Die Schüler führten viele Stücke für sich selbst und unter eigener Regie auf. In Arthur Schnitzlers *Leutnant Gustl* spielte Greta exzellent die Rolle einer Hure. Dann übernahm sie die Kammerzofe in der Dienerkomödie von J. M. Barrie *The Admirable Crichton*, aber am besten erinnert man sich an ihre Hermione in Shakespeares *Das Wintermärchen*:

Hermione Der große Kaiser Rußlands war mein Vater; Oh, wär' er
noch am Leben, hier zu schaun Die Tochter vor Gericht!
Oh, säh' er doch, Wie tief mich Elend beugte; doch mit
Augen des Mitleids, nicht der Rache!

Sie spielte auch in einer deutschen Komödie mit dem Titel *Schild-
patt*, in dem russischen Drama *Herbstgeigen* und in Jules Romains'
intellektueller Farce *Dr. Knock oder Der Triumph der Medizin*. Während der kurzen Zeit, die sie auf der Akademie verbrachte, war sie
– zumindest was die Praxis anbetraf – sehr fleißig.

Mit großem Erfolg spielte sie Knabenrollen, weil sie sich bewegte und lachte wie ein Junge, aber noch besser war sie in romantischen Tragödien. Sie konnte sich jedoch ebenso leicht in eine
Walküre oder Furie verwandeln. Ihre Vielseitigkeit machte sie bei
den Lehrern sehr beliebt. Sie wußten, daß sie die Fähigkeit hatte,
fast jede Rolle zu bewältigen.

Auf ihre sehr ungestüme Weise war sie glücklich auf der Akademie, wenngleich sie zu exzentrisch war, um allgemeinverständ-
lich zu sein. Sie hatte wenig Freunde. Ihre engste Freundin war
Mona Martenson, die auch etwas verrückt war. Mimi Pollak war
eine weitere Freundin: zartgliedrig, mit einem schmalen, lebendigen Gesicht, war sie für die Bühne wie geschaffen. Diese drei
Schauspielerinnen bildeten eine Art Verschwörung mit dem gemeinsamen Gelübde, sich gegenseitig beizustehen und den strengen Regeln und Vorschriften der Akademie zu trotzen. So genossen sie ihre neugefundene Unabhängigkeit.

Die Lebensweise an der Akademie forderte zu engen Freund-
schaften auf. Nervös, schön und ehrgeizig, benahmen sich die
drei instinktiv wie junge Aristrokratinnen, als sie an der Akademie
studierten, wo sie in einer vollkommen entrückten Welt lebten.
Abends kehrten sie in ihre ärmlichen Verhältnisse zurück, und
Gretas häusliche Verhältnisse waren die jämmerlichsten von allen. Holger Löwenadler, ein Mitschüler Gretas, erinnert sich vor
allem an zwei Dinge, die ihm an ihr auffielen: die Schönheit ihrer
Stimme, und wie sie immer mit einem Hauch von Erstaunen sagte:
»Es ist nicht möglich! Ich denke, ich komme aus der Blekingegatan!« Er meinte nicht ihre körperliche Schönheit, und in der Tat
galt sie an der Akademie für überwältigend schön.

Im Frühling 1923 erhielt Gustaf Molander, der Direktor der
Akademie, eine Anfrage von Mauritz Stiller, der sich nach den
Fortschritten der jungen Schülerin Greta Gustafsson erkundigte.

Mauritz Stiller privat

Stiller hatte Gutes von ihr gehört, und in einem Film, den er gerade vorbereitete, wäre vielleicht eine kleine Rolle für sie zu spielen. Molander wich aus. Er war der Ansicht, daß sie noch nicht genügend könne und noch einige Erfahrungen zu sammeln hätte. Sie sei noch zu unfertig, um unter Professionellen spielen zu können. Doch Stiller ließ sich nicht abwimmeln, und verlangte sie wenigstens zu sehen. Schließlich ließ sich Molander überreden und schickte sie zu Stiller zum Vorsprechen.

Als Greta in Stillers Haus kam, war von ihm selbst nichts zu sehen. Sie setzte sich auf einen Stuhl in die schattige Eingangshalle und wartete unendlich lange auf ihn. Die Stunden verstrichen, aber von ihm fehlte jede Spur. Als er endlich erschien, begleitet von einem riesigen Wolfshund, war ihr unheimlich zumute.

Stiller hatte die seltsame Angewohnheit, durch Menschen hindurchzublicken. Er schien sie nicht zu sehen, aber tatsächlich ließ er sie natürlich nicht aus den Augen. Er war sehr höflich und distanziert. Er stellte einige Routinefragen an sie: wie alt sie sei, welche Erfahrungen sie außerhalb der Akademie gemacht habe, und nickte, wenn sie antwortete. Er prüfte sie natürlich ganz genau und wohlüberlegt und nahm offenbar das Privileg für sich in Anspruch, die Schauspieler einer Schockbehandlung zu unterziehen. Danach erinnerte er sich an jede Einzelheit ihrer Kleidung, ihrer Manieren und an die Art und Weise, wie sie seine Fragen beantwortet hatte. Plötzlich sagte er ganz beiläufig: »Warum legen Sie Ihren Hut und Mantel nicht ab?« Greta brach in lautes Gelächter aus. Er hatte lange geschwiegen und nur gelegentlich Fragen gestellt, und diese letzte Frage ergab für sie keinen Sinn. Sie nestelte an ihrem Mantel, und er wandte sich ab und sagte zur Wand: »Was für eine Telefonnummer haben Sie?« Es klang wie eine gewöhnliche Frage, die ein Regisseur stellt, bevor er einen Bewerber entläßt. Sie blickte ihn etwas enttäuscht an, aber er schien in Gedanken versunken. Als sie hinausging, hörte sie ihn murmeln: »Ich werde sie im Gedächtnis behalten.« Aber sie hatte das ungute Gefühl, daß er sie bereits in diesem Moment vergessen hatte.

Einige Wochen später, als die Arbeit an der geplanten Verfilmung des Selma-Lagerlöf-Romans *Gösta Berling* fortgeschritten war, suchte Stiller immer noch eine Besetzung für die Rolle der Gräfin Elisabeth Dohna. Er ließ in der Königlichen Schauspiel-Akademie anrufen und darum bitten, ihm die beiden besten Schauspielerinnen zu schicken. Er ließ sie vorsprechen, war aber nicht von ihnen begeistert. »Sie sind exzellente Schauspielerin-

nen, aber leider nicht hübsch genug«, damit waren sie wieder ent-
lassen. Ein Kollege machte ihn auf Mona Martenson und Greta
Gustafsson aufmerksam, und er fuhr nun selbst ins Theater. Er
hatte das Gefühl, sofort zu wissen, ob eine von beiden die Richtige
war oder nicht, sonst wäre er verloren. Mona Martenson fand er
auf der Bühne, wo sie gerade die Jessica im *Kaufmann von Venedig*
spielte, aber von Greta Gustafsson war nichts zu sehen, denn sie
machte eine Besorgung in der Stadt. Er hinterließ in der Akademie
eine Nachricht, daß er sie zum Essen einlade.

Als Greta bei Stiller ankam, war – wie das erste Mal – nichts von
ihm zu sehen. Statt dessen wurde sie von dem Schauspieler Axel
Nilsson empfangen, der ebenfalls zum Essen geladen und ebenso
verwirrt war durch Stillers Abwesenheit. Greta ließ sich in der
Halle nieder, um zu warten. Sie weigerte sich, das Eßzimmer zu
betreten. Sie war scheu, nervös und etwas durcheinander. Sie
meinte zu spüren, daß Stiller irgend etwas im Schilde führte.
Dann plötzlich, als sie bereits jede Hoffnung, ihn zu treffen, aufgegeben hatte, kam Stiller mit schnellen Schritten ins Haus, von
seinem Wolfshund begleitet. Axel Nilsson kam in die Halle. Stiller
rief ihm zu: »Nun, da ist sie! Was wirst du aus ihr machen? Ist sie
nicht wunderbar? Mein liebes Fräulein Gustafsson, Sie sind allerdings ein bißchen zu dick. Axel, schau dir doch bloß einmal diese
Wimpern an! Verehrte Dame, Sie müssen zwanzig Pfund abnehmen, wenn Sie die Rolle spielen wollen, die ich für Sie habe!« Und
während der ganzen Zeit drehte er sie wie einen Kreisel um sich
herum.

Der junge Drehbuchautor Ragnar Hyltén-Cavallius, der seine
eigenen Nachforschungen über Greta Gustafsson angestellt hatte,
konnte Stillers Begeisterung nicht teilen. Er fand sie langweilig,
ohne jede Ausstrahlung, ein gesundes Bauernmädchen mit ober-
flächlicher Schauspielausbildung. Stiller wies diese Anwürfe ka-
tegorisch von sich. »Du verstehst sie eben nicht«, erwiderte er,
»sie ist zurückhaltend und zeigt ihre Gefühle nicht. Sie hat keinerlei Technik. Und das Wichtigste an ihr ist ihre Schönheit! Schau dir
ihre Füße an, die Fersen. Hast du jemals solche zarten Fersen gesehen, diese Linien? Und genauso ist es mit ihren Beinen und ihrem ganzen Körper!«

Ein paar Tage später wurden Greta Gustafsson und Mona Martenson zu Probeaufnahmen in die Rasunda-Filmstudios außerhalb
Stockholms bestellt. Stiller versteckte sich hinter einem Regal, um
sie zu beobachten, während sie auf ihn warteten. Als Greta später

von diesem Trick erfuhr, sagte sie nur: »Er beobachtete mich ganz genau, um festzustellen, ob ich Mut habe.« Sie brauchte tatsächlich Mut, um die Probeaufnahmen durchzustehen, die im wesentlichen eine weitere Schockbehandlung waren. Zunächst ließ er sie zwei Stunden lang warten, dann befahl er ihnen, direkt in den Schminkraum zu gehen, und dann dauerte es noch eine weitere halbe Stunde, bis ihr Make-up fertig war. Dann wurden sie dem Kameramann und den Bühnenarbeitern vorgestellt. Der Kameramann erinnerte sich, daß Greta sehr bescheiden war, am ganzen Körper zitterte, aber trotzdem höflich zu dem ganzen Haufen war. Während der Probe fragte Greta Stiller, was sie als nächstes tun solle. »Leg dich hin und sei krank!« er stand furchterregend vor ihr. »So, du weißt nicht, wie man krank ist, he? Und du nennst dich Schauspielerin?« rief er. Greta legte sich auf das Sofa, das auf der Bühne stand und machte den überzeugenden Eindruck, wirklich krank zu sein. Einen Augenblick später bellte er: »Das reicht, geh nach Haus!«

Greta begann sehr schnell, Stiller zu verstehen. Sie fürchtete sich nicht vor ihm, denn sie hatte genügend Selbstvertrauen. Sie war so von sich überzeugt, daß sie am nächsten Tag in den Zug stieg, um ins Studio zu fahren und herauszufinden, ob die Probeaufnahmen erfolgreich waren oder nicht. Zufällig traf sie im Zug Julius Jaenzon, Stillers Kameramann. Sie fragte ihn vorsichtig nach dem Erfolg der Aufnahmen, und er antwortete, daß er ziemlich sicher sei, daß sie beide durchgefallen wären.

Ein paar Tage später klingelte Gretas Telefon. Stiller berichtete ihr, daß sie hervorragend gewesen sei, die Aufnahmen gelungen und er ihr die Rolle der Gräfin Elisabeth Dohna in *Gösta Berling* übergeben möchte. Auch Mona Martenson war gut gewesen und bekam die Rolle der Gräfin Ebba Dohna. Greta war außer sich vor Freude. Es vergingen noch ein paar Wochen, bis sie den Vertrag endgültig unterschreiben konnte, das heißt ihre Mutter ihn unterschrieb, da Greta noch nicht volljährig war. Am 23. Juli 1923 erhielt sie den Vertrag, in dem sich die Svensk Filmindustrie verpflichtete, ihr 3000 Kronen zu zahlen, was heute ungefähr 1.200 Mark entspricht. Das war für ihre Verhältnisse keine knauserige Gage.

Am 9. November 1923 wurde ein anderes Dokument von Anna Gustafsson in Anwesenheit von Zeugen unterzeichnet. Es war ein Antrag an das Innenministerium, in dem um die Erlaubnis gebeten wurde, daß die Tochter Greta Lovisa Gustafsson den Namen Greta Garbo annehmen könne. Am 4. Dezember, kaum einen

Monat später, wurde die Erlaubnis erteilt. An jenem Tag starb Greta Lovisa Gustafsson, und Greta Garbo wurde geboren.

Der Name war die Erfindung von Mauritz Stiller, der ihn schon lange auf der Zunge hatte und sich irgendwann einmal entschlossen hatte, ihn einer Schauspielerin zu geben, die dessen würdig war. Ihn erinnerte dieser Name an das Märchenland, an Romantik und Schönheit, an alles, was er in seinen kühnsten Träumen in seiner Kindheit in Zusammenhang mit der höchsten Glückseligkeit gebracht hatte. Später wurde über diesen Namen viel gemunkelt. Einige erklärten, daß er aus den Anfangsbuchstaben eines Satzes bestünde, der Greta Lovisa Gustafsson einmal beschrieben habe: Gör alla roller berömvärt opersonligt (. . . spielt alle Rollen in lobenswert unpersönlicher Art). Andere sahen den Ursprung des Namens im Spanischen und Italienischen, denn dort heißt *garbo* soviel wie Anmut, Charme oder Grazie. Wieder andere stellten sich vor, daß der Name eine Adaption des Namens der berühmten norwegischen Sängerin Erica Darbo sei. Eine einleuchtende Erklärung fand ein findiger Kopf in *garbon*, einem geheimnisvollen Geist, der nachts manchmal auftaucht, um mit dem Mondschein zu tanzen. Diese Schöpfung war ein Nachfahre des gefürchteten *gabilun* der schwedischen und germanischen Volkssagen, der von Gudrun getötet wurde. Der *gabilun* sprühte Feuer aus seinen Nüstern und konnte jede Gestalt annehmen, die er wollte.

Keiner kennt also den wirklichen Ursprung des Wortes. Fragte jemand danach, schaute Stiller freimütig in die Luft, lächelte und sagte: »Ich weiß es wirklich nicht. Aber es ist doch richtig, nicht?«

Der Name fand seinen Träger in der Tochter des Carl Alfrid Gustafsson, der geheimnisvollen Greta Garbo.

Die junge Gräfin

*Tut mir leid. Du wirst noch etwas länger
brennen müssen.*

Mauritz Stiller

In der Geschichte der Greta Garbo nehmen zwei wenig bekannte
und kaum gesehene Filme einen ganz besonderen Platz ein. Das
sind *Gösta Berling*, inszeniert von Mauritz Stiller und *Die freudlose
Gasse* von G. W. Pabst. In diesen beiden Filmen wurde zum ersten
Mal das geheimnisvolle Gesicht der Greta Garbo auf der Leinwand gezeigt und studiert, unterschiedlich beleuchtet, als Schattenbild fotografiert, interpretiert, korrigiert und wieder auspro-
biert – eine Maske von erstaunlicher Schönheit und unaufdringli-
cher Intelligenz. Es schien, als habe der Film endlich seine ideale
Kreation gefunden. Ihr Gesicht tat sich vor uns auf wie eine Blume, sehr bleich, ungewöhnlich zart. Ihr Gesicht hatte etwas Adli-
ges, als stamme sie aus einem alten Geschlecht, das längst ausgestorben schien, aber in ihr wieder auferstanden war. Sie hatte etwas von einer Göttin und einem noch nicht entwickelten Mädchen, von einer erwachsenen Frau im Augenblick einer tiefen Leidenschaft. Zeit, Handlung und Inhalt – alles war gegenwärtig,
wenn man ihr Gesicht betrachtete. Stiller hatte eine gute Wahl getroffen. Während der langen Arbeitszeit an *Gösta Berling* wurde er
nicht müde, ihre eigenartige Schönheit zu bewundern. Er war in
sie verliebt, aber das hinderte ihn nicht daran, als ihr Regisseur alles aus ihr herauszuholen, was sie an schauspielerischem Können
zu geben imstande war.

»Sie verstehen das nicht«, würde er sagen, wenn jemand gegen
ihre ungleiche Leistung protestierte. »Sie ist etwas ganz Besonderes. Sie ist so wie ein erregter Fisch, und sie kann nicht denken. Ich
glaube nicht, daß ihr jemals ein wirklicher Gedanke durch den
Kopf gegangen ist. Ich muß sie auf ihre größte Kleinheit bringen.
Ich bin gnadenlos mit ihr. Und wenn sie ihre größte Kleinheit erreicht hat, dann ist ihre schauspielerische Leistung am größten,
selbstverständlich, sicher und konzentriert. Dann wird auch ihr
Gesicht, das eigentlich gar nicht so schön ist, obwohl es es wert ist,
auf der Straße angestarrt zu werden, zu einem Antlitz, das Götter
glücklich machen könnte.«

Greta Garbo in ›Gösta Berlings Saga‹ (Gösta Berling, 1924) von Mauritz Stiller

Stiller war sehr erregt durch seine Entdeckung und gab sich sehr viel Mühe mit ihr. Die Rasunda-Filmstudios lagen mitten im Wald, und der Anblick, die Garbo und Mauritz Stiller am Waldrand spazierengehen zu sehen, war bald keine Seltenheit mehr. Während Stiller gestikulierte, blieb die Garbo ruhig, verzog kaum das blasse Gesicht, hörte nur zu, alles in sich aufnehmend, was der Regisseur ihr sagte. Er beherrschte sie offenbar vollkommen. Während der Aufnahmen im Studio sprach er selten mit ihr, vielmehr verständigte er sich mit ihr durch Gesten. Er war wie ein Magier, der alles aus ihr herauslockte, was er in ihr vermutete. Das Mädchen aus der Blekingegatan wurde allmählich zu einer Gräfin, Nachfahrin eines alten Adelsgeschlechtes. Manchmal, während des langen schmerzhaften Prozesses, den Stiller »die kleinste Größe aus ihr machen« nannte, gab es auch Augenblicke der Rebellion. Dann veränderte sich ihr Gesicht, und die überraschte Optik der Kamera sah sie beben, sie errötete und das Gesicht verzog sich, Tränen traten ihr in die Augen, und sie murmelte: »Ich hasse Sie, Stiller! Ich hasse Sie! Ich hasse Sie!« Dann lächelte er befriedigt, denn diese Momente verrieten ihm, daß er erfolgreich war in der Zerstörung der Überbleibsel der Tochter des Carl Alfrid Gustafsson. An ihre Stelle trat dann die großartige Schauspielerin Greta Garbo.

Obwohl Stiller die Rolle des Svengali spielte, verlor er doch niemals seine Freundlichkeit und Zuneigung zu ihr. Er wollte die größte Schauspielerin schaffen und formen. Zuerst wollte er das mit Mary Johnson versuchen, die die Elsalill in *Herrn Arnes Schatz* gespielt hatte, aber er fühlte, daß ihm das nicht gelingen würde. Bei der Garbo, die noch jung und unverdorben war, spürte er, daß er zum Ziel gelangen könnte.

Später, als alles vorüber war, sagte die Garbo, daß es ihr Spaß gemacht habe, obschon es manchmal wie ein Gang durch die Hölle gewesen sei. Stiller lehrte sie, ihre ganze Persönlichkeit einzusetzen, aber sie war noch nicht reif genug, eine Rolle ganz auszufüllen. Es gab Tage, an denen sie ganz in der Rolle der Gräfin Elisabeth Dohna aufging, während sie an anderen Tagen sich selbst viel näher war. An solchen Tagen zog sie sich zurück, um sich Stillers Worte ins Gedächtnis zurückzurufen, was ihr zuweilen nicht gelang. »Dann konnte ich nicht einmal mehr weinen«, erinnerte sie sich. »Ich war wie ausgetrocknet.«

Widerwillig ließ sich die Garbo während der Filmaufnahmen von der Journalistin Inga Gaate interviewen.

»Bitte, setzen Sie sich hier nicht hin und schreiben Sie nicht alles

In ›Gösta Berling‹ 1924

auf, was mir herausrutscht«, sagte die Garbo. »Ich gehöre zu den Menschen, die nicht denken, ich rede erst und denke dann.«

»Gut, sagen Sie mir, ist es sehr schwer, Filme zu machen?«

»Schrecklich schwer! Es war wie ein Gethsemane! Stiller ist der generöseste Mensch auf der Welt; er wird niemals ärgerlich; er ist niemals melancholisch, ganz gleich, wie sehr er mich auch schilt. Er formt den Menschen nach seinem Willen. Was mich betrifft, ich bin einer von diesen netten, gewöhnlichen Menschen, die furchtbar leiden, wenn jemand gemein zu ihnen ist. In der jetzigen Zeit sollten die Frauen lernen, dreister zu sein, auch wenn das nicht sehr weiblich ist. Leider besitze ich von dieser erstrebenswerten Dreistigkeit sehr wenig.«

Diese »erstrebenswerte Dreistigkeit« fehlte ihr tatsächlich das ganze Leben lang, aber sie war auch nicht die »nette und gewöhnliche« Person. Sie gehörte zu den vielschichtigen, willensstarken, schwierigen und fordernden Menschen. Je mehr Stiller von ihr forderte, desto höher wurden ihre Ansprüche, die sie an sich selbst stellte.

Der Film *Gösta Berling* besteht aus einem Sammelsurium verschiedener Geschichten. Einige stammen aus der Feder von Stiller und Ragnar Hyltén-Cavallius, die gemeinsam das Drehbuch erarbeiteten, andere sind dem Roman Selma Lagerlöfs entnommen und wieder andere wurden während der Dreharbeiten improvisiert. Es ist ein ausgesprochener Regisseur-Film. Jeder Meter Film läßt die Handschrift Stillers mühelos erkennen, sein ausgeprägtes Gefühl für Schönheit, seinen Sinn fürs Dramatische. Es schien, als habe er geahnt, daß das sein letzter guter Film sei, den er drehen würde. Nach *Gösta Berling* gab es eine Reihe von Mißerfolgen.

Die Originalstory von Selma Lagerlöf beschreibt eine bevorzugte Zeit schwedischer Romanautoren. Die napoleonischen Kriege waren vorüber, und in ganz Schweden gab es ehemalige Offiziere, die nichts mit sich anzufangen wußten und wenig Geld besaßen. Sie verbrachten ihre Zeit damit, Freunde zu besuchen, zu zechen, zu huren und Ärger zu machen. Wenn sie sich in den Häusern ihrer reichen Freunde aufhielten, sorgten sie für Unterhaltung, was sie als eine Art Bezahlung für freie Kost und Logie verstanden. So ist auch ein ganzer Flügel des Schlosses Ekeby von diesen amüsierfreudigen, früheren Offizieren belegt, und die Dame des Hauses füttert sie durch, verwöhnt sie, nimmt an ihren Tanzvergnügungen, Theateraufführungen und Schlittenpartien teil. Sie kann sich diesen Luxus leisten, denn unglaublicher Reich-

In ›Gösta Berling‹, 1924

tum fließt ihr aus den benachbarten Eisenminen zu. Sie ist eine Frau mittleren Alters und hat sich von ihrer Mutter abgewandt, die einst sie und das Schloß Ekeby verfluchte.

In der Nähe von Borg, im Haus des Grafen Henrik Dohna, wächst die junge Gräfin Elisabeth heran. Ein Lehrer wird für sie gefunden. Der hübsche junge Lehrer mit den strahlenden Augen ist Gösta Berling, ein unberockter Priester, der von seinen eigenen Gemeindemitgliedern aus seiner Kirche geworfen wurde. Sie bestraften ihn wegen seiner feurigen Reden, seines lockeren Lebenswandels und seiner Trunksucht. Die junge Gräfin verliebt sich in ihn, aber als seine Vergangenheit ruchbar wird, muß er das gräfliche Haus verlassen. Er geht nach Ekeby, um sich dem dortigen Trubel anzuschließen, verbringt nun seine Tage ebenfalls zechend und träumt noch immer von der hoffnungslosen Liebe zu der jungen Gräfin Elisabeth. Als er auf Marianne Sinclair trifft, die ebenso schön ist wie Elisabeth, fühlt er sich zwischen seinen beiden Lieben hin und her gerissen. »Ich bin Gösta Berling, der Mann der zehntausend Küsse und dreizehntausend Liebesbriefe«, behauptet er, aber das ist nicht wahr. Wie alle Helden der Romantik sucht er vergeblich nach der großen Liebe. Er ist ein schwatzhafter Prahler mit wilden Gesten, ständig schrecklich leidend, der den Himmel als Zeugen seines Leidens beschwört, und der nirgendwo glücklich ist.

Indessen ist auf Schloß Ekeby ein gewisser Kristian Bergh im Begriff, großes Unheil anzurichten. Er hat sich zum Anführer der munteren Gäste auf Ekeby gemausert. Er jagt die Frau des Hauses aus dem Haus und erinnert sie an den Fluch der Mutter, der über ihr und dem Schloß liegt. Darauf wendet er sich an Marianne Sinclair und beschuldigt sie, ein lockeres Weib zu sein. Im tiefsten Winter flieht sie durch den Schnee. Als Gösta Berling von der Flucht erfährt, spannt er sofort seinen Schlitten an und fährt ihr nach. Er findet sie nach langem Suchen schließlich im Schneesturm, halbtot. Er bringt sie ins Schloß zurück und es dauert nicht lange, da kehrt auch die Schloßherrin von Ekeby wieder, nachdem sie mit ihrer Mutter Frieden geschlossen hat. Um sich der Trunkenbolde im anderen Schloßflügel zu entledigen, stiftet sie einige Dorfbewohner an, den Flügel in Brand zu setzen. Spät in der Nacht, als die Gelage ein Ende gefunden und die Gäste sich zur Ruhe gelegt haben, wird das Schloß in Brand gesteckt. Gösta und Marianne sind in dem brennenden Schloß gefangen. Aus der Ferne sieht die junge Gräfin Elisabeth, die auf dem Ball zu Ehren ihrer bevorstehenden Hochzeit ist, den Brand von Ekeby. Sie ist immer noch hoffnungslos in ihren ehemaligen Lehrer verliebt, und während Gösta Berling verzweifelt versucht, Marianne aus den Flammen zu retten, läuft Elisabeth durch den Schnee ins Schloß hinauf. Marianne wird gerettet, und Gösta will Ekeby nun verlassen. Doch da begegnet er Elisabeth. Er bietet ihr an, sie nach Borg zurückzufahren. Als sie sich im Schlitten gegenübersitzen und über ihr vergangenes Leben sprechen, werden sie plötzlich von Wölfen angegriffen, denen sie aber im letzten Moment entkommen können. Gösta Berling schwört, Ekeby wieder aufzubauen und wie ein anständiger Mann zu leben. Er heiratet Elisabeth, und die Herrin des Hauses schenkt ihnen Ekeby.

Das ist die Geschichte, die Stiller und Ragnar Hyltén-Cavallius aus dem Roman von Selma Lagerlöf herausgearbeitet haben. Den Roman hatte bislang niemand zu verfilmen gewagt, weil die Handlung so verwickelt und die einzelnen Charaktere zu versponnen erzählt sind. Schließlich dauerte der Film immer noch vier Stunden, obwohl Stiller und Hyltén-Cavallius den Roman eigentlich nur noch als Hintergrund für ihre eigenen Einfälle benutzt hatten. Stillers bester Einfall war, die Rolle der Gräfin Elisabeth mit Greta Garbo zu besetzen.

Ihre Liebesszenen anzusehen, war ein Genuß, und jede Gefühlsbewegung war von ihrem Gesicht abzulesen. Lars Hanson in der Rolle des Gösta Berling überzog und wurde damit zur Karikatur des romantischen Helden, was aber zu verkraften war, da man ohnehin neben ihm nur die Garbo sah. Schon in dieser Rolle zeigte sie die eigenartige Kraft, die Leinwand völlig allein zu beherrschen. Um sie herum verblaßte alles. Ihre schauspielerische Leistung war unterschiedlich. Sie hatte sich nicht immer in der Kontrolle, was den Eindruck erweckte, sie wisse als Schauspielerin nicht, was sie zu tun habe und vermittelte das Gefühl einer Schlafwandlerin. Dann war ihr Gesicht ausdruckslos und langweilig. Das passierte zuweilen auch noch in ihren späteren Filmen. Doch in ihren besten Filmen hatte sie jene umwerfende Ausstrahlung. Die Liebesszenen, ihr Auftritt auf dem Ball, ihr Gang durch den tiefen Schnee nach Schloß Ekeby, ihr plötzlich vor Angst entstelltes Gesicht, als Gösta Berling das Haus verlassen muß, ihr Gesichtsausdruck, als die Wölfe um sie herum heulten – all diese Szenen waren erfüllt von einer unauslöschlichen, glühenden Leidenschaft. Wenn sie durch das verlassene Haus geht, die Kerze in Augenhöhe, oder wenn sie im Ballsaal tanzt oder im

Lars Hanson als ›Gösta Berling‹, 1924

Schnee stehend zu dem brennenden Schloß hinüberblickt – ihr Spiel ist immer wunderbar lebendig. Schönheit selbst wurde hier zum Drama.

Stillers Leidenschaft zu ihr wurde sublimiert in diesen Film umgesetzt; er badete sie im Lichte seiner eigenen übertriebenen Vorstellung. Sie wandelt durch diese Geschichte wie ein kühles, gottesähnliches Wesen, und gleichzeitig vermag sie aber auch überzeugend eine von Liebe gequälte junge Frau darzustellen. Bisweilen scheint ihr Gesicht durchsichtig und geisterhaft, taufeucht von der Kühle des Todes, und dann plötzlich haucht ihr Stiller soviel wärmendes Leben ein, daß wir uns nicht mehr an die Handlung erinnern, sondern nur noch an ihr strahlendes Lächeln. Sie schien Dinge zu kennen, die keine Frau auszusprechen wagte. Wenn sie ihre Lippen bewegte, schien sie über Dinge zu reden, die wir nur ahnen konnten. Wer sie ist und was sie in der Story tut, wird oft unwichtig. Ähnlich wie Helena von Troja bewegt sie sich durch die Geschichte und ist der Anlaß für das, was geschieht, doch selbst wird sie davon nicht berührt. Wir ängstigen uns nicht um sie, da wir wissen, daß ihr nichts Böses widerfahren kann, denn ihre vollkommene Schönheit ist unantastbar. Wenn sie sterben würde, könnten wir es kaum glauben. Wenn sie sich verliebte, schien uns auch das sehr unwahrscheinlich.

Das Dramatische in ihr ist überall zu finden: im Sinne der Erwartung, die durch ihre Gegenwart hervorgerufen wird. Sie kennt alle Geheimnisse dieser Welt, und wenn wir ein wenig warten, erklärt sie sie uns. Sie benutzt dazu keine Worte, sondern Gesten, ihr Lächeln und den Ausdruck ihrer Augen. Das Versprechen bleibt ein Versprechen, das niemals in der Geschichte erfüllt wird, sondern in der geheimnisvollen Zwiesprache zwischen ihr und dem Zuschauer. Sie ist dem Zuschauer näher als ihren Partnern auf der Leinwand. Sie spricht den Zuschauer direkt an, bleibt aber stumm.

Lars Hanson gab eine beinahe bravouröse Vorstellung, wirkte dadurch aber wenig glaubhaft, so daß es kaum etwas ausgemacht hätte, wenn man ihn einfach auf die Hintergrundkulisse gemalt hätte. Gerda Ludequist war sehr überzeugend in der Rolle der Schloßherrin, die unter dem Fluch der Mutter litt. Mit ihrem strenggeschnittenen Gesicht, den großen flackernden Augen, ihrer lebhaften Schönheit, ihrer Kraft und Entschlossenheit stellte sie eine wahre Aristokratin dar, und es ist gut vorstellbar, daß sie in der Lage ist, diese Horde von Trunkenbolden im Flügel ihres

Schlosses zu beherbergen und für sie zu sorgen. Gerda Ludequist war eine dramatische Schauspielerin von außergewöhnlichem Talent. Zu den besten Einzelszenen im Film gehört die der Begegnung mit der Mutter, als der Fluch von ihr genommen wird, während sie sich ruhig dem Joch des Mühlrades unterwerfen und es wie Arbeitstiere in Bewegung setzen. Es ist nur eine kurze Szene, doch mit brutaler Einfachheit und elementarer Kraft gespielt. Das Rad wird zum Rad des Schicksals der beiden Frauen.

Selma Lagerlöf beschrieb den Grafen Henrik Dohna als »einen häßlichen, dummen Mann, der niemals seinen Kopf wendet, ohne den ganzen Körper zu bewegen«. Die Rolle wurde von Torsten Hammarén gespielt, einem der größten Clowns des Schwedischen Kleinen Theaters. Er stellte eine hölzerne Vornehmheit zur Schau und zeigte keinerlei Gefühl, was zur Folge hatte, daß auch er nicht überzeugte. Baronin Ellen Cederström hatte die Rolle der Gräfin Martha Dohna übernommen und wirkte sehr glaubwürdig, indem sie ihre ureigene Adeligkeit spielte. Die schlechteste Leistung lieferte Mona Martenson, wofür sie allerdings nichts konnte, denn Stiller hatte sie mit der Rolle der Schwester Elisabeths fehlbesetzt.

Stiller war mit seinem Art-Direktor Vilhelm Bryde – ein bekannter Architekt und Kunsthändler – der die Dekorationen und Kostüme entworfen hatte, sehr gut beraten. Stiller bestand darauf, daß alles oder fast alles authentisch zu sein habe, und Bryde reiste durch das ganze Land auf der Suche nach echten Dekorationsteilen aus der Zeit. Stiller und die Garbo beteiligten sich an der Suche, und während dessen nahm er die Gelegenheit war, sie zu lehren, die verschiedenen Stile anhand ihrer Elemente zu unterscheiden. Sie war eine gute Schülerin, entwickelte Geschmack und Stilgefühl und interessierte sich immer stärker für Antiqitäten.

In den Rasunda-Studios wurden über achtzig verschiedene Dekorationen aufgebaut, und Stiller studierte über hundert Entwürfe, die ihm von Vilhelm Bryde und Ingrid Gunther, einer jungen Kostümbildnerin, vorgelegt wurden. Er fragte Kunstkenner und Antiquitätenhändler um Rat und bat um Hilfe. Passende Holzvertäfelungen für Schreibtische, Kandelaber, Türen und Fenster wurden in Antiquitätengeschäften aufgestöbert und gekauft. Bestimmte Fußböden wurden aus alten Häusern gerissen und im Studio neu verlegt. Ein alter Kamin, der in Nordschweden entdeckt worden war, wurde für den Film nach Stockholm transportiert. Stiller deutete sogar an, echte Wölfe für die Schlittenszene haben zu wollen, aber dann ließ er sich doch überzeugen, daß ihm Polizeihunde den gleichen Dienst erweisen würden. Karl Svensson, ein freundlicher Industrieller, den die Garbo noch aus ihrer Zeit als Rasierschaummädchen kannte, lieh ihnen seinen Wolfshund. An die Schwänze der Hunde wurden Senkbleie angebunden, um ein Wedeln zu verhindern. Die Schlittenszene selbst wurde in Hammarby, einer frostigen Einöde, mitten im Winter gedreht. Männer mit Gewehren standen bereit, um echte Wölfe abzuwehren, während die Polizeihunde den Schlitten bedrängten.

Stillers Leidenschaft für naturgetreue Darstellung ging natürlich über das riesige Bild, das Schloß Ekeby im Rasunda-Studio darstellte, hinaus. Er bestand darauf, den Flügel des Gebäudes, in dem die pensionierten Offiziere hausten, niederbrennen zu lassen. Um sich einer eindrucksvollen Feuersbrunst zu versichern, ließ er Zelluloidstreifen an die Wände kleben und die Fußböden mit Benzin tränken. Er selbst hatte an dieser Szene den größten Spaß – in der einen Hand ein Sandwich und in der anderen die Flüstertüte. »Da stand er und war in seinem Element«, schrieb ein Reporter, der das Schauspiel beobachtete, das sich ihm da bot. »Stiller brüllte wie ein Löwe, der Schweiß rann ihm übers Gesicht, während er wie ein kleiner Junge auf die Feuerspritze sprang, um sein erstes Feuer zu betrachten. Hastig erklomm er die Leiter, auf der die Kameraleute dicht über die Flammen gebeugt, arbeiteten. Er gab Anweisungen, forderte Lars Hanson, der den brennenden Dachbalken gefährlich nahe gekommen war auf, Mut zu beweisen.

»So ist es gut!« schrie Stiller. »Sei nicht so vorsichtig! Geh weiter ran! Erst, wenn die Flammen näherkommen, ist es gut – es schaut nicht wie ein gefährliches Feuer aus, wenn du keinen Mut hast!«

»Wenn du weiter so laut brüllst, bläst du mich vom Dach runter!« gab ihm Hanson zurück.

Ein paar Minuten später entdeckte Stiller, daß echte Feuerwehrleute ins Bild gekommen waren und Wasser auf das brennende Gebäude spritzten.

»Was zum Teufel tut ihr mit dem Wasser?« schrie er sie an. »Wer kam auf den Gedanken, die Spritzen zu holen? Das ist unglaublich!«

Nachdem man ihm klargemacht hatte, daß sie für den Probefall eingesetzt worden waren, schien er zufrieden, aber erlaubte nicht mehr, die Spritzen auf seine geliebten Flammen zu richten.

Gerda Lindequist und Greta Garbo in ›Gösta Berling‹, 1924

Er verhielt sich wie ein Mensch in Trance, von den Flammen wie verzaubert. Er war ohne jede Furcht. Dann gab es einen Moment, als die Pferde im Gästeflügel durchzugehen drohten. Aber er lachte nur. Hanson hatte durch eine brennende Mauer zu kriechen, als Stiller entschied, die vorher festgelegte Kameraeinstellung zu ändern. Es entstand eine Verzögerung, und schon züngelten Flammen um Hansons Knie.

»Ich brenne!« schrie er.

»Tut mir leid«, antwortete Stiller. »Du wirst noch etwas länger brennen müssen.«

Als Stiller später gefragt wurde, ob er Spaß daran gehabt hatte, diesen Film zu machen, lachte er nur und sagte: »Was fragen Sie mich das. Wir haben Schloß Ekeby niedergebrannt und Greta Garbo fotografiert!« Es schien, als fände er gleichermaßen an beiden Objekten Gefallen, an den lodernden Flammen und der zarten Schönheit seiner Entdeckung.

Während der Dreharbeiten kamen sie sich selbstverständlich näher, näher als sie es wohl für möglich gehalten hatten. Der homosexuelle Stiller war mehr und mehr von der Schönheit und Unschuld der Garbo verzaubert. Während der Dreharbeiten war er ihr ständiger Begleiter. Hjalmar Lenning, ein Freund Stillers und einer der besten Kritiker seiner Zeit, zerbrach sich den Kopf über diese Beziehung. Die Garbo hatte sich in einem Interview mit ihm so langweilig und desinteressiert gegeben, daß er sich nicht vorstellen konnte, daß Stiller wirkliches Interesse an ihr hatte. »Was siehst du nur in ihr?« fragte Lenning, und Stiller antwortete: »Ich habe ihr alles beigebracht; sie nimmt jede meiner Anweisungen sorgsam entgegen; sie ist wie Wachs in meinen Händen.« Er sprach bewundernd von ihrer Schönheit, von ihren vielfältigen Fähigkeiten und von der Zukunft, die ihr sich öffnen würde. Aber schwedische Mädchen sind selten Wachs in den Händen älterer Männer, und es ist viel wahrscheinlicher, daß er Wachs in ihren Händen war.

Als die Aufnahmen beendet waren, war Stiller der erste, der seine eigene Arbeit an diesem Film kritisierte. Die Regie war von unterschiedlicher Qualität, brillante Passagen lösten sich mit mittelmäßigen ab, die von jedem anderen Regisseur stammen konnten, doch die Brillanz einzelner Szenen vermittelte schon einen Zusammenhang. Manchmal züngelten die Flammen empor, doch bisweilen vergingen sie in glimmender Asche. Es waren technische Fehler begangen worden, die mit mehr Zeit und mehr Geld hätten vermieden werden können. Stiller beklagte sich über die Beleuchtung in einigen Szenen, aber es war zu spät, um einzelne Einstellungen nachzudrehen, zumal es sowieso schon zu viele Zwischenschnitte gab. In dem gesamten Film – außer wenn die Garbo und die Ludequist auftraten – machte sich das störende Gefühl von Unnatürlichkeit bemerkbar. Es schien, als handele es sich um eine ungenaue Nacherzählung des Romans von Selma Lagerlöf. Weder der Brand des Schlosses noch die Szene, in der Gösta Berling und die Gräfin durch den Schnee fliehen, besaßen im Roman größere Wichtigkeit. Doch Stiller hatte ihnen eine besondere Bedeutung beigemessen. Warum? Er selbst konnte die Frage nicht beantworten. Niemand wagte, ihm zu sagen, daß das brennende Schloß möglicherweise er selbst gewesen sei, der begabte Regisseur, der lange zuvor keine Chance hatte, seine Begabung zu entfalten, selbst ausbrannte, während die wilde Schlittenfahrt die Verfolgung der Garbo reflektierte.

Nach Beendigung der Dreharbeiten kehrte die Garbo an die Königliche Schauspiel-Akademie zurück. Von Stiller ermutigt, bot Molander ihr einen Vertrag als »leitende Schülerin« an, was eine Erhöhung des Gehaltes und das Vorrecht, am Königlichen Schauspielhaus zu spielen, bedeutete. Aber sie war undiszipliniert, blieb dem Unterricht häufig fern, liebte es, die Nächte zu verbummeln und war für ihre Lehrer ein Ärgernis.

Am 10. März 1924 wurde *Gösta Berling* Teil I. im Röda-Kvarn-Theater in Stockholm uraufgeführt. Der zweite Teil folgte eine Woche später. Der Film hatte Überlänge. Die schwedischen Kritiker anerkannten den Film, zollten der Garbo und der Ludequist besondere Aufmerksamkeit, kritisierten aber Stillers freimütigen Umgang mit dem Roman der Selma Lagerlöf und warfen ihm eine anmaßende Haltung vor. Er wurde von der Kritik beschuldigt, allzu leichtfertig mit den schwedischen Klassikern umzugehen, bedachten ihn aber auch mit Lob, weil er einen aufsehenerregenden Film aus dem schwer zu bearbeitenden Material gemacht hatte.

Gösta Berling wurde von der deutschen TRIANON-Gesellschaft gekauft und hatte seine Premiere in Berlin im Mozart-Kino am Nollendorfplatz. Die TRIANON zahlte hunderttausend Mark für die Rechte, eine ungewöhnlich hohe Summe. Die Garbo begleitete Stiller zu der Premiere und nahm die Ovationen der Berliner dankbar entgegen, nicht ohne sich mit eigenen deutschen Worten zu bedanken.

Lars Hanson und Greta Garbo in ›Gösta Berling‹, 1924

Während seines Aufenthaltes in Berlin wurde Stiller unter anderem gefragt, warum er die Rolle der Gräfin Elisabeth mit einer doch relativ unerfahrenen Schauspielerin besetzt habe. Er antwortete ganz simpel, daß es ihm noch lieber gewesen wäre, wenn alle Rollen von unerfahrenen Schauspielern gespielt worden wären. Er sagte: »Ich erlaube mir, den Widerspruch zu äußern, daß Filme ebenso wie Bühnenproduktionen von Amateuren gespielt werden sollten, wenn sie es nur könnten. Wenn ein Schauspieler tatsächlich ›groß‹ ist, versucht er ständig, seine Ausdrucksmittel zu vereinfachen, zu unterspielen. Er möchte immer zu der natürlichen Einfachheit zurückkehren, die er besaß, bevor er seine Laufbahn begann. Das ist das schwierigste Problem von allen.«

Diese Theorie, die von anderen Schauspiellehrern nie unterstützt wurde, schien nicht beantwortet werden zu müssen.

Alsbald kehrten Stiller und die Garbo nach Stockholm zurück, um neue Filmpläne zu schmieden. Zu jener Zeit erschienen die Memoiren eines weißrussischen Flüchtlings, Vladimir Semitioff, in der Sonntagsbeilage der *Stockholms-Tidningen*, und eine der Geschichten erweckte Stillers Aufmerksamkeit. Sie hieß *Die Odaliske von Smolny* und beschreibt die Abenteuer einer jungen russischen Adligen, die dem Smolny-Kloster in Petrograd entflieht, wo Lenin während der russischen Revolution sein Hauptquartier hatte. Sie schlug sich nach Konstantinopel durch, fiel auf ein paar Halunken herein, wurde in einen Harem gezwungen, erlitt ein Schicksal schlimmer als der Tod, wurde aber schließlich gerettet. So wie Semitioff die Geschichte geschrieben hatte, bestand der größte Teil der Handlung aus der Beschreibung der Flucht der jungen Frau aus Rußland. Doch daran war Stiller weniger interessiert als vielmehr an den erotischen Ereignissen in Konstantinopel. Er traf sich mit Semitioff, kaufte ihm die Rechte ab, verbrachte den ganzen Sommer in seinem Haus auf der Insel Bosön bei Stockholm und arbeitete an dem Drehbuch. Von Zeit zu Zeit besuchte ihn Semitioff, und sie diskutierten endlos mit Ragnar Hyltén-Cavallius, dem Drehbuchautor, doch den größten Teil des Manuskriptes scheint dann doch Stiller verfaßt zu haben. Mitte August war das Drehbuch schließlich fertig. Die Garbo sollte die Odaliske von Smolny spielen und Einar Hanson den Inhaber des türkischen Harems. Stiller ergötzte sich schon jetzt an den Massenszenen, und er plante bereits eine spektakuläre Einstellung, in der Tausende von Türken ins Meer stürmen sollten.

Die TRIANON-Gesellschaft, die mit dem Erfolg von *Gösta-Ber-*

ling zufrieden war, war bereit, Stiller alles zu gewähren, was er verlangte. Doch über dieses Drehbuch waren sie entsetzt. Sie baten Stiller inständig, einen Film mit publikumswirksameren Szenen zu drehen, und schlugen ihm vor, eine zeitgenössische Geschichte zu verwenden, die in einem Grand Hotel spielte. Stiller weigerte sich. Er war fest entschlossen, *Die Odaliske von Smolny* zu machen, denn er war besessen von der Story und diktierte die Bedingungen: Er verlangte für seine Arbeit 150 000 Mark, die Garbo und Einar Hanson sollten pro Monat 500 Mark erhalten und einen Fünfjahresvertrag der TRIANON. Mitten in den Verhandlungen wurde er krank und erst wieder gesund, nachdem die TRIANON auf seine Vorstellungen eingegangen war. Außerdem hatte er darauf bestanden, seinen eigenen Kameramann Julius Jaenzon und sein schwedisches Kamerateam zu engagieren, während die TRIANON auf einer deutschen Crew bestand. Schließlich bekam er Jaenzon und zwei deutsche Assistenten. Als alle Verträge unterzeichnet waren, fuhr er mit der Garbo, Einar Hanson, Jaenzon, Hyltén-Cavallius und den beiden Deutschen in die Türkei. Wie üblich, lebte Stiller auf großem Fuß und gab das Geld mit vollen Händen aus. Er nahm Hauptquartier im Pera Palast Hotel und führte sich auf wie ein Potentat, der seine etwas weiter entfernten Kolonien besucht. Wann immer er das Hotel für seine Besichtigungstouren verließ, die er als »Atmosphäre einsammeln« bezeichnete, wurde er von dem Kamerateam begleitet. Er begann, einen Fez zu tragen, sprach Kauderwelsch, gab vor, Türke zu sein, erfand phantastische türkische Speisefolgen, erforschte die Basare, kaufte Teppiche für sein Haus auf Bosön und amüsierte sich so gut wie nie zuvor.

Im Grunde war Stiller in Konstantinopel keine sehr erfreuliche Erscheinung, weil er sich immer verrückter gebärdete. Seine Kindheit hatte er in sehr ärmlichen Verhältnissen verbracht. Als er drei Jahre alt war, beging seine Mutter Selbstmord. Ein paar Jahre später starb auch sein Vater, der Musiker in der russischen Armee war. Ein jüdischer Hutmacher aus Helsinki adoptierte ihn. Er verbrachte eine ausgesprochen miserable Jugend, bevor er ans Theater ging. Um sich dem Dienst in der russischen Armee zu entziehen, verließ er Finnland und schloß sich dem Kleinen Theater in Stockholm an, zuerst als Schauspieler, dann als Regisseur und zuletzt als Manager. Aus dem Theaterregisseur wurde ein Filmregisseur mit kleinem Budget. Hochgewachsen und makellos, mit einer auffallenden Nase, einem großen Kopf, großen Füßen und Händen benahm er sich wie ein Mann, der in dieser Welt keine Sorgen hatte. Tatsächlich aber hatte er große Sorgen, war geschüttelt von Selbstzweifeln und der Gnade und Ungnade seiner Dämonen ausgeliefert. Obwohl er immer hart arbeitete, hatte er immer Schulden. Er war zu einem Mythos geworden und hatte Schwierigkeiten, mit ihm zurechtzukommen. Jetzt, in Konstantinopel, ließ er seinen Lastern freien Lauf. Er hatte sich von den störenden Fesseln befreit und lebte seinen Phantasien.

Einar Hanson entdeckte, daß es kein Vergnügen war, sich einen Bart wachsen zu lassen, um wie ein türkischer Haremsbesitzer auszusehen. Er weigerte sich, in die Öffentlichkeit zu gehen, war launisch und gab entgegen Stillers Rat seiner Leidenschaft für schnelle Autos nach. Wegen eines Autounfalls, den er mitverursacht hatte, wurde er beinahe verhaftet. Schon in Konstantinopel hatte er einen Unfall gehabt, war aber noch einmal glimpflich davongekommen. Die Garbo unternahm ausgedehnte Spaziergänge, bis sie schließlich Konstantinopel so gut kannte wie ihre Heimatstadt. Auf einer Party, die im Pera Palast Hotel gegeben wurde, tanzte sie mit Hyltén-Cavallius und trug ein chinesisches Kleid aus ziegelroter Seide, bestickt mit goldenen Blumen. Sie tanzten einen *Hambo*, einen schnellen schwedischen Tanz, und alle Umstehenden klatschten Beifall.

Aber ansonsten gab es wenig Grund zur Freude. Stiller gab das Geld so großzügig aus, daß sie bereits zu Beginn des Jahres vollständig pleite waren. Es gelang ihm, sich von einem freundlich gesinnten Russen etwas Geld zu borgen. Stiller telegrafierte an die TRIANON in Berlin und bat um die Überweisung von einer Million Mark auf sein Konto in Konstantinopel. Die Antwort aus Berlin blieb aus. Darauf nahm er den nächsten Zug nach Berlin und konnte dort nur noch erstaunt den Konkurs der TRIANON zur Kenntnis nehmen. Die Garbo und Hanson saßen in Konstantinopel und hatten kein Geld, um sich Fahrkarten nach Berlin zu kaufen. Schließlich half die schwedische Botschaft aus. *Die Odaliske von Smolny* war ein Desaster.

Trotz seiner Mittellosigkeit lebte Stiller weiterhin auf großem Fuß, und seine Schulden wurden immer größer. Die Garbo und Hanson zogen zu ihm ins Esplanade Hotel, was zu den besten Berlins gehörte. Die Direktoren der TRIANON kamen ins Gefängnis. Stiller war verzweifelt, aber voller Pläne. Er wollte nach Hollywood gehen; er würde dort einer Vereinigung von Studios und Kinos vorstehen, die ganz Europa umfaßte; sein Star war im Aufstieg begriffen; er konnte nicht scheitern. Während er seine Pläne mit verschiedenen Finanziers besprach, hatte er die größten Schwierigkeiten, sein Essen im Hotel zu bezahlen.

Zu Beginn des Frühjahrs suchte der deutsche Regisseur G. W. Pabst eine junge Schauspielerin für die Rolle der Tochter des Hofrats Rumfort in seinem neuen Film *Die freudlose Gasse*. Die Handlung spielt in Wien nach dem Krieg in den Jahren der Inflation. Greta, die Tochter des Hofrats, sollte jung, zart, schön – also anziehend – sein, der einzige Lichtblick in der ansonsten düsteren Tragödie. G. W. Pabst hatte *Gösta Berling* gesehen, war von Greta Garbos schauspielerischer Leistung beeindruckt und hatte sich für sie entschieden. Schließlich entdeckte er sie nach langer Suche im Esplanade und, es folgten lange und komplizierte Verhandlungen mit Stiller über die Arbeit an diesem neuen Film. Pabst war zu jener Zeit 35 Jahre alt, nicht sehr bekannt, klein und häßlich, schlecht angezogen, und nun wurde er mit dem bekannten und weltmännischen Stiller konfrontiert, der seit 1912 Filme machte. Äußerlich gesehen, muß es eine sehr ungleiche Begegnung gewesen sein, aber im Grunde lagen alle Vorteile bei Pabst, der über eine große finanzielle Unterstützung verfügte. Obwohl Stiller keinen Pfennig auf der Hosennaht hatte, war er ein unerbittlicher Verhandlungspartner. Pabst sollte die Garbo für einen Betrag von 4000 Dollar, zahlbar in amerikanischer Währung, bekommen, aber nur unter der Bedingung, daß Einar Hanson zu den gleichen Bedingungen besetzt wird, daß Jaenzon den Film fotografiert und nur die qualitativ besten Kodak-Filme verwendet werden. Kodak-Filme konnte man zu dieser Zeit in Deutschland nicht kaufen. So ging Stiller einen Kompromiß ein: Die Szenen mit der Garbo sollten mit aus Frankreich importierten Filmen gedreht werden und alle anderen Szenen mit den zur Verfügung stehenden Agfa-Filmen. Doch Pabst bestand auf seinem eigenen Kameramann und blieb dabei, und Stiller mußte in diesem Punkt nachgeben. Mit dem Drehbuch war Stiller nicht einverstanden, und er drohte, die Verhandlungen abzubrechen, wenn keine Änderungen vorgenommen würden. Er fügte für die Garbo neue Szenen hinzu, mischte sich bei der Beleuchtung ein und instruierte die Garbo, wie sie ihre Rolle anzulegen hätte. Es gab bei den Dreharbeiten unendlich viel Ärger. Einmal sagte Stiller: »Ich gebe Ihnen die Garbo, damit Sie Geld verdienen können, aber ich erlaube Ihnen nicht, sie zu ruinieren.«

Pabst antwortete: »Ich habe keine Angst. Vielleicht sterbe ich während der Aufnahmen, vielleicht kriege ich einen Herzanfall. Und ich habe keine Angst, sie in Szene zu setzen, weil ich sie in *Gösta Berling* gesehen habe. Ich mache das schon, und das geht Sie nichts an!«

Es ging Stiller sehr viel an, und das ließ er jeden wissen. Zur Garbo sagte er: »Du brauchst dir keine Sorgen zu machen. Pabst hat *Gösta Berling* so oft gesehen, daß er alles über dich weiß. Du wirst ein halbes Jahr in Deutschland und ein halbes Jahr in Schweden filmen.«

Die Garbo, ermutigt durch die Wendung der Geschehnisse, vertraute sich mehr und mehr der Führung Stillers an. Er probte mit ihr, dirigierte sie aus der Entfernung, beriet sie bei den Kostümen und ihrem Make-up und fuhr fort, die Rolle des Svengali zu spielen. Die Garbo war so etwas wie sein künstlerisches Eigentum, das er für kurze Zeit an Pabst ausgeliehen hatte, und der sich sehr bewußt war, daß sie jemand anderem gehörte. In *Gösta Berling* spielte sie die Elisabeth mit aristokratischer Leichtigkeit, in *Die freudlose Gasse* das hungernde, junge Mädchen Grete Rumfort, das sich verkauft, um zu überleben, und bewies, daß sie auch diese Rolle in höchster Vollkommenheit beherrschte.

Die große Garbo, Privatfoto

Die freudlose Gasse

*Wozu soll eine romantische Behandlung
noch gut sein? Das wirkliche Leben ist schon
romantisch, ja grausig genug.*

Georg Wilhelm Pabst

Georg Wilhelm Pabst gehörte zu den Größten des Films. Er verfügte über außerordentliche Fähigkeiten. Was ihn von den anderen Filmemachern unterschied, waren sein ausgeprägter Sinn für
Dramaturgie, seine unglaubliche Intensität und sein tiefes Mitge-
fühl für das Leid. Man erinnert sich noch heute an *Kameradschaft*
(1931), an *Die Dreigroschenoper* (1931) und an *Die weiße Hölle vom Piz
Palü* (1929), die alle vor Hitlers Machtübernahme gedreht worden
waren. Bis 1932 gehörte er zu den führenden Regisseuren des
deutschen Films. Danach emigrierte er nach Frankreich, wo er
aber nur noch durchschnittliche Unterhaltungsfilme drehte. 1940
kehrte er nach Deutschland zurück und arbeitete nach dem Krieg
in Österreich, Italien und Deutschland, erreichte aber nicht mehr
das Format seiner früheren Filme.

Äußerlich glich er damals einem Theologiestudenten oder einem aus der Kirche entlassenen Priester. Dünn, nervös, mit
durchdringenden Augen, vorstehenden Zähnen, dicken Augen-
gläsern auf der Nase, sah er nicht aus wie jemand, der in der Lage
war, sich in einem Filmstudio mit seinen Anweisungen durchzusetzen. Die Leute sagten damals scherzhaft, er hätte wie ein Pfört-
ner ausgesehen oder wie jemand, der sich in der Tür geirrt hat.
Aber wenn er sprach, war er Feuer und Flamme, riß er alle anderen
mit, war hartnäckig entschlossen, alle Probleme in möglichst kurzer Zeit zu lösen, und zwang seine Mitarbeiter, sich der Kraft seiner Intelligenz zu unterwerfen. Eine eindrucksvolle Figur machte
er im Schneideraum. Zahllose Zelluloid-Schlangen hingen um
seinen Hals. Am Schneidetisch sitzend, schielte er mit dem einen
Auge auf den Film, mit dem anderen aufs Zelluloid, die Schere
ewig in Bewegung. Einen nachhaltigen Eindruck hatte man von
ihm, wenn man ihm bei den Aufnahmen zusah. Er ging herum,
zunächst gedankenverloren, dann sprang er plötzlich in eine Richtung, dann wieder in eine andere, rückte ein Möbelstück zurecht,
neigte den Kopf eines Schauspielers anders oder wies eine Schau-

Die Garbo in ›Die freudlose Gasse‹, 1925 von G. W. Pabst

spielerin an, sich eine Spur näher zur Kamera zu wenden. Man hatte das Gefühl, er mache alles gleichzeitig. Unmittelbar vor den Aufnahmen glich er einem Wirbelsturm an Aktivität. Und wenn der Kameramann zu kurbeln begann, war er die Ruhe selbst und verwandelte sich wieder in den gesitteten Theologiestudenten, auf den Lippen ein leichtes Lächeln.

Die freudlose Gasse war die Verfilmung des gleichnamigen Romans von Hugo Bettauer, der als Zeitungsroman in Fortsetzungen in der Wiener Zeitung *Neue Freie Presse* erschienen war. Bettauer und Pabst stammten beide aus Österreich, dort spielte auch der Roman, und alle Figuren hatten auch etwas Wienerisches. Der Film wurde aber in Berlin gedreht und die Wiener Atmosphäre nachempfunden. Die Geschichte beschäftigte sich mit dem grauen Elend des Kleinbürgertums während der Zeit der Inflation nach dem Ersten Weltkrieg in Wien. Der Film gewann noch an Grausamkeit dadurch, daß er vor dem Hintergrund des winterlichen Berlins fotografiert wurde.

Als Pabst auf Stiller traf und die Mitwirkung von Greta Garbo und Einar Hanson vereinbarte, waren fast alle Rollen bereits besetzt. Werner Krauss sollte den Fleischer spielen, Valesca Gert die Kupplerin und Asta Nielsen die alternde Prostituierte, die kaltblütig für ihren Liebhaber einen Mord begeht und ihn ebenso kaltblütig an den Galgen bringt. Jaro Fürth übernahm die Rolle des Hofrats Rumfort, der sich durch Spekulationen ruiniert, und Greta Garbo mimte seine Tochter. Für Einar Hanson wurde die Rolle des Leutnant Davy geschrieben, der sich in die Garbo zu verlieben hatte. Die Überarbeitung schien ziemlich flüchtig, und Hanson, der in letzter Minute hinzukam, wirkte nie ganz überzeugend.

Für Greta Garbo war die Erfahrung, die Rolle der Tochter des Hofrats Rumfort zu spielen, zermürbend. Stiller hatte damals sechs Monate benötigt, um *Gösta Berling* zu drehen. Er hatte gemächlich gearbeitet, auf jedes Detail sorgfältig geachtet und hatte das Leben der adligen Familien Borg und Ekeby breit erzählt wie eine Familienchronik. Doch Pabst war in Eile. Er wollte diesen schwierigen Film in vier Wochen abgedreht haben. Tatsächlich brauchte er 34 Tage, wobei seine Schauspieler 16 Stunden täglich vor der Kamera standen. Im Gegensatz zu Stiller zwängte Pabst seine Schauspieler in keine Schablone oder oktroyierte ihnen etwas, sondern ermutigte sie, ihre eigene Persönlichkeit zu entfalten, um auf diese Weise die Charaktere zu gestalten. Er sagte gern, »wenn man die richtigen Schauspieler ausgesucht hat, gibt es nicht mehr sehr viel zu tun: Das Stück ist beendet, wenn sie ihre Rollen gespielt haben.« Seiner Ansicht nach waren die Schauspieler wichtiger als der Regisseur. Greta Garbo, die das nicht gewöhnt war, die von ihrem Regisseur abhängig war, fühlte sich alleingelassen. In der Zeit zwischen den Proben versuchte Stiller, sie aufzurichten. Der Zugang zu den Proben war Stiller verwehrt. Er konnte sie nur in der Situation beraten, die auf sie zukommen könnte. Fatal war, daß die Garbo noch zu wenig Deutsch sprach und Pabst überhaupt kein Schwedisch verstand.

Ihre Traurigkeit und Mutlosigkeit unterstützten ihr Spiel. Jung, nicht beschützt, verletzlich, bewegte sie sich zitternd durch die Geschichte. Ihre Schönheit resultierte aus ihrer Nervosität und Aufregung, und das waren die Eigenschaften, die Pabst aus ihr herauslocken wollte. In den Bordellszenen wirkte sie vollkommen verloren und verschreckt, und das war genau richtig. Hier war es notwendig, sie einfach nur laufen zu lassen.

Gösta Berling war eingebettet in romantische Vergangenheit: *Die freudlose Gasse* zeigte die brutale Gegenwart, in dem das düstere und bittere Leben von Leuten beschrieben wird, die von der Inflation zu Boden gedrückt werden. Hier herrschte Gewalt, aber nicht die der klassischen Tragödie. Pabst übernahm bereits vorhandene Motive, übermalte sie und machte sie noch düsterer. »Wofür soll eine romantische Behandlung noch gut sein? Das wirkliche Leben ist schon romantisch, ja grausig genug«, sagte er. Er wollte Filme drehen, die glaubwürdig die Tragödie widerspiegelten, und es gelang ihm auch gegen alle Voraussagen, denn er mochte seine Zeit und hatte für sie ein leidenschaftliches Verständnis. *Die freudlose Gasse* gehört zu den anerkanntesten Meisterwerken des Films, und das hat zwei Gründe: Pabsts leidenschaftliches Verhältnis zum Realismus und die Schönheit und Feinheit der Garbo, wie sie durch den modernen Alptraum wandelt.

Wir werden nie genau erfahren, wie sich *Die freudlose Gasse* den ersten Zuschauern präsentierte, da die Originale verlorengegangen sind. Willi Haas, der damalige Drehbuchautor, und Marc Sorcin klebten Teile französischer und italienischer Copien aneinander, die sich jetzt im Museum of Modern Art in New York befinden. Doch alle Szenen, in denen die Garbo auftrat, sind offensichtlich erhaltengeblieben. Zahlreiche Lücken treten in den letzten zwanzig Minuten des Films auf, die kaum noch einen inhaltlichen Zusammenhang erkennen lassen. Aber selbst in dieser reduzierten Form ist noch die meisterhafte Leistung zu erkennen.

Schmutz starrt uns an, aber durch die Augen eines Poeten gesehen: nicht etwa romantisiert, sondern noch kühner dargestellt. In der ersten Einstellung beobachtet die Kamera anstehende arme Leute, die auf einer eisigen Straße darauf warten, daß der Fleischer seinen Laden öffnet. Stiller malte mit seiner Liebe zur holländischen Malerei seine Interieurs lieblich, ließ das Sonnenlicht durch die mit Blei verglasten Fenster fluten. Pabst, der während des deutschen Expressionismus aufgewachsen war, zeigte feuchtkalte Straßen, die im Winternebel versanken, baufällige Treppengeländer, mit Dreck verschmierte Gemäuer und hohlwangige Gesichter. In der *freudlosen Gasse* hört der Winter überhaupt nicht auf, und es ist unvorstellbar, daß auch nur ein einziger Sonnenstrahl je auf diese Straßen fällt. Wenn man nicht wüßte, daß sämtliche Einstellungen im Studio gedreht worden sind, könnte man glauben, Pabst sei in die Armenviertel gegangen und hätte dort die Straßen so, wie sie waren, fotografiert.

In langen Passagen, in denen *Die freudlose Gasse* eine einfache, verständliche Geschichte erzählt, ist die Illusion vollkommen. Wir leben dann in dieser Straße. Es ist ein Ort bitterster Armut, beherrscht von den groben Gesichtszügen des Werner Krauss, dem Fleischer, der beständig Wache hält vor seinem kleinen Laden, immer begleitet von seinem scheußlichen, riesigen weißen Hund. Herr und Hund sind sich ähnlich, und man weiß genau, daß der Köter jedem an die Kehle springt, der sich seinem Herrn in böser Absicht nähert. Der Fleischer ist eine Karikatur: fettiges, in der Mitte gescheiteltes Haar, ein öliger Schnurrbart, riesige Muskeln, rauhe Gesten und anmaßende Manieren. Er ist Herr über diese Straße und verkauft sein Fleisch nur an diejenigen, die ihm einen Gefallen tun. Wir erkennen die Garbo und die junge Marlene Dietrich in der Schlange der verzweifelten Menschen, die auf das Öffnen des Ladens warten. Sie sind ausgehungert und hilflos; sie winden sich unter den Blicken des Fleischers; sie würden die ganze Nacht warten, um an ein Stück Fleisch zu kommen.

Mit der Kupplerin ist es genauso. Auch sie ist eine Karikatur und deshalb um so wirkungsvoller. Valesca Gert verwandelt sich in eine gedrungene, rundschultrige Frau mit einem scharfgeschnittenen Gesicht und einem Schlitz als Mund, ein wilder, kleiner Teufel, der die Menschen zu verbotenen Freuden führt und dafür im voraus Bezahlung verlangt. Sie ist nicht irgendeine Kupplerin, sondern der Prototyp der Kupplerin. In dieser Rolle gibt sie eine phantastische Probe ihres Könnens. Canez, der südamerikanische

Die Garbo mit Valesca Gert in ›Die freudlose Gasse‹, 1925

Unternehmer mit dem Diplomatenpaß, wird von Robert Garrison gespielt. Er ist eine Karikatur, wie sie im Buche steht. Wir können diesem beleibten Mephistopheles nie ganz glauben, der mit der menschlichen Armut und der menschlichen Lust spekuliert. Schwarzäugig, mit schwarzen Augenbrauen und schwarzem Bart stakst er durch den Film, als wäre er aus einem anderen Filmatelier davongelaufen und suche immer noch nach einer Rolle. Er lehnt sich in seinem Stuhl zurück, zieht an seiner Zigarre, schielt nach den jungen Frauen, die sich ihm anbieten, und bedeutet seinen Helfershelfern, daß er gerade daran denkt, auf einem anderen Weg sein Glück zu machen. Vor allem ist es notwendig, das Gerücht auszustreuen, daß die Bergarbeiter streiken wollen; die Kohleanteile werden fallen; er wird sie aufkaufen, wenn sie ganz unten sind, und dann, weil die Leute jeden Preis für die Kohle bezahlen werden, wird er den Markt kontrollieren. Es ist eine teuflische Idee, aber das ist kein Grund, die Augen so zu rollen und derartig zu chargieren, denn das wirkt zu unglaubwürdig. Asta Nielsen gibt sich feingliedrig, aristokratisch, genießt ganz offensichtlich den Reichtum, den sie durch Prostitution angehäuft hat und verblüfft uns mit ihrer Darstellung eiskalter Würde. Sie schreitet durch das Bordell wie eine Kaiserin, gekrönt mit einem ungeheuerlichen Federhelm, und sie trägt ihren Staat, als wäre sie darin geboren. Als Mörderin ist sie unbedingt glaubwürdig, und wenige Passagen sind so bewegend wie die, als sie die Ungeheuerlichkeit ihres Verbrechens und die unausbleiblichen Folgen erkennt. Sie beherrscht die Szene mit dem Terror ihrer Präsenz, eine rachsüchtige Göttin, aufgeputzt in der Rüstung von Grausamkeit und Reue.

Durch den ganzen Film mit seiner verwirrenden Geschichte internationaler Spekulanten, Prostituierten, Mördern, amerikanischen Ersatzoffizieren, schäbigen Hotels und verkommenen Menschen bewegt sich das blasse, mitleidvolle Gesicht der Garbo, das sich für immer ähnlich einer Blume öffnet, für immer unberührt von den Lastern in den düsteren Straßen. Sie ist nicht nur unschuldig, sie kennt auch die Verdorbenheit, aber es ist ihre Unschuld, an die wir uns erinnern. Pabst zeigt sie klugerweise sehr oft in Nahaufnahme. In solchen Augenblicken zeigt er uns ihre innersten Gedanken, die wir über ihr Gesicht huschen sehen. Auch hier geschieht es, wie so oft in ihren Filmen, daß es scheint, sie befände sich außerhalb unseres Wahrnehmungsvermögens, vergleichbar mit dem Chor der griechischen Tragödie. Es scheint, als versuche sie, Dinge zu vermitteln, die nicht im Skript stehen, Dinge, die aus ihrem Innersten kommen. Ihre Lippen bewegen sich, ihre Augen weiten sich, ihr Kopf neigt sich uns kaum merklich entgegen, und plötzlich bemerken wir, daß sie durch die Dunkelheit des Kinos direkt zu uns spricht. In diesen langen Naheinstellungen, die die Regisseure dazwischenschneiden, scheint sie von Seele zu Seele zu sprechen. Wir können nur ahnen, daß das, was sie uns sagen will, mit ihrer ärmlichen Kindheit und ihrem stürmischen Erwachsenwerden zu tun hat.

Es existiert eine Szene in dem Film, die Stiller aus dem Wissen um die Schauspielerin vorschlug. Es geht um die Szene, in der die Kupplerin sie überredet, eine Anzahlung auf einen Pelzmantel zu machen. Valesca Gert, die Kupplerin, betreibt ihren Putzmacherladen unter der Treppe, die zum Bordell führt. Die Pelze sind ausgestellt, und jede Frau, die das Bordell betritt, ist der Versuchung ausgesetzt, einen zu kaufen. Die Garbo verweilt lange genug in dem Geschäft, um verführt zu werden. Sie bewundert die Pelze ausgiebig, zieht erst einen, dann einen anderen an, mustert sich im Spiegel, debattiert, ob sie ihn behalten soll, entscheidet sich dagegen, läßt ihre Hand über das weiche Fell gleiten, lächelt, sieht sich im Spiegel von der Seite an, lächelt wieder, und dann sieht sie sich im Spiegel mit sich selbst konfrontiert, vergiftet durch ihre eigene Erscheinung, durch die Welt des Luxus und der Leichtfertigkeit, die sich ihr plötzlich darbietet.

»Habe ich je meine Kunden wegen der Bezahlung gequält?« fragt die Kupplerin, verzieht ihren Schlitzmund und lächelt verschlagen, als sie wie eine gierige Spinne ihre Beute umgarnt. Wir wissen natürlich, daß sie sie solange quälen wird, bis jeder Muskel zerrissen und jeder Knochen gebrochen ist. Die Garbo fällt in das Spinnennetz ohne Sträuben und Seufzen. Es ist ein Moment voller Mitleid, schrecklicher Fremdheit und gleichzeitig eine banale Alltäglichkeit. Die Unschuld ist aufgegeben, und die ganze Vergangenheit zählt nichts mehr im Vergleich zum Versprechen des Luxus, der sich in dem schimmernden Pelzmantel ausdrückt. Wie betäubt spricht sie von der Bezahlung, aber Valesca Gert schiebt dieses Thema beiseite, als wäre es nicht wert, darüber zu reden. Die Garbo blickt noch einmal in den Spiegel, verloren in dem Traum ihrer selbst. Immer wieder fotografierte Pabst sie vor dem Spiegel so wie Stiller sie gegen den Schnee.

Es liegt eine Gefahr in der Versuchung, die Geschichte dieses Films zu erzählen. Doch ist es nötig, hier eine kurze Zusammen-

Die Garbo in ›Die freudlose Gasse‹, 1925

fassung dieses Films zu geben, da er von großer Bedeutung für die Entwicklung der Garbo war.

Zu Beginn des Films sind wir im Begriff, die Hölle zu betreten, die die Gestalt einer dunklen, winterlichen Straße annimmt. Zusammengekauerte Leute warten vor einem Fleischerladen. Ein einbeiniger, ehemaliger Soldat humpelt, ohne etwas zum Essen aufgetrieben zu haben, in seine Behausung zurück. Als seine Frau ihn fragt, warum er mit leeren Händen gekommen sei, verprügelt er sie. Von der elenden Hütte des Soldaten gelangen wir zu der bürgerlichen Wohnung des Hofrats Rumfort, wo eine Krautsuppe als einziges Essen auf dem Tisch steht. Greta Rumfort steht vom Tisch auf, um sich in die Menschenschlange vor dem Fleischerladen einzureihen. Wiederholt kehrt die Kamera zu dem Laden zurück, fasziniert von dem teuflischen Fleischer und seinem haarlosen Hund. Der Fleischer sagt, daß es kein Fleisch gäbe, die Menge keucht, die Polizei treibt die Menschen auseinander, nachdem sie den Fleischer mit der nötigen Ehrerbietung, die ihm gebührt, begrüßt hat. Dann entdecken wir Canez, den internationalen Spekulanten, wie er über den Flur des Carlton Hotels watschelt und der Horde seiner Schmarotzer aufträgt, das Gerücht zu verbreiten, daß die Arbeiter der Petrowicz-Grube streiken wollen. Der Preis der Kohle wird steigen, die Anteile der Mine werden fallen; er wird sich dumm und dämlich verdienen. Der brillante Stratege wird beklatscht, und um die rosige Zukunft gebührend zu feiern, machen sie sich auf den Weg ins Bordell, das immer mehr an Bedeutung gewinnt. Pabst verbindet diese verschiedenen Elemente durch Gegenschnitte. Wir sehen Canez gestikulieren; dann zeigt die Kamera die freudlose Gasse, es regnet; der haarlose Hund knurrt und bleckt die Zähne; Greta Rumfort kehrt mit leeren Händen in die Wohnung zurück; dann wieder Canez. Durch diese Parallel-Schnitte verknüpft Pabst, der Meister am Schneidetisch, Schicksale verschiedener Charaktere miteinander, die eventuell aufeinander Einfluß haben werden.

Für den Rest des Films ist Pabst damit beschäftigt, vier oder fünf vollständig voneinander getrennte Geschichten zu erzählen. Da ist die Geschichte vom Hofrat Rumfort und seiner Familie, die Geschichte von Canez und seinen Schmarotzern, die Geschichte der alternden Prostituierten, die Geschichte des Bankbeamten Egon Stirner, der mit der Ermordeten einen Flirt hatte. Da der Film fragmentarisch ist, bleiben manche Rollen ungeklärt, obwohl sie sicher für die Absicht Pabsts von wesentlicher Bedeutung sind.

Pabst drehte einen moralischen Film, in dem Canez und der Fleischer den Teufel spielen, der Garbo die Rolle der Unschuld zugedacht ist und Egon Stirner das Opfer seiner Leidenschaften wird.

Hofrat Rumfort erfährt aus der Zeitung, daß Beamte ein Zweijahresgehalt bekommen, wenn sie ihre Beschäftigung freiwillig aufgeben und ihre zukünftigen Ansprüche abtreten. Er ist voller Freude, läuft zur Kanzlei, bekommt das Geld ausbezahlt und kehrt freudetrunken mit seinem Reichtum nach Hause zurück. Am gleichen Tag wird seine Tochter, die als Sekretärin arbeitet, zu ihrem Chef gebeten, und während er versucht, sie zu verführen, wird sie vor Hunger ohnmächtig. Sie geht nach Hause. Dort sieht sie ihren Vater, wie er die ganze Familie festlich bewirtet und seinen neu erworbenen Reichtum mit Champagner begießt. Er hat Bergwerksanteile gekauft; sie werden steigen, und er wird sehr reich werden. Während er lacht und um den Tisch herumtänzelt, auf dem viele schöne Dinge gehäuft liegen, schaut seine Tochter ihn verständnislos an; sie ahnt, daß plötzlicher Reichtum nicht vom Himmel fällt.

Der Vater gibt ihr ein wenig Geld für einen Mantel. Auf diese Weise werden wir sehr behutsam in den kleinen Laden der Kupplerin geführt. Dort zahlt sie die erste Rate für den Mantel, kehrt zurück in ihr Büro, wo ihr Chef einen zweiten Verführungsversuch unternimmt. Als sie sich gegen seine Annäherungsversuche wehrt, beschuldigt er sie des unmoralischen Lebenswandel, denn woher sollte sie diesen Mantel sonst haben. Dann entläßt er sie.

Hofrat Rumfort hat bald sein ganzes Geld verloren. Er bringt ein Schild an der Tür an: »Zimmer zu vermieten.« Die Garbo versucht, den Mantelkauf rückgängig zu machen. Valesca Gert setzt ihr gewinnendstes Lächeln auf. »Wenn du Geld willst«, sagt sie, »kann ich dich bei Männern einführen, die Einfluß haben.«

Es ist ein Moment des reinen Horrors und des reinen Triumphes. Die Garbo unterwirft sich, steigt langsam die Treppe hinauf und findet sich im Bordell wieder, steht Werner Krauss gegenüber, der in einem eleganten Abendanzug noch erschreckender aussieht, nachdem er seine Fleischerei verlassen hat und ohne Hund ist und nicht in der Gasse steht, die er wie ein Kaiser beherrscht. Aber soweit ist sie noch nicht, daß sie sich so einfach dem Feind hingeben kann, sondern flieht in ihre Wohnung zurück, wo Einar Hanson in das Zimmer als Untermieter eingezogen ist. Einar Hanson ist auch nicht glaubwürdiger als Werner Krauss; Hanson ist fast das Zerrbild eines schönen Mannes, eine Wachsfigur, betont lächelnd mit strahlenden Augen, weder menschlich noch unmenschlich. Er schlägt die Hacken zusammen, zeigt Gefühle der Bewunderung für sie und gibt ihr als ein Zeichen weiterer zukünftiger Gunstbeweise einige Konserven der Proviantvorräte, die die amerikanischen Hilfsorganisationen nach Wien gebracht haben. Es ist ganz offensichtlich, daß Pabst noch nie einen Blick auf einen Amerikaner geworfen hat, und das absurde Hackenzusammenschlagen macht den Eindruck einer eigenartigen Unempfindlichkeit für das Detail. Für kurze Zeit herrscht Ruhe und Frieden im Haus Rumfort. Als aber die jüngere Schwester Gretas aus Verzweiflung ein paar Konserven stiehlt, entschließt sich der amerikanische Offizier, dieses Haus auf der Stelle zu verlassen, obwohl er Greta inzwischen liebgewonnen hat. Er verläßt die Szene keinesfalls zu früh, da seine Anwesenheit die Geschichte nur noch mehr verwirrt, die durch die Vielfalt der Charaktere ohnehin schon überfrachtet ist. Greta kehrt ins Bordell zurück als einzige Möglichkeit, ihren Lebensunterhalt zu verdienen und ihre Schulden abzuzahlen.

Die Bordellszenen sind sehr überzeugend. Das Körnige des Filmmaterials unterstützt noch ihre Wirkung. Die Garbo-Szenen wurden tatsächlich mit den besten, in Paris verfügbaren Kodak-Filmen gedreht. Das wirkt sich sehr zugunsten des fertigen Films aus – die strahlende, klar sichtbare Garbo und die geisterhaften Gestalten, die sich im Bordell aufhalten. Als Greta einmal verfolgt wird, zieht jemand an ihrem Kleid, ihre kleinen Brüste werden enthüllt, weiß zwischen dem Gewirr schwarzer Spitzen und man bekam das Gefühl einer schrecklichen Vergewaltigung vermittelt. Dazu trug auch die Grobkörnigkeit des Filmmaterials bei.

Die freudlose Gasse ist in einer Zeit entstanden, als der Film seine Grenzen überschritt und neue Techniken erprobt wurden. Der Film war noch jung und entwicklungsfähig. Er nahm sich besonders gern der Karikatur an, weil Karikaturen nicht stereotypisiert waren. Und manchmal verliehen gerade die Fehler des Films den dargestellten Ereignissen eine größere Realität. Wenn wir uns heute diese frühen Filme anschauen, fragen wir uns manchmal, warum sie uns so tief bewegen. Die Darsteller bewegten sich ruckartig, weil die Kamera mit der Hand gekurbelt wurde, sie rennen immer mehr als sie gehen, ihre Lippen formen drei Worte, und im Untertitel erscheinen drei ganze Sätze. Aber diese Welt hatte ihre eigenen Konventionen, und in den frühen zwanziger Jahren wurden die Unzulänglichkeiten des Films als Vorteile betrachtet. Der

Die Garbo in ›Die freudlose Gasse‹, 1925

Stummfilm überläßt vieles der Phantasie des Zuschauers. Die stumme Garbo war viel intensiver, als sie es je später wieder war.

Stiller, der klug und feinfühlig war, wenn er Regie führte, erwies sich als völlig unbrauchbar, als er sich anschickte, Gründer einer internationalen Filmgesellschaft zu werden, die die Aufgabe haben sollte, Filme in verschiedenen Sprachen zu produzieren. PATHE in Frankreich und die UFA in Deutschland dachten über einen Zusammenschluß nach. Stiller bildete sich ein, daß sich ein halbes Dutzend europäische Filmgesellschaften – einschließlich der schwedischen BIOGRAF – zusammentun und ihn an die Spitze setzen würden. Das war für ihn eine verführerische Vorstellung; denn sie befriedigte sein Ego. So enttäuschte es ihn sehr und nahm ihm den Mut, als er entdecken mußte, daß all seine endlosen Gespräche mit wichtigen Leuten und Produzenten zu nichts anderem geführt hatten, als dem Ausdruck eines allgemeinen Interesses an seinen Plänen. Keiner dachte an eine finanzielle Unterstützung. Nicht einmal Ivar Kreuger, der schwedische Streichholz-König, war bereit, Stiller Vollmachten zu garantieren, die er für seine grandiosen Pläne benötigte, die ganz Europa betreffen sollten. Man schätzte ihn als Regisseur, hielt ihn aber für einen unfähigen Verwalter.

Inzwischen war der einzige Mann, der sich als Filmmann alles leisten konnte, auf dem Wege nach Berlin, nachdem er einige Zeit in Rom und Paris zugebracht hatte. Es war Louis B. Mayer, der Sohn eines Trödlers aus New Brunswick, der mit seiner Familie aus Minsk geflohen war, um sich in Kanada durchzuschlagen. Mayer war früher Alteisenhändler und begann seine Filmkarriere als Filmvorführer und -verleiher und verdiente später ein Vermögen, als er die Vertriebsrechte von *The Birth of a Nation* (1915) für New England kaufte. Nachdem er mehrere Filme produziert hatte, zog er nach Los Angeles, gründete seine eigene Produktionsgesellschaft und ging 1924 mit den von Maurus Loew betriebenen Goldwyn- und Metro-Studios die Fusion ein, aus der die Metro-Goldwyn-Mayer hervorgehen sollte. Mayer war 27 Jahre lang Produktionschef und in jener Zeit verantwortlich für das Image der MGM.

Wie in allen anderen Städten, die er besuchte, sah sich Mayer auch in Berlin die neuen Filme an, traf Regisseure und Schauspieler und war sich der Wichtigkeit seiner Person wohl bewußt. Jedem war bekannt, daß er zum Triumvirat der MGM gehörte. Victor Sjöström hatte ihm vorgeschlagen, sich mit Mauritz Stiller zu treffen. Da Sjöström sich inzwischen als Regisseur in Hollywood einen Namen gemacht und bewiesen hatte, daß er mit den Amerikanern zurecht kam, suchte Mayer Stiller in Berlin auf. Er glaubte wohl auf einen ähnlich emotionslosen Menschen zu treffen wie Sjöström es war, aber da hatte er sich geirrt.

Hochmütig und sehr selbstbewußt trat Stiller Mayer gegenüber wie jemand, der den europäischen Film fest im Griff hatte. Er bot ihm großzügig die Vorführung von *Gösta Berling* an, den sie dann im privaten Vorführraum zusammen mit einem Übersetzer sahen. Als Mona Martenson in einer Szene zu sehen war, lobte Mayer ihre außergewöhnliche Schönheit, aber Stiller grunzte bloß. Dann sah Mayer Greta Garbo und fragte nach ihrem Namen, aber Stiller brüllte ihn an: »Schauen Sie doch auf das Bild! Schauen Sie in diese Richtung!« Stillers laute und dröhnende Stimme hatte Mayer fast aus dem Stuhl gerissen. Von nun an betrachtete er aufmerksam die Bilder, um Stiller nicht mehr zu stören.

Nach Beendigung der Vorführung machte er Stiller zahlreiche Komplimente über seine Regie und lobte die schauspielerische Leistung von Lars Hanson und von dem schönen Mädchen, dessen Namen er vergessen hätte. »Greta Garbo«, half ihm Stiller. »Ja richtig«, sagte Mayer nur. Er hatte inzwischen den vagen Verdacht, daß Stiller gern nach Hollywood kommen wollte, der sich bestätigte, als Stiller mit Schwung und Begeisterung von der Regie sprach. Mayer war tatsächlich von der Garbo angetan, und Stiller lud Mayer ein, am nächsten Tag mit ihr gemeinsam im Hotel Adlon zu Mittag zu essen. Mayer schickte an Sjöström ein Telegramm, in dem er ihm mitteilte, daß er Stiller getroffen hätte, daß er auch beeindruckt, aber nicht sicher wäre, wie Stiller auf die Arbeitsbedingungen in Hollywood reagieren würde. Und bat Sjöström um seine Meinung. Sjöström antwortete, daß er Stiller für ein Genie hielte und Stiller nicht die geringsten Schwierigkeiten haben würde, in Hollywood zurechtzukommen.

Stiller hatte absichtlich das Hotel Adlon als ersten Treffpunkt ausgesucht. Nicht nur, weil es das beste Hotel war in Berlin, sondern weil er einen bestimmten Tisch im Auge hatte, der die Schönheit der Garbo besonders gut zur Geltung brachte. Er kümmerte sich selbst um die Beleuchtung, gab dem *maître d'hôtel* und dem Oberkellner ein großzügiges Trinkgeld und legte noch genau die Sitzordnung fest. Mayer bemerkte sofort, daß hier eine bühnenreife Vorstellung gegeben werden würde. Stiller war ein guter Gastgeber, obwohl er zuviel sprach, so daß der Übersetzer schon ungeduldig wurde. Mayer war von Stiller fasziniert und schenkte der Garbo nicht sehr viel Aufmerksamkeit. Mayer war auf der Hut, und im Verlauf des Dinners näherte er sich immer mehr der Auffassung Sjöströms. Er war bereits fest entschlossen, Stiller, die Garbo und Lars Hanson nach Hollywood zu holen, das tatsächlich von Europa noch einiges lernen konnte. Stiller war der große Clou. Die Garbo, obwohl sie wirklich sehr schön war, war für Mayer von geringerer Bedeutung. Er bot Stiller 1000 Dollar pro Woche an, die Garbo und Hanson sollten 350 Dollar wöchentlich erhalten. Mayer hatte es nicht eilig, sie alle in Hollywood zu begrüßen. Die besagten Verträge wurden in Berlin Mitte November 1924 unterzeichnet, und es wurde vereinbart, daß die Gehälter ab Juli 1925 gezahlt werden sollten. »Sagen Sie Fräulein Garbo«, fügte er noch hinzu, »die Leute in Amerika lieben keine dicken Frauen.« Die Garbo bekam die Übersetzung und zuckte nur mit den Achseln.

Obwohl Mayer von ihrer Schönheit durchaus beeindruckt war, setzte er keine großen Hoffnungen in sie als Schauspielerin. Er stellte fest, daß sie flachbrüstig war, breite Hüften hatte, dicke Knöchel und sich nach seiner Auffassung ungeschickt und plump bewegte. Aber vielleicht könne man trotzdem etwas aus ihr machen. Vor allem freute er sich darüber, daß er Stiller so billig eingekauft hatte, und verschwendete kaum noch einen Gedanken an die Garbo.

Während die Garbo an der *Freudlosen Gasse* arbeitete, versuchte sie sich aus der Abhängigkeit von Stiller zu befreien. Nach Beendigung der Dreharbeiten kehrte sie nach Stockholm zurück. Stiller folgte ihr. Er gab immer noch sein Geld mit vollen Händen aus, obwohl er keinerlei Einkommen hatte und auch keine Aussicht, irgendwie an Geld zu kommen. Die einzige Quelle war Hollywood, die aber erst im Juli des nächsten Jahres fließen würde. Er verlebte eine unruhige Zeit. Seine Gedanken kreisten unablässig um die bevorstehenden Aufgaben. Wie würden sie ihn in Hollywood behandeln? Wieviel Freiheit würde er haben? Er schrieb lange Briefe an Sjöström, die deutlich zeigten, daß er noch unentschlossen war, nervös, verdrießlich und fast bereit, seinen Vertrag wieder zu lösen. Sjöström empfahl Geduld und meinte humorvoll, »der große Moje« würde Hollywood schon ohne Schwierigkeiten bewältigen. Stiller filmte nicht, er schrieb keine Stücke und gab sich einer langen Phase des Nichtstuns hin.

Stiller begleitete die Garbo zur Premiere der *Freudlosen Gasse*, die

Die Garbo mit Mauritz Stiller, Juli 1925 bei ihrer Ankunft in Amerika

Die Garbo mit Jaro Furth in ›Die freudlose Gasse‹, 1925

in Berlin im Mozartsaal am 18. Mai 1925 stattfand. Er sah schlecht aus, sein Haar wurde langsam grau, er sah um Jahre älter aus, obwohl er doch erst zweiundvierzig war. Er war sichtbar in keiner guten Form. Der Film wurde von der Kritik begeistert aufgenommen. Pabsts Regie – es war sein zweiter Film – wurde über den grünen Klee gelobt, obwohl er damals noch ein unbekannter Mann war. Die schauspielerischen Leistungen der alternden Nielsen und der Garbo waren lobend erwähnt worden. Stiller gefiel das, weil sein Protégé die Anerkennung bekam, die sie verdiente, und er wußte, daß er für eine der besten Szenen im Film verantwortlich war: die Szene, in der Greta den Pelzmantel kaufte. Diese Szene war mit großer Zartheit und Sensibilität gespielt und ragte aus allen anderen heraus. Der Film hatte in Deutschland, in Italien, Frankreich und Spanien großen Erfolg, doch weniger gut kam er in England und in den USA an, wo die Armut des Nachkriegseuropas wenig Verständnis fand.

Stiller war seiner Unentschlossenheit ausgeliefert, während die Garbo dem Amerikabesuch voller Erwartung entgegensah. Damals war sie erst zwanzig Jahre alt und schon Star zweier bekannter und erfolgreicher Filme. Sie schien einer strahlenden Zukunft entgegenzugehen. Sie war noch zu jung, um an Niederlagen zu denken, und zu unschuldig, um Niederlagen einzukalkulieren. Von Stiller und Pabst hatte sie sehr viel gelernt. Sie wäre nie auf die Idee gekommen, die lächerlichen 350 Dollar pro Woche als Maßstab für ihre Bedeutungslosigkeit zu sehen. In ihren Augen versprach der Vertrag Glück und Erfolg. Aber Stiller sah die Beleidigung, und er entschloß sich, Louis B. Mayer diese Ungeheuerlichkeit bei der ersten Gelegenheit klarzumachen. An manchen Tagen gebärdete er sich wie ein Vulkan kurz vor dem Ausbruch. Irgend etwas in ihm sagte ihm, daß der Amerikabesuch eine Niederlage bedeuten würde.

An einem nebligen Tag Ende Juni lief die SS *Drottningholm* aus dem Hafen von Göteborg. Stiller und die Garbo machten ihre erste Reise auf einem Ozeandampfer. Stiller war ungewöhnlich guten Mutes, da er sich entschlossen hatte, sich zumindest bis zur Ankunft in New York zu amüsieren. Als die *Drottningholm* am Pier der Swedish-American Line anlegte, kletterte ein Empfangskomitee an Bord. Dieses Komitee bestand aus einem Mädchen in schwedischer Tracht, das der Garbo Blumen überreichte, einem Übersetzer, einem Werbemanager und einem Fotografen der MGM. Es war ganz klar, daß die MGM ihrer Ankunft nicht allzu große Bedeutung beimaß. Ein engagierter Fotograf schoß vier Bilder und kehrte ihnen wieder den Rücken. Eines dieser Bilder erschien am nächsten Morgen in der *New York Graphic* und zeigte die Garbo und Stiller, wie sie neben einem Rettungsring an die Reling gelehnt stehen. Stiller trug einen sehr gutgeschnittenen englischen Anzug und eine englische Tuchmütze und die Garbo ein leichtes, kariertes Sommerkostüm mit einem Topfhut. Sie lächelte zwar, machte aber keinen sehr selbstsicheren Eindruck, und der Fotograf hatte ihre Schönheit kaum gewürdigt; sie sieht aus wie eine gewöhnliche junge Frau, die in Amerika ankommt. Es war gerade eine Hitzewelle in New York, der jeder entfliehen wollte. Sie wurden gleich ins Hotel Commodore in die 42. Straße gefahren, wo die MGM zwei kleine Suiten für sie reserviert hatte. Dort lebten sie über zwei Monate während des seit Menschen Gedenken heißesten Sommers, bis sich Louis B. Mayer entschloß, etwas mit ihnen anzufangen.

Ins Kreuzfeuer geraten

Ich fürchte dich nicht, Manos Duras.

Aus The Temptress

Später sagte die Garbo einmal, daß diese zwei Monate, die sie im Hotel Commodore verbracht hatte, die schlimmsten ihrer Laufbahn gewesen wären. New York ängstigte sie. Der Lärm, die Hitze, die Verständigungsschwierigkeiten, die seltsamen Sitten der New Yorker und das Schweigen aus Hollywood – all das flößte ihr Angst ein. Erregt und nervös ging Stiller wie ein eingesperrtes Tier in seiner Suite auf und ab, während die Garbo den größten Teil des Tages in der Badewanne verbrachte, um der Hitze zu entkommen. Manchmal gingen sie zum Time Square hinüber, um sich einen Film anzusehen, aber das war vergeudete Zeit, da nichts Sehenswertes lief.

Stiller war verbittert, da Louis B. Mayer sich offenbar weigerte, seine Briefe zu beantworten. Die Garbo versuchte, so gut es ging, Stiller zu besänftigen, aber auch sie wurde allmählich mürbe, als die Tage vergingen und aus Hollywood keine Nachricht kam. Sie war nicht nur schön, sie besaß auch einen eisernen Willen und war entschlossen, ein internationaler Star zu werden, mit Stiller als ihrem Regisseur. Sie weigerte sich, sich ihrer eigenen und seiner Verzweiflung hinzugeben.

An einem Sommertag machten Stiller und die Garbo einen Besuch bei Arnold Genthe, einem Meisterfotograf und Sammler japanischer Drucke. Das Treffen kam zustande durch Martha Hedmann, einer schwedischen Sängerin von der Metropolitan Opera, die Genthe sehr gut kannte und seine Fotos bewunderte. In Genthes Atelier saßen sie über den Fotos und sprachen Deutsch. Genthe erinnert sich, daß die Garbo einmal ganz locker sagte: »Ich würde mich freuen, wenn Sie irgendwann einmal ein paar Bilder von mir machen würden.«

»Warum irgendwann einmal?« antwortete Genthe. »Warum nicht gleich? Sie sind hier, und ich bin hier, und ich werde ein paar Bilder von Ihnen machen, als Beweis, daß Sie wirklich hier waren.«

Daraufhin lächelte sie und protestierte ernsthaft: »Nein, nein jetzt nicht. Schauen Sie mein Kleid an, und meine Haare gefallen mir auch nicht.« »Das macht nichts«, erwiderte Genthe. »Ich interessiere mich vielmehr für Ihre Augen und für das, was hinter dieser außergewöhnlichen Stirn ist.«

Etwa eine Stunde lang machte Genthe Fotos, einige Nahaufnahmen, ein paar halbnahe, die alle eine starke Intensität ausstrahlen. Zu den schönsten gehört ein Bild, bei dem ihr Kinn auf ihrer Hand ruht, und der Fotograf hat dieser die Feinheit einer Orchidee verliehen. Wir sehen nur einen flehenden Gesichtsausdruck, einen wilden Haarschopf und die weiße Hand. Das Gesicht ist so verletzlich, die Augen unter den schweren Lidern sind so geheimnisvoll, die Lippen voll und zart. Er hatte ihre ganze Fraulichkeit auf diesem Bild festgehalten. Alles Zufällige ist weggenommen, und es bleibt nur noch ein brennendes Gesicht, fesselnd von höchster Schönheit. Genthe macht noch einige weitere Aufnahmen, die ein paar Augenblicke später liegen, denn der Wechsel des Ausdrucks ist nur gering. Diese Aufnahmen wurden später Frank Crowninshield, dem Herausgeber von *Vanity Fair* angeboten. Er fand dieses Bild vorzüglich und benutzte es für einen Cover mit der Bildunterschrift: »Ein neuer Star aus dem Norden – Greta Garbo.« Aber weder Stiller noch die MGM waren sehr hoffnungsvoll, was ihre Zukunft anbelangte. In New York gemachte Aufnahmen wurden nach Hollywood gesandt und dort für unzureichend empfunden. Louis B. Mayer hatte sein ursprüngliches Interesse für Stiller und die Garbo, die inzwischen ziemlich verbittert waren, ganz verloren. An einem Tag im August schaute sie bei Genthe vorbei, um sich für die Bilder zu bedanken. Sie sah müde und enttäuscht aus. »Ich bin auch gekommen um Lebewohl zu sagen«, seufzte sie. »Sie scheinen mich nicht zu wollen. Sie sagen, daß ich ein Typ bin, der nicht gefragt ist. Ich werde nach Berlin zurückkehren.«

Genthe war ein Mann von großer Wendigkeit und Erfindungsgabe und sich seines Rufes als Fotograf wohl bewußt. Er fragte sie, ob sie die Fotos der MGM gezeigt hätte. Sie hatte nicht. Sie hätte nicht gewußt, wie. Sie hatte keinen Kontakt zu den MGM-Leuten in New York. Man hätte sie für ein oder zwei Filme einsetzen und dann wie soviele andere Schauspielerinnen auch vergessen können. Stiller konnte es einrichten, daß die MGM die Bilder zu sehen bekam, aber das nutzte auch nichts. Hollywood wäre froh gewesen, wenn Stiller und die Garbo ihre Verträge zurückgezogen hätten und nach Hause gefahren wären. Doch Stiller stemmte sich

Greta Garbo fotographiert von Arnold Genthe, 1925

mit aller Kraft dagegen. Er hatte einen nützlichen Verbündeten in Victor Sjöström, der es schließlich arrangierte, daß die MGM die beiden nach ihrem New Yorker Exil wenigstens nach Hollywood einlud.

Diesmal gab es ein richtiges Empfangskomitee, aber es war nicht von der MGM. Sie wurden am Bahnhof in Los Angeles von zwei kleinen schwedischen Mädchen mit Blumensträußen willkommen geheißen, einigen schwedischen Geschäftsleuten, die für diese Gelegenheit zusammengetrommelt wurden, zwei oder drei schwedischen Schauspielern, die in Hollywood arbeiteten, und einem Fotografen. Die Garbo stand am Bahnsteig, mit Blumen überschüttet, und lächelte. Sie trug eine Bluse mit weitem Kragen und einen der Mode entsprechenden langen, schweren Rock. Zwischen den beiden Mädchen in der strahlenden Sonne Kaliforniens sieht sie sehr anziehend aus. Stiller, bis dahin seinen Depressionen ausgeliefert, schaute gesund, entspannt und wohlgemut aus. Er trug einen hohen Kragen, eine Weste und einen Anzug, als käme er direkt von einem Treffen Stockholmer Bankiers. Er war geradezu overdressed für diesen kalifornischen Sommer.

Inzwischen war es September geworden. Sie sehnten sich danach, endlich arbeiten zu können, aber nichts geschah. Hollywood blieb von ihnen unbeeindruckt. Offenbar waren sie nicht in der Lage, sich diesen Verhältnissen anzupassen. Es schien, als trügen beide Etiketten. Stiller: »Unabhängig, arrogant, schwierig«. Die Garbo: »Skandinavischer Typ, nachlässig gekleidet, unerfahren«. Dorothy Woodridge hatte die Kleidung der Garbo genau beschrieben: »Ihre Schuhe waren an den Hacken abgelaufen. Sie trug Seidenstrümpfe, die mit Laufmaschen übersät waren, für die Schneiderkunst war sie total verloren.«

In den ersten Wochen in Hollywood wurden die beiden ganz genau unter die Lupe genommen. Die Garbo sei entsetzlich naiv, vielleicht sogar dumm, wurde gesagt, ihre Füße seien zu groß, ihre Bewegungen zu plump; sie solle sich ihre Zähne richten lassen; sie kichere und lache laut, trüge billige Kleider und war ganz offensichtlich nicht aus dem Holz, aus dem man einen Star schnitzte. Louis B. Mayer hatte sich nicht nur in der Garbo geirrt, auch Stiller war für ihn inzwischen zum Irrtum geworden. Jetzt, nachdem der Stab der MGM die Gelegenheit hatte, sie zu beobachten, waren sich alle einig: Sie waren gar nichts Besonderes, und man konnte sie, ohne Schaden zu nehmen, vergessen. Es wurde ihnen die eindeutige, aber grausame Anweisung gegeben: »Rufen Sie uns nicht an, wir rufen Sie an!« Damit waren sie ihrem Schicksal überlassen. Die Garbo rettete sich in ihre einsamen Spaziergänge. Sie analysierte ihre Situation und kam zu dem Ergebnis, daß sie jung sei und eine Menge einstecken könne, weil sie in ihrem Herzen wußte, daß sie dazu bestimmt war, ein großer Star zu werden. Stiller aber, der spürte, daß seine Zeit zu Ende ging und der wußte, daß er seit *Gösta Berling* nichts mehr getan hatte, was von Bedeutung gewesen war, tobte schrecklich. Er schrieb Drehbücher in Schwedisch, die niemand übersetzte, und verbrachte ansonsten die Abende mit der Garbo. Sie saßen auf der Terrasse des luxuriösen Hotels Miramar in Santa Monica und blickten auf das Meer nach Catalina hinüber. Bisweilen saßen sie stundenlang schweigend beieinander.

Sie warteten auf den Zufall, auf die günstige Konstellation der Sterne. Das Blatt wendete sich schließlich, aber nur für die Garbo, nicht für Stiller. Es passierte, als Monta Bell, ein ehemaliger Reporter der *Washington Herald*, der inzwischen Filmregisseur geworden war, sich Archivmaterial vorführen ließ, das er für einen Film benötigte, der auf dem Roman *Entre Naranjos* von Vincente Blasco-Ibáñez basierte. Es handelte sich um einen ziemlich schwülstigen Roman, den der Autor zu Beginn seiner Karriere verfaßt hatte und der unter dem Titel *The Torrent* (Fluten der Leidenschaft) ins Englische übersetzt und verfilmt werden sollte. Offenbar versehentlich waren in diese Szenen Probeaufnahmen der Garbo hineingeraten. Der überraschte Filmvorführer wollte die Vorführung stoppen, aber Monta Bell forderte ihn auf, fortzufahren. »Ich möchte dieses Mädchen noch einmal sehen. Vielleicht kann ich sie gebrauchen!« Er brauchte sie dann tatsächlich für *The Torrent* als Ersatz für die Schauspielerin Alma Rubens, die erkrankt war.

Monta Bell war ein kluger, aber nicht allzu einfallsreicher Regisseur. Er hatte als Assistent bei Charlie Chaplins *Die Nächte einer schönen Frau* (1923) mitgearbeitet. Bell war so fasziniert von dem Gesicht der Garbo, daß er sie sofort in sein Büro bestellte, den Film mit ihr durchsprach und ihr das Drehbuch zu lesen gab. Die Vorarbeiten für den Film hatten bereits begonnen. Ricardo Cortez spielte die Rolle des Landbesitzerssohn Don Rafael Brull, der sich in die Tochter eines der Pächter seiner Eltern, Leonora, verliebt. Aber die herrschsüchtige Mutter hat ehrgeizigere Pläne mit ihrem Sohn und zerstört die Romanze. Leonora verläßt die Stätte ihrer ersten Liebe und geht nach Paris und wird Opernsängerin. Inzwischen kandidiert Rafael für einen politischen Posten und verlobt

Die Garbo in ›The Torrent (›Fluten der Leidenschaft‹, 1926) von Monta Bell

sich nach dem Willen seiner Mutter mit Remedios. Inzwischen hat Leonora Karriere gemacht und macht einen Besuch in ihrem Heimatdorf, wo die Liebe zu Rafael erneut aufflammt, denn Rafael rettete ihr während einer Überschwemmung das Leben. Aber die Mutter tritt wiederum dazwischen, indem sie Rafael zum Verzicht überredet. Danach vergehen viele Jahre, und Rafael und Leonora begegnen sich wieder. Sie ist inzwischen die gefeierte Primadonna La Brunna, und ganz Paris liegt ihr zu Füßen. Rafael hat Remedios geheiratet, ist ein wohlbeleibter Familienvater geworden und ein prominenter Politiker. Während sie noch jung und schön ist, ist er von Mittelmäßigkeit und Alter gezeichnet. Es kann keine Gemeinsamkeit mehr geben, und beide gehen ihre eigenen Wege.

Das war also der erste Film, den die Garbo in Amerika drehte. Ohne großen Scharfsinn oder große Feinsinnigkeit erklären die Titelschreiber das Thema des Films *The Torrent*, was auf Deutsch soviel wie Sturmflut heißt »so wild und unbarmherzig wie die Leidenschaft, die im Herzen der Liebenden wogt«. Das hörte sich 1925 schon ziemlich abgedroschen an. Heute ist es fast unerträglich, diesen Film anzusehen – fast, aber nicht ganz. Wenn die Garbo auftritt, setzt sich etwas in Bewegung: Das bleiche Gesicht wirkt wie von innen erleuchtet, und es gelingt ihr, eine tiefe, jugendliche Leidenschaft auszudrücken, die beeindruckt. Ricardo Cortez, der eher einem ehrgeizigen Steuerberater ähnelt, scheint in ihrer Gegenwart nicht vorhanden zu sein. Am lächerlichsten ist er, als er sein Leben wagt, um Leonora zu retten, und mit wilden Gesten sein Boot durch den vom Sturm aufgepeitschten See paddelt, die auf einer der rückwärtigen Baustellen von Culver City, wo MGM seine Studios hatte, künstlich angelegt worden war. Er spielt den Muskelprotz, der, dank seiner Kraft, den Naturgewalten die Stirn bieten kann. Er sieht nicht aus wie ein Spanier, vielmehr hat er etwas Germanisches. Ricardo Cortez, der spanische Liebhaber, hieß auch in Wirklichkeit Jacob Krantz. Auch die Garbo hat wenig Spanisches trotz der schwarzen Perücke, trotz der spanischen Gitarre und der spanischen Lieder, die man sie singen hört. *The Torrent* wirkt wie eine Scharade. Das Leben wird nie berührt, und vom Zuschauer wird nichts weiter verlangt als eine Art amüsierter Aufmerksamkeit.

Die Spielweise der Garbo in *The Torrent* gleicht sehr oft der in *Gösta Berling* und in *Die freudlose Gasse*. Sie zeigt die gleiche eigenartige, träge Entrücktheit, als warte sie auf etwas Schönes, aber ohne viel Hoffnung; sie bewegt sich amorph, nimmt eher Situa-

Lucy Beaumont und die Garbo in ›Fluten der Leidenschaft‹, 1926

tionen in sich auf, als daß sie auf sie reagiert. Ihre Gesten sind vorsichtig ohne Kraft und Tempo. Die amerikanischen Schauspieler bewegen sich schnell, fast ruckartig und werden wohl auch dazu angehalten. Man sagt ihnen, daß sie sich von A nach B zu bewegen, die Hand in einem bestimmten Augenblick zu heben und dann mit ihrem ganzen Körper zu reagieren haben. Die Garbo dagegen hebt ihren Kopf nur einige Millimeter und suggeriert damit einen neuen Gedanken, der nichts mit der Geschichte des Films zu tun hat, aber um so aufregender ist. Sie ist immer einsam, träumt, und so scheint es auch, daß Ricardo eine optische Illusion ist.

Diese Einsamkeit zeigt sie in allen ihren Stummfilmen. Auch in den leidenschaftlichsten Liebesszenen ging die Bewegung und Kraft immer von ihr aus und nicht von dem Liebhaber. Der Kopf von Ricardo Cortez liegt in ihrem Schoß, und sie beugt sich über ihn, strahlend wie ein Vollmond, und wir gewinnen den Eindruck, daß irgend etwas Aufregendes passiert. Hätte sie sich über eine Kartoffel gebeugt, würden wir das gleiche empfunden haben.

Obwohl Monta Bell ihr Regisseur war, wurde sie eigentlich noch von Stiller geführt. Jeden Abend besuchte sie ihn in seiner Wohnung, um sich von ihm Ratschläge geben zu lassen, um zu lernen und zu probieren. Die Garbo lernte sehr schnell Englisch, aber Stiller tat sich da sehr schwer. Er kam über ein paar Worte nicht hinaus. Sven-Hudo Borg, ein hilfsbereiter Mensch und ausgebildeter Übersetzer, übersetzte ihr die Szenen, die sie am nächsten Tag vor der Kamera zu spielen hatte. Stiller übernahm dann die Rolle des Regisseurs und gab ihr für die Rolle genaue Anweisungen. Stillers Stilauffassung spiegelte sich in ihrer Darstellung wider, und so überzeugte sie in der Rolle der weltbekannten Diva, der Sängerin La Brunna.

Zu jener Zeit wurden Filme sehr schnell abgedreht. Mitte November hatten die Dreharbeiten zu *The Torrent* begonnen, und Ende Dezember war die letzte Szene im Kasten. Die Verantwortlichen der MGM strömten in die Vorführung mit den üblichen gelangweilten und uninteressierten Gesichtern. Man fragte, ob die Garbo anwesend sei; sie war es nicht. Aber Stiller war gekommen. Er überragte alle, schaute aufmerksam, aufrecht in seinem Sessel sitzend, entschlossen, nicht eine einzige Einstellung des Films zu versäumen, der, unwiderruflich ruiniert durch die Story, doch einige sehr schöne Passagen enthielt. Die negativen Kommentare seiner Kollegen brachte Louis B. Mayer sehr schnell zum Schwei-

Greta Garbo und Ricardo Cortez in ›Fluten der Leidenschaft‹, 1926

Greta Garbo mit Ricardo Cortez in ›Fluten der Leidenschaft‹, 1926

gen. Er war verblüfft über die schauspielerische Leistung der Garbo und ahnte, daß Stiller für die Qualität dieser Leistung weitgehend verantwortlich war. Er war fest entschlossen, wenn *The Torrent* beim Publikum Erfolg haben würde, Stiller zu erlauben, einen Film mit der Garbo zu machen.

Die New Yorker Premiere wurde auf den 21. Februar 1926 festgesetzt. Der Name von Ricardo Cortez, ein renommierter Star, stand an erster Stelle, doch der Beifall der Kritiker gebührte der Garbo. »Dieses Mädchen hat einfach alles, das Aussehen, das schauspielerische Talent und die Persönlichkeit«, schrieb *Variety*. »Eine Skandinavierin, der es gelingt, eine Südländerin überzeugend darzustellen – was gibt es da noch an ihren Fähigkeiten zu zweifeln?« Es war noch sehr viel mehr über sie zu sagen, und die Kritiker taten es dann auch, ausführlich und in allen Einzelheiten. Ein neuer Star war geboren. Und genau das, was sie von anderen Stars unterschied, war das Gesprächsthema.

Viele Kritiker wiesen darauf hin, daß sie Merkmale zahlreicher anderer Schauspieler in sich vereinte, was ermöglichte, in ihrem Stil und ihrer Erscheinung einige Züge von Gloria Swanson zu entdecken, von Norma Talmudge, Zasu Pitts, Carol Demster und anderen Stars. Tatsächlich zwang die MGM sie, sich zahlreiche Filme anzusehen, und sie fand selbst heraus, daß sie unbewußt andere Schauspielerinnen imitierte. Wenn wir den Film heute sehen, werden wir uns dieser Nachahmung vielleicht nicht so sehr bewußt, da wir uns sicher nicht mehr an Gloria Swanson oder Norma Talmudge und ihre frühen Filme erinnern. Trotz allem lautete die Ansicht der Kritiker, daß die Garbo eine ganz eigene Persönlichkeit sei mit aufregenden Möglichkeiten.

Stiller stand nun wieder in der Gunst der MGM – zunächst. Er hatte ein Drehbuch geschrieben, das ebenfalls auf einem Roman von Basco-Ibáñez beruhte: *La Fierra de Todos*. Das Manuskript wurde von Louis B. Mayer und seinem Produktionsleiter Irving Thalberg gut aufgenommen. Unglücklicherweise hatte man sich dazu entschlossen, das Drehbuch zu veröffentlichen und die Story zu ändern. Stiller wehrte sich dagegen, aber ohne Erfolg, denn gegen diese eingefahrenen bürokratischen Maßnahmen kam er nicht an. Was ihn besonders traf, war, daß die Rolle der Garbo in eine *femme fatale* verwandelt worden war, die die Männer mit Blicken verführt und zerstört und dann wohlverdient in der Gosse endet. Der Film spielte in Argentinien. Anstatt der ansteigenden Fluten und der heldenhaften Rettung durch ein Ruderboot, wie in *The*

Greta Garbo zur Zeit von ›Fluten der Leidenschaft‹, 1926

Greta Garbo, 1926

Torrent, brach nun ein Damm, und es folgten zwei heldenhafte Rettungen mit anderen Mitteln. Dann war noch ein äußerst grausames Duell zwischen den Widersachern mit Ochsenpeitschen hinzugefügt. Stiller war von der Story entsetzt, aber er hoffte, als Regisseur seine eigenen Vorstellungen vorsichtig verwirklichen zu können, ohne von dem Manuskript allzu sehr abzuweichen. Er hatte einmal gesagt, daß man jede auf der Straße aufgelesene Frau zu einer Schauspielerin machen könne. Weniger überzeugend wirkte sein Ausspruch, daß aus jeder Story auch ein guter Film entstehen könne. MGM bestimmte, daß der Film *The Temptress* (Die Verführerin) heißen sollte. Die MGM sah mit gemischten Gefühlen Stiller die Regie übernehmen, seine erste Regie, seit er amerikanischen Boden betreten hatte.

Von Anfang an schien ein Fluch über diesem Film zu liegen. Die Stimmung war miserabel. Sein weniges Englisch ließ Stiller auch noch im Stich. Er rief »los« und meinte »stop«, er verlor die Fassung. Er wurde allmählich zu einer Karikatur seiner selbst, ein großer Regisseur, der vierzig Filme gemacht hatte, wovon einige Meisterwerke waren. Es irritierte ihn, daß so viele Leute um ihn herumstanden, und er beschwerte sich darüber. Was haben sie hier zu tun? Es waren Doubles, Scriptgirls, Aufnahmeleiter und Mitarbeiter aus der Chefetage. Er versuchte, sie wegzuschicken, aber sie blieben. Die Garbo war entsetzt. Sie spürte den zunehmenden Druck, der auf Stiller ausgeübt wurde, aber es gab noch andere Dinge, die sie durcheinanderbrachten. Eines Morgens nahm sie Stiller beiseite und zeigte ihm vorsichtig ein Telegramm aus Stockholm, in dem ihr mitgeteilt wurde, daß ihre Schwester Alva gestorben war. Ihr Tod kam plötzlich, vollkommen unerwartet. Es wurde erzählt, daß die Garbo sagte, als sie das Telegramm sah: »Wir können daran nichts ändern, Moje. Wir müssen den Film weitermachen.«

Obwohl Louis B. Mayer Herr aller MGM-Dinge war, lag die Studioorganisation fest in der Hand von Irving Thalberg, dem »boy genius«, der als unfehlbar galt. Nervös, hektisch und leicht erregbar und sich seiner außerordentlichen Fähigkeiten bewußt, hielt Irving nicht viel von der Garbo, und für Stiller fehlte ihm jedes Verständnis. Nach zehn Tagen ordnete er an, Stiller nicht mehr ins Atelier zu lassen. Stiller setzte Himmel und Hölle in Bewegung, aber es half nichts, er mußte den Aufnahmen fernbleiben. Danach hatte Thalberg nichts mehr mit Stiller zu tun. Er wurde durch Fred Niblo ersetzt, dem Regisseur von *Ben Hur*

Die Garbo posiert als Spanierin für die Standfotografen für ›Fluten der Leiden-schaft‹, 1926

(1925). Niblo war ein erfahrener Mann, der der englischen Sprache mächtig war und nicht statt »stop« »los« rief.

Die Garbo war nun ins Kreuzfeuer geraten. Bald würde Thalberg seine Meinung über sie ändern und erklären, daß er allein für ihr großes Talent und ihren dauerhaften Ruf verantwortlich wäre. Aber nein. Er bereitete ihr unglaubliche Schwierigkeiten während der Dreharbeiten zu *The Temptress*, bis sie einem Nervenzusammenbruch nahe war. Stiller, der einzige Mann, der sie verstand, ihr einziger wirklicher Vertrauter und der einzige Mensch, der wußte, wozu sie fähig war, war öffentlich in Ungnade verfallen. Er würde noch ein paar Filme von wenig Bedeutung machen und dann an gebrochenem Herzen in der Armenabteilung eines Stockholmer Hospitals sterben.

Die Garbo beschwerte sich bitterlich über die Behandlung durch die MGM. Sie kannte die Ursachen und wußte noch besser als Thalberg, was tatsächlich falsch gelaufen war. Es ging hier weniger um Meinungsverschiedenheiten zwischen einzelnen Personen vielmehr handelte es sich um das Zusammentreffen unterschiedlicher Ausdrucksweisen. Hollywood konnte ganz einfach die Anwesenheit eines Genies wie Stiller nicht tolerieren, es mußte ihn, wenn möglich, zerstören. Wenn ein Genie wie Charlie Chaplin in der Lage war, zu überleben, geschah das nicht durch die Unterstützung Hollywoods, sondern dank seines Charakters und Durchhaltevermögens. Charlie Chaplin verachtete Hollywood, und es konnte sich schließlich seiner entledigen. Das war nicht sehr schwer. Falsche Moralvorstellungen und die Anschuldigung, ein Kommunist zu sein, reichten aus. Mit Mauritz Stiller war das noch einfacher. Es genügte, das Gerücht zu verbreiten, daß es schwierig sei, mit ihm zurechtzukommen, und daß er langsam und pingelig arbeite.

Die Garbo sah sich nun der beängstigenden Dummheit Hollywoods allein gegenübergestellt. Die Publicity-Abteilung der MGM nahm sie unter ihre Fittiche. Sie setzten sie neben einen zahmen Löwen, legten ihr ein Tigerbaby in den Arm, steckten sie in Shorts und Sporthemd, um sie inmitten der Leichtathletik-Stars der University of Southern California zu fotografieren. Im gleichen Aufzug wurde sie mit Dean Cromwell fotografiert, einem berühmten Leichtathletiktrainer jener Zeit, und es sah aus, als wolle sie gerade zu einem 100-Meter-Lauf starten. Dean Cromwell hält eine Startpistole in der Hand, und man hat den Eindruck, er wolle sie erschießen. In diesen Werbeaufnahmen wirkt sie wie ein Einhorn in einer Herde von Eseln.

Die Garbo, eingerahmt von den Leichtathletik-Stars der University of Southern California

Der Kameramann William Daniels rettete *The Temptress* vor dem totalen Reinfall. Er stand schon in *The Torrent* hinter der Kamera und wird auch fast alle ihre anderen Filme fotografieren. Er war von der Feinheit ihres Gesichts fasziniert und machte verschiedene Beleuchtungsexperimente, bis er genau die Wirkung erzielt hatte, die er sich vorstellte. Während ihrer ganzen Filmkarriere stand sie ihm sehr nah. Sie machte ihm Geschenke, erinnerte sich seines Geburtstag, denn sie erkannte ihn als Profi an, während die meisten ihrer Regisseure den Eindruck von Amateuren auf sie machten.

Die Geschichte *The Temptress* war als eine Bearbeitung einer Bearbeitung vollkommen wirr geworden. Elena, die Marquise de Torre Bianca ist die Geliebte von Fontenoy. Ihr Mann weiß davon. Elena leidet unter einem unstillbaren Hunger nach Männern, die sie einen nach dem anderen zerstört. Der Marquis selbst ist der letzte ihrer Eroberungen. Auf einem Maskenball macht sie ihn darauf aufmerksam, daß es mit ihnen zu Ende ist. Als sie inmitten maskierter Tänzer herumwirbelt, erkennen wir plötzlich, daß sie von Robledo, einem argentinischen Ingenieur verfolgt wird. Sie legen beide ihre Masken ab und fallen sich in die Arme, und eine leidenschaftliche Romanze beginnt. Da Robledo jedoch völlig nichtssagend ist, ist es nicht einzusehen, warum sie ihn so liebt. Robledo, von Antonio Moreno dargestellt, ist wieder einer dieser unpassenden Liebhaber, die in den Armen der Garbo liegen. Offenbar hat der Besetzungschef sie, bevor er die Rollen vergab, niemals miteinander gesehen.

Die Geschichte spielt in Paris und Argentinien, was nicht sehr überzeugend dargestellt ist, da die Dekorationen sichtbar aus Pappmaché und Gips hergestellt sind. Die Garbo steigt in Paris die gleichen Treppen hinab wie in Argentinien. Die Männer, die am Fuße der Treppe stehen, sind von Ehrfurcht erfüllt, als sie ihr das erste Mal begegnen, und sie sind schon völlig verrückt, als sie noch nicht die erste Hälfte der Stufen überschritten hat. Sie wird als eine Frau gezeigt, die nur eisige Verachtung für Männer übrig hat, doch jeder ihrer Blicke und jede Bewegung sagen etwas anderes. Warum hat sie so viele Leben ruiniert? Der Untertitel erklärt das: weil Männer sie nie ihrer selbst wegen begehrten, sondern nur wegen ihres Körpers. Das ist nicht sehr überzeugend. Als sie nach Argentinien kommt, auf der Suche nach Robledo, versetzt es den Zuschauer in Erstaunen, daß Robledo sie nur uninteressiert zur Kenntnis nimmt. Er widmet seine Aufmerksamkeit dem Bau

Die Garbo als Elena de Torre Bianca in ›The Temptress‹ (Totentanz der Liebe, 1926) von Fred Nibls, Mauritz Stiller

In ›Totentanz der Liebe‹, 1926

des Staudammes und überwacht die Arbeit seiner Landarbeiter, anstatt sich ihr in Liebe hinzugeben. Er hält sich in seinem Haus auf. Der Bandit Manos Duras hat von ihrer Schönheit gehört, begehrt sie und möchte sie auf seinem Pferd entführen. Zwischen Robledo und Duras kommt es zu Spannungen und damit zu jenem Duell mit den Ochsenpeitschen. Das hätte eine aufregende Szene werden können, aber die Peitschen sind aus Seide, und die Wunden sind sichtbar aufgemalt. »Ich fürchte dich nicht, Manos Duras«, sagt Elena, als der Bandit sie rauh in die Arme nimmt. Dies ist ein Moment großer Gefahr, aber das Duell ist weit weniger aufregend, als das Gesicht von Elena, wenn sie von einem Fenster aus heimlich die Duellanten im Hof beobachtet. Das Duell ist für die Männer ungefährlicher, als das weiße Gesicht des Mondes, der über der Szene steht.

Spanien und Argentinien sind schon zum zweiten Mal Spielorte in einem Garbo-Film. Es schien so, als unterlägen sie dem unwiderstehlichen Zwang, die Leichtgläubigkeit des Publikums zu strapazieren, sie in die unwahrscheinlichste Ausstattung hineinzusetzen und unerträgliche Bürden auf sie zu laden. Sie überwand diese Schwierigkeiten. Nur diese männlichen Charaktere, obwohl sie auf der Leinwand präsent waren, wirkten so inkonsequent, daß sie nicht wirklich zu existieren schienen. Es ist unvermeidlich, daß Manos Duras Rache schwört. Es ist unvermeidlich, daß er den Damm in die Luft gehen läßt. Es ist unvermeidlich, daß er für Elena eine Nachricht hinterläßt: »Meine Lieder konnten Dein Herz nicht erreichen – vielleicht gefällt Dir eine Symphonie aus Dynamit besser.« Robledo stolpert in einer dunklen, schrecklichen Nacht hinaus, um die Ruinen des Dammes abzustützen. Er geht in ihr Zimmer, entschlossen, sie umzubringen, da sie der Grund all dieses Mißgeschicks ist, aber er tötet sie nicht. Sie stürzen einander in die Arme, und der Film hätte hier nun logischerweise enden können, doch statt dessen geht sie durch die Nacht davon und reist nach Paris, ihn mit seinen Sorgen allein lassend.

Sechs Jahre sind vergangen, als Robledo, elegant gekleidet mit Cut und Zylinder und von seiner neuen Frau begleitet, Paris besucht. In einem Straßencafé trifft er auf die frühere *femme fatale*, sitzend an einem kleinen Marmortischchen. Sie starrt vor sich hin und erkennt ihn nicht. »Kennst du mich nicht?« fragt er. »Ich kenne soviele Männer«, antwortet sie hoffnungslos. »Elena, kann ich irgendetwas für dich tun?« »Ja, zahl mir einen Drink.« Sie blickt hilflos auf, und es ist ihr, als wäre der bärtige Robledo Chri-

In ›Totentanz der Liebe‹, 1926

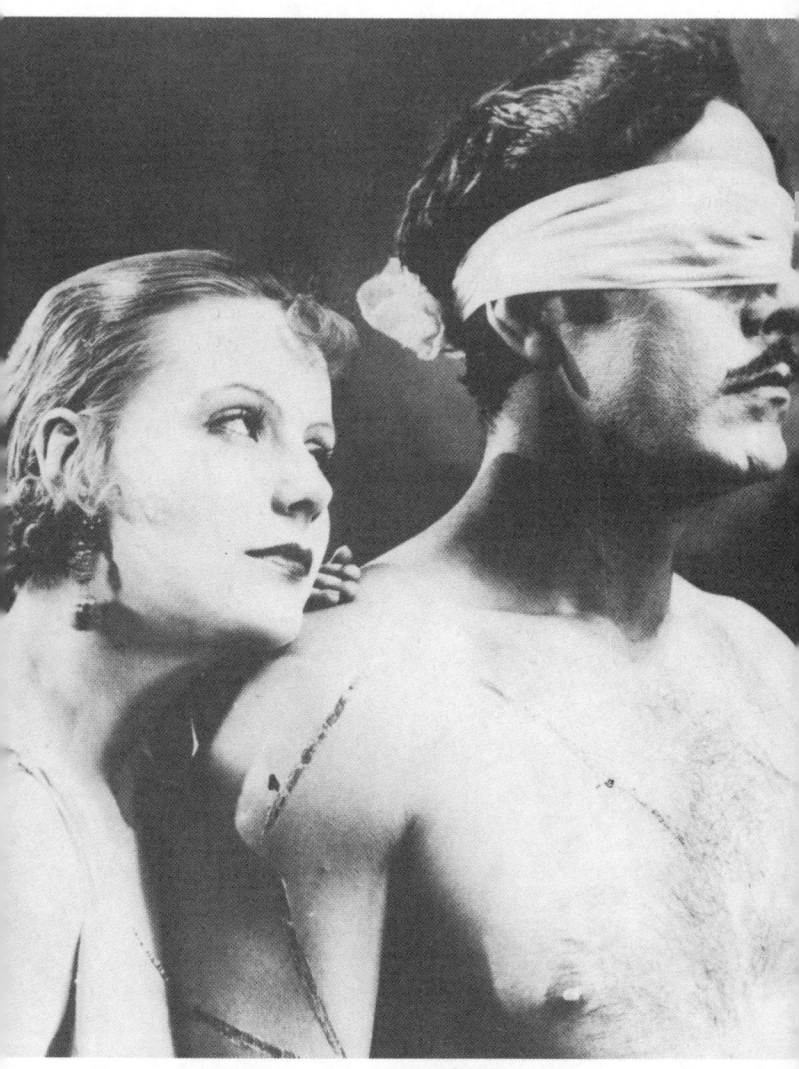

Die Garbo mit Ricardo Cortez in ›Totentanz der Liebe‹, 1926

stus, der sie mitleidig anblickt und sie gleichzeitig für ein Leben verurteilt, das unwiderruflich dem Bösen geweiht ist. Die Garbo und der anklagende Christus! Es ist eine tolle Gegenüberstellung, aber Gott sei Dank dauert die Szene nur so lange, wie sie braucht, um den Kopf zu heben, den Rubinring vom Finger zu streifen und ihn ihm zu geben und zu sagen: »Du bist aus Liebe gestorben.« Dann löst sich das Christusgesicht in das Puttengesicht Antonio Morenos auf, der säbelrasselnd durch den ganzen Film geht, mit geschwollenem Kamm und hochhackigen Reitstiefeln, steif wie eine Gipsfigur, nur ansehnlich, wenn er seinen Oberkörper freimacht. Seine Brust ist kreuz und quer mit Wunden bemalt, die keinesfalls wie Striemen von einer Ochsenpeitsche aussehen. Christus verschwindet, Antonio Moreno bleibt.

The Temptress war ein aufsehenerregender Film oder, besser, ein Film mit viel Spektakel. Wir sehen den Dammbruch und die sich über das Land ergießenden Fluten, das Leben in der Pampas, die Bauern, wie sie hochrädrige Karren fahren, das gemalte Duell, wilde Freßgelage am Anfang, auf die ein Dinner für hundert Gäste bei Fontenoy folgt. Hier und dort ist noch ein Einfluß Stillers zu spüren. Während *The Torrent* eine Art Direktheit der Aussage besitzt und eine mehr oder weniger verständliche Geschichte erzählt, leidet *The Temptress* unter der Grobheit der Charaktere, dem chaotischen Drehbuch und der Unfähigkeit, eine Geschichte zu Ende zu erzählen, um statt dessen ständig in Mythologien abzuschweifen. So wird Manos Duras zu einem geilen Teufel, Anlaß allen Übels und Anführer der Dämonen. Aus Robledo wird der rührend gutmütige Christus. Die Garbo übernimmt die Rolle der Maria Magdalena oder wird, ganz in Weiß mit einem Spitzenhütchen, steifem venezianischen Kragen, kurzum zur heiligen Jungfrau Maria, zu deren Füßen Robledo flehentlich kniet. Religiöse Untertöne wurden immer dann angewendet, wenn die Handlung abzusacken drohte und den Verantwortlichen nichts mehr einfiel. Daß der Film auf eine moralische Aussage abzielt, beginnt man bereits am Anfang des Filmes zu ahnen, wenn uns ein Zitat des indischen Weisen Rabindranath Tagore auf den Film einstimmen soll: »O Frau, du bist nicht nur eine Schöpfung Gottes, sondern auch eine des Menschen!«

Die Garbo haßte den Film, als er fertig war, und auch Stiller war wegen des Mißbrauchs seines Protegés derartig aufgebracht, daß er der MGM einen Prozeß anhängen wollte. Stiller wußte, daß *The Temptress* der Garbo sehr schaden würde, die durch den Film zum

Vamp abgestempelt war. Sie sollte von nun an bis an das Ende ihrer Filmkarriere die Rolle der männermordenden Frau spielen.

Ihre Freunde in Schweden bat die Garbo für diesen Film um Vergebung. Sie schrieb: »Schrecklich, die Geschichte, die Garbo, alles ist so verkommen. Ohne Übertreibung – ich bin einer Kritik nicht würdig.« Aber als der Film am 10. Oktober 1926 im Capitol-Theater in New York anlief, wurde sie von den Rezensenten gefeiert, die sich weniger für den Inhalt des Film interessierten, sondern sie schenkten ihr, ihrer Körperhaltung, ihrer Grazie, ihrer Schönheit und ihrer schauspielerischen Leistung ihre ganze Aufmerksamkeit. Die *New York Times*, die *New York Herald Tribune* und der *New York Mirror* waren gleichermaßen begeistert. Robert E. Sherwood, der für die alte *Life* schrieb, bezeichnete sie als die »Traumprinzessin« und sprach von der »Kraft ihrer Reize«. Alle bewunderten ihre Schönheit, und keiner schien sich viel darum zu kümmern, was sie tat und was die Story mit ihr machte. Es genügte ihnen, sie anzuschauen und ihre Gegenwart zu genießen.

Für Stiller und die Garbo war *The Temptress* eine schmerzliche Erfahrung. Die Garbo erinnerte sich als ein mit dem Schicksal verbundenes Bild daran, da ihre Schwester Alva, auch eine vielversprechende Schauspielerin, während der Aufnahmen gestorben war. Alva war erst 22 Jahre alt. Sie hatte einige kleine Rollen in schwedischen Filmen gespielt und hoffte auf eine Hauptrolle in nächster Zeit. Die Schwindsucht hatte sie dahingerafft. Als die Garbo nach Schweden zurückkehrte, sah sie sich die Filme ihrer Schwester an und war verwirrt, eine Tote auf der Leinwand wiedererwachen zu sehen.

Obwohl Stiller von der MGM keine Arbeit erhielt und sozusagen geächtet war, bekam er doch entsprechend seines Vertrages drei Jahre lang seine Gage. Innerlich war er gebrochen durch die Behandlung, die ihm seitens der MGM widerfuhr. Langsam entfernte er sich auch von der Garbo. Aber es gab auch viele in Hollywood, die ihn schätzten. Ganz langsam begann er wieder unter Leute zu gehen, Kollegen zu treffen, über seine Pläne zu sprechen und seine Drehbücher zu diskutieren. Aber die MGM interessierte sich nicht dafür; sie seien nicht amerikanisch genug, was sicher stimmte, aber daß sie schlecht geschrieben wären, traf nicht zu. Eines dieser Drehbücher nach dem Stück *Hotel Stadt Lemberg* des ungarischen Dramatikers Lajos Biro handelte von einem heruntergekommenen Hotel in Polen nach dem Ersten Weltkrieg, wo sich ein Zimmermädchen versteckt und sich in einen Offizier der österreich-ungarischen Armee verliebt. Stiller meinte, daß die Rolle des Stubenmädchens für die Garbo wunderbar wäre, aber die MGM zeigte kein Interesse. Erich Pommer, der ehemalige Produktionsleiter der UFA, der wie so viele Filmemacher nach Hollywood gegangen war und nun bei der Paramount arbeitete, sah in der Rolle des Stubenmädchens Pola Negri. Stiller ging von der MGM weg zur Paramount, drehte den Film unter dem Titel *Hotel Imperial* und bewies, daß er nichts von seinen Regie-Fähigkeiten eingebüßt hatte.

Am Anfang sehen wir die Nachzügler der österreich-ungarischen Armee durch den Nebel marschieren und die Ankunft des niedergeschlagenen Offiziers im Hotel. Diese Szenen gehören zu den besten, die Stiller gedreht hat. Der Film wurde in Hollywood ein beachtlicher, aber auch der letzte Erfolg von Stiller. *A Woman on Trial* und *Barbed Wire*, die er beide 1927 mit Pola Negri drehte, wurden Mißerfolge. Der Mißerfolg begann mit einem Skript von Josef von Sternberg – der amerikanische Regisseur, der mit Marlene Dietrich 1930 den *Blauen Engel* drehen sollte – der eine unwahrscheinliche Story über einen Londoner Gangster geschrieben hatte, der sich in ein Mädchen der Heilsarmee verliebte und sie aus dem Feuer rettete. Stiller liebte Feuer über alles, aber von London hatte er nur sehr verschwommene Vorstellungen. Er begann mit der Inszenierung des Films, doch er wurde krank und kehrte überstürzt nach Stockholm zurück.

Das war das Ende, und er wußte es. Inzwischen weißhaarig geworden, mit tiefen Furchen im Gesicht und einem schweren Rheumaleiden und zitternden Gliedern kam er nach Schweden zurück, um zu sterben. Er besaß so etwas wie den siebten Sinn, denn er ahnte, als er nach Amerika abreiste, daß die Reise für ihn eine Katastrophe und für die Garbo ein Triumph werden würde. Und so geschah es dann auch. Er hatte auch immer geahnt, daß Einar Hanson einmal bei einem Autounfall umkommen würde, und auch das geschah. Am 3. Juni 1927 verlor Hanson die Kontrolle über seinen Wagen auf der Pacific Coast Highway in Santa Monica, ein paar Augenblicke, nachdem er eine Stiller und Garbo zu Ehren gegebene Party verlassen hatte, und starb. »Das Schicksal hat mir dumme Streiche gespielt«, beklagte sich Stiller, und manchmal fragte er sich, was geschehen wäre, wenn er den Versuchungen Amerikas widerstanden hätte und weiterhin Filme in Schweden gemacht hätte.

Im Herbst 1928 war er so krank, daß er ins Hospital eingeliefert werden mußte. Er wußte, daß er es nicht wieder lebend verlassen würde. Victor Sjöström besuchte ihn dort. Stiller weinte wie ein Kind, trank Champagner aus einem Sherryglas, sprach wirr über neue Filmprojekte, und als die Schwester kam, um den Besucher zu bitten zu gehen, war er verzweifelt. Mit tränennassem Gesicht klammerte er sich an Sjöström und weigerte sich, ihn gehen zu lassen. »Ich möchte dir eine Story für einen neuen Film erzählen«, sagte er. »Es wird ein guter Film sein, er handelt von menschlichen Wesen, und du bist der einzige, der ihn machen kann!« Die Schwester war unerbittlich. »Sie müssen jetzt gehen«, sagte sie, und Sjöström hatte gerade noch Zeit zu sagen: »Ich komme morgen früh wieder und dann erzählst du mir die Geschichte.« Stiller weinte in den Armen der Schwester und streckte die Hände verzweifelt nach dem Besucher aus.

Als Sjöström am nächsten Morgen ins Krankenhaus kam, konnte Stiller kaum noch sprechen. Er blickte seinen Freund starr an, aber von seinen Lippen kam kein verständliches Wort mehr. Er starb am darauffolgenden Tag. Es war der 8. November 1928, und er war erst 45 Jahre alt. Als er starb, hielt er das Bild in der Hand, das Genthe kurz nach ihrer Ankunft in New York von der Garbo gemacht hatte.

Es gab kein Testament. Er hinterließ keinen Besitz. Er wurde auf dem Nordfriedhof von Stockholm begraben, auf einem für Juden reservierten Platz. Einige Monate später erhielt die Garbo einen Brief, in dem sie gefragt wurde, ob sie als Erinnerung an ihn auf irgendwelche Möbel Wert legte. Sie bat um den schweren Eichensessel, der einst in der Eingangshalle seines Hauses gestanden hatte. Es war der Sessel, in dem sie gesessen hatte, um ihm das erste Mal vorzusprechen, und von dem aus ihre Karriere begonnen hatte.

Lust und Teufel

Mein Junge, wenn der Teufel dich nicht durch den Geist erreicht, dann erschafft er eine Frau, die schön genug ist, um dich in Versuchung zu führen.

Aus Flesh and the Devil

Aus der Nähe gesehen, war John Gilbert nicht ganz das Idol eines jugendlichen Liebhabers. Er hatte hervorstehende Augen, eine Knubbelnase, einen dünnen Hals, aber Zähne, die aus feinstem Carrara-Marmor gemacht schienen. Er hatte einen komischen, stolzierenden Gang und sprach mit einer Fistelstimme. Es ist nicht zu leugnen, er war hübsch, und er führte sich wie ein Mann auf, der es verstand, alle Hindernisse aus dem Wege zu räumen. Er galt als etwas verrückt und verwegen. In den Augen der MGM war er jedenfalls die ideale Ergänzung zu der kühlen, zurückhaltenden Garbo.

Zu dieser Entscheidung gelangte man nach langen und sorgfältigen Überlegungen. Gilbert erhielt zu dieser Zeit eine wöchentliche Gage von 10 000 Dollar. Er war das teuerste Pferd im Stall. Die Bedenken gegen die Garbo waren noch nicht ganz ausgeräumt, und die neuen Filme würden wesentlich von der Popularität John Gilberts abhängen. Wunderbar war er in Erich von Stroheims *The Merry Widow* (Die lustige Witwe, 1925), und er war ein glaubhafter, flotter und gutherziger Infanterist in *The Big Parade* (Die große Parade, 1925), der der MGM mehr Geld einbrachte als irgendein Film zuvor.

Aber jetzt suchte man nach einer Liebesgeschichte. Die Wahl fiel unerwarteterweise auf eine schwülstige Romanze von Hermann Sundermann, *The Undyind Past* (Es war).

Es war eine sehr eigenartige Wahl, da sich selbst der unbefangenste Leser fragen würde, wie ein Film aus dieser Geschichte zu machen ist, in der zwei junge deutsche Adelige in Sentimentalität ertrinken. Benjamin F. Glazer, der Drehbuchautor, hatte eine noch verwirrendere Filmfassung geschrieben. Auch Clarence Brown, der Regisseur, vermochte durch seinen schwerfälligen Stil den Film nicht gefälliger zu machen. Später sagte er, daß keine Regie ihm jemals leichter gefallen wäre, als diese. Das mag daran ge-

Die Garbo in ›Es war‹, 1927

legen haben, daß er selbst sehr sentimental war. Wir hören ihn förmlich sagen: »Fräulein Garbo, werden Sie jetzt wütend, ringen Sie die Hände und fühlen Sie sich wie vom Teufel geplagt.« Die Garbo gehorchte, aber sie war wesentlich wirkungsvoller, wenn sie die gewünschten Bewegungen übersetzte, indem sie mit den Augen flackerte, plötzlich zur Seite sah oder die Lippen verzog.

Es gibt Augenblicke von besonderer Kraft und Schönheit in *Flesh and the Devil* (Es war, 1927), aber sie gehen eher auf das Konto des Kameramannes William Daniels, als auf das des Regisseurs. Daniels bestand auf Nahaufnahmen, selbst dann, wenn Brown eine Totale oder Halbtotale wollte. Zum ersten Mal erhielt das Gesicht der Garbo die wahre Dimension. Ihr Ausdruck hatte bereits diesen Hauch von Autorität wie in *Gösta Berling*, aber in diesem Film wird ihr Gesicht zum Hauptthema. Die Kamera umkreist den ganzen Film hindurch ihr Gesicht, prüft es minutenlang, bewegt sich von einer Seite zur anderen, Schatten werden auf ihr Gesicht geworfen, Licht erhellt es wieder, und jedes Detail wird auf diese Weise vor uns ausgebreitet. Es hatte vorher noch nichts Vergleichbares gegeben. Wenn wir den Film heute sehen, gewinnen wir die seltsame Vorstellung, daß, wenn immer die Garbo in Nahaufnahme erscheint, wir zu einer vertrauten Landschaft zurückkehren und dennoch Details finden, die wir genauer studieren müssen, während der Rest des Films ein unwichtiges Schattenbild ist.

Das war eine neue Garbo, nur entfernt verwandt mit der aus *Gösta Berling* und *Die freudlose Gasse*. Kummer und Erfahrungen hatten ihr Gesicht verfeinert, es war gezeichnet vom Tod der Schwester Alva und von dem Wissen, daß sie von Stiller für immer getrennt war. Sie hatte das Gesicht einer Frau, das Gesicht eines Menschen, der aus einer Tragödie emporgestiegen war und weiß, daß er ihr wieder begegnen wird. Es gibt aber auch Augenblicke in *Flesh and the Devil*, da ihre Züge hart und schrecklich und übermenschliche Kräfte zu besitzen scheinen, die weder der Kameramann noch der menschliche Geist zu verstehen vermag.

Das Publikum war sich zu jener Zeit bewußt, daß da etwas für die Leinwand entdeckt worden war, das sie verwirrte und faszinierte. Das Gesicht der Garbo erschien, und man konnte ringsum alles vergessen. Es schien, als sei es nicht Blut, was durch ihre Adern floß. Die erste und beste Naheinstellung fand nachts in einem Garten bei dem Licht eines Streichholzes statt, das Gilbert hielt, um ihr Gesicht zu beleuchten. Im Flackern des Lichtes waren ihre Lippen bleich, schwere Schatten umringten ihre Augen, und in diesem Licht schien ihr Blick geisterhaft. Tatsächlich war diese sorgfältig vorbereitete Szene vollkommen künstlich. Gilbert zündete zwar ein Streichholz an, aber im gleichen Moment leuchtete auch ein Magnesium-Scheinwerfer auf, der die Garbo blendete. Die Zuschauer sahen ein in Unbeweglichkeit erstarrtes Gesicht mit grotesken Schatten, geblendet, steinern. Ihr Kopf hatte etwas von einem Totenkopf, der um so schrecklicher war, als sie nur ein paar Augenblicke vorher sinnlich eine Zigarette zwischen ihre Lippen steckte. Sie hatte mit Gilbert getanzt. Von Leidenschaft überwältigt, stehlen sie sich in den Garten hinaus. Gilbert fragt: »Wer bist du?« Sie weicht aus. Dann gibt Gilbert ihr die Zigarette, die sie zwischen ihren Lippen rollt und dann in seinen Mund steckt. Dann, nachdem er das Streichholz für eine längere Zeit gehalten hat, bläst sie es aus. »Du weißt«, sagt er, »wenn man ein Streichholz ausbläst, ist das eine Aufforderung zum Kuß.«

Es gab noch viele eindringliche Passagen in diesem Film, aber wie so oft, war die erste Ankündigung des Themas die beste. Wenn die Garbo in Gilberts Arme fällt, scheint der Akt der Verführung schon vollkommen; die unheimliche Kraft des Films, die Erfüllung eines sexuellen Erlebnisses bereits vorzuspielen, obwohl sich die Liebenden erst küssen, kommt gänzlich zum Tragen. Es ist nicht notwendig, die Garbo in der nächsten Szene zu zeigen, wie sie in voller Länge auf der Couch liegt, den Kopf von Gilbert im Schoß, und die sexuelle Erschöpfung ist ihr ins Gesicht geschrieben. Diese Szene ist sehr gut gelungen. Noch einmal fährt die Kamera hoch, nah an ihr Gesicht. Nie sah Gilbert hübscher aus und die Garbo nie wollüstiger, mit einem bestickten Morgenmantel aus Seide bekleidet, an dem die Schlingen der Stickerei wie das Licht auf einer damaszierten Klinge glitzern. Zuvor hatten wir sie beide in ihren schweren schwarzen Pelzen gesehen und dann sie in weißem Tüll im Garten, aber in diesem bestickten Gewand sah sie wie eine Königin aus. Diese Szene wurde mit sehr viel Zartheit gespielt. Ein weißer Arm blitzt auf, der Kopf der Garbo beugt sich zu Gilbert hinunter, und sie küssen sich langsam und hungrig. Aber es gibt keinen schmetternden Schlag, wenn sich die Liebenden wiederfinden. Sie haben ihre Leidenschaft befriedigt, aber sie sind füreinander bereit, weil die Leidenschaft nicht aufhört. Es ist wichtig, daran zu erinnern, daß all dies nur die Fortsetzung der Szene ist, in der die Garbo geisterhaft im Licht des Streichholzes erscheint. Eigentlich wurde in dieser Szene alles bereits gesagt, so daß das Restliche nur noch Dekoration ist.

Greta Garbo mit John Gilbert in ›Flesh and the Devil‹ (Es war, 1927) von Clarence Brown

Die Garbo mit John Gilbert in ›Es war‹, 1927

Greta Garbo mit John Gilbert in ›Es war‹, 1927

Diese Liebesszene ist mit ihrer beiläufigen Heftigkeit auch deshalb erinnerungswürdig, weil Gilbert nicht im Hintergrund verschwindet. Meist, wenn die Garbo die Rolle einer Geliebten spielt, erscheint der Liebhaber hoffnungslos unangemessen, ganz gleich, wie schön und begehrenswert er ist. Die Liebhaber bleiben im Schatten; sie werden in ihrer Gegenwart nur zugelassen, um ihrer Bewunderung Ausdruck zu geben, dann verschwinden sie und überlassen die männlichen Zuschauer ihrer Phantasie, während das weibliche Publikum sich mit der Göttin identifiziert.

Es war etwas Neues geschehen, als die Garbo das erste Mal in Nahaufnahme zu sehen war. Es war gleichzeitig vieldeutig und sehr einfach: vieldeutig, weil die Zuschauer an diese Schönheit nicht gewöhnt waren und unvorhersehbar reagierten, und einfach, weil dieses Bild die Qualität der Endlichkeit hatte. Vorher kam der Film der Schönheit in der Gestalt von Rudolph Valentino als romantischer Liebhaber in *The Eagle* (Der Adler, 1925), am nächsten, der er die Verkörperung Apolls zu sein erschien. Für die Zuschauer zählten nur sein Gesicht und seine eigenartigen schleichenden Bewegungen. Seine Abenteuer, seine Wutausbrüche und seine Frauen waren schnell vergessen. Was blieb, waren das Gesicht, die Grazie und der Ausdruck seiner Gegenwärtigkeit. Clarence Brown, unter dessen Regie Valentino arbeitete, war so klug, das zu erkennen. Wenn Valentino sich nur an ein Kissen lehnte und lächelte, wußten die Zuschauer, warum er lächelte, und wenn sie es nicht wußten, fanden sie ausreichende Gründe dafür. Die lange und offensichtlich bedeutungslose Nahaufnahme, die Nahaufnahme um ihrer selbst willen, war geboren. Mit der Garbo wurde die Nahaufnahme zum Grundbestandteil ihrer Filme. Sie waren unvermeidlich, wurden begierig erwartet, und sie blieben im Gedächtnis, und die Zuschauer erinnerten sich eher an diese Aufnahmen als an die Story. Sie erinnerten sich an das schöne Gesicht, in das sie hineinsehen konnten, was sie wollten.

Flesh and The Devil zeichnete sich durch seine vielen Nahaufnahmen aus. Sieben gab es in *Die freudlose Gasse*, fünf in *The Temptress*, vier in *The Torrent* und zwölf in *Flesh and The Devil*. Regisseur und Zuschauer entdeckten zu ihrer Überraschung, daß ein Bild oft wirkungsvoller war, wenn sich sichtbar nichts bewegte, wenn zum Beispiel die sichtbare Bewegung aufhörte und die Zuschauer die Gedanken sich schattenlos durch ein schönes Gesicht bewegen sahen.

Greta Garbo mit John Gilbert in ›Es war‹, 1927

Mit Ausnahme von *Romance* (Romanze, 1930) war *Flesh and The Devil* der dümmste Film, in dem die Garbo mitspielte. In den Passagen, in denen der Film nicht ausgesprochen dumm war, war das Drehbuch von Glazer schlecht. In Sudermanns Liebesgeschichte gab es noch das klassische Thema von den Sünden der Väter, wegen derer die Kinder heimgesucht werden, aber der Drehbuchautor verwandelte die Geschichte in eine banale Eifersuchtsstory inmitten teutonischer Nebel, bestückt mit Rückblenden in die geheimnisvolle Vergangenheit, in der unwahrscheinliche Kinder unwahrscheinliche Eide schwören zwischen den gleichen Rokoko-Seen und -tempeln, die normalerweise den Fotografen als Background dienen. In diesem Film war überhaupt nichts wirklich. Aber das spielte keine Rolle, die Garbo war ja da.

Die Geschichte beginnt in der Kaserne. Leo von Harden (John Gilbert) ist ein Wüstling, der die Nacht in der Stadt verbracht hat. Als bei Tagesanbruch entdeckt wird, daß er noch nicht zurückgekehrt ist, entschließt sich sein Kamerad Ulrich von Eltz (Lars Hanson), ein Paar Stiefel und eine Waschschüssel unter die Decke zu stecken, so daß es aussieht, als schliefe er. Danach läuft Eltz zitternd und mit schlotternden Knien zum Exerzierplatz. Er hat für seinen Freund getan, was er tun konnte, denn Harden hat eine harte Strafe zu erwarten, wenn seine Abwesenheit bekannt wird. Wir sehen den Exerzierplatz mit Hunderten von Soldaten in Reih und Glied. Eltz brüllt einfach »hier«, als sein Freund aufgerufen wird. Darauf folgt die Inspektion der Kaserne, und der Zuschauer glaubt, daß der cholerische General die Stiefel und die Waschschüssel finden wird, wenn er die Stube von Harden inspiziert. Der General schreitet grimmig zum Bett, aber als er die Decke zurückschlägt, liegt Harden dort und klagt über Unwohlsein. Der General ist sympathisch, und als er gerade die Kaserne verlassen will, beobachtet er, wie Eltz und Harden ausgelassen herumhüpfen, sich auf den Rücken schlagen und stolz darauf sind, daß sie den Alten angeschmiert haben. Aber der General ist nicht so dumm wie sie dachten. Nachdem er die Sache durchschaut hat, geht er wütend auf sie zu und befiehlt ihnen als Strafe, den Stall auszumisten. Die Szene endet im Stall, in dem die beiden naserümpfend Mistkarren schieben.

Dieser Anfang ist nicht besonders eindrucksvoll. Er lockt aus dem Publikum ein paar Lacher heraus, erzählt, daß Ulrich von Eltz und Leo von Harden Freunde sind, Harden so manche Nacht in der Stadt durchmacht, und daß sie beide Armeeoffiziere sind. Es ist ein eigenartiger Beginn für einen Film, der als Promotion für die Garbo in Amerika gedacht war.

Gilbert und Hanson kommen an der barocken Bahnstation von Schloß Hallowitz an, dem ehemaligen Sitz derer von Harden. Sie haben Urlaub und erwarten viel Tanzerei, Saufgelage und Fröhlichkeit. Die Garbo steigt aus dem Zug, sehr elegant gekleidet und sehr schön. Der erste Eindruck von ihr vermittelt einen Hauch von Fatalität. In kostbare Pelze gehüllt, heiter und großartig jenseits dieser Welt, betritt sie den Bahnhof, als käme sie aus dem Weltraum. Der Auftritt ist nur kurz, aber doch lang genug, um den gewünschten Eindruck zu hinterlassen. Gilbert ist überwältigt von ihrem Anblick und glücklich, als eine Rose aus ihrem Strauß zu Boden fällt. Er hebt sie auf, ein kleines Lächeln von ihr empfangend, das angetan ist, Männerherzen zu zerreißen. Er folgt ihr und wartet, bis sie in der bereitstehenden Kutsche Platz genommen hat, um ihr die Rose zurückzugeben. Sie schenkt ihm ein zweites Lächeln, ohne ihn weiter zu ermutigen, die Kutsche fährt los und niemand weiß wohin. »Sie muß zu den Gästen gehören, die auf den Ball in den Stoltenhof geladen sind«, sagt Gilbert überflüssigerweise, denn es gibt keine andere Erklärung für ihren Auftritt.

Eine Zeitlang verschwindet die Garbo von der Bildfläche, denn Gilbert, Hanson, Gilberts Mutter und Hertha Prochvitz, die Sandkasten-Liebe von Gilbert und Hanson, fahren zum Schloß Hallowitz. Mit einer Fähre setzen sie über den See, und durch den Nebel erkennen sie undeutlich eine geheimnisvolle Insel. »Das ist nur die Insel Schmiz«, sagt die Mutter Gilberts. Ein Beispiel mehr, Dinge so zu beschreiben, wie sie sind. Für Gilbert und Hanson ist es die Insel der Freundschaft. Nun folgt eine Rückblende auf einen antiken Tempel, wo sie sich als Kinder ewige Treue schworen und Blutsbrüder wurden. »Durch diese Handlung«, deklamieren sie, »sind wir in Armut und Reichtum, in Gesundheit und Krankheit in unsterblicher Freundschaft für immer miteinander verbunden.« Dieses Zelebrieren von *Bruderschaft* hat deutsche Qualität, ist geeignet für junge Stürmer und Dränger, aber wenig überzeugend. Nebel und Rauchschwaden schweben über dem Zuckerguß-Tempel, und eine zehnjährige Hertha schaut vollkommen verständnislos zu. Gott sei Dank tragen die beiden Jungen Matrosenanzüge in dieser ergreifenden Szene und haben somit wenig Ähnlichkeit mit Gilbert und Hanson. So hat die Rückblende keinen anderen Sinn, als ein Trostpflaster zu sein für die Abwesenheit der Garbo oder ihren Auftritt zu verzögern. Die Rückblende ist beendet, und die beiden Offiziere setzen ihre Reise fort. Hanson, der offenbar in einem benachbarten Schloß Unterkunft findet, winkt Gilbert zum Abschied mit einem Zweig. Die Kamera konzentriert sich von nun an auf Gilbert und seinen Empfang durch eine Armee von Domestiken. Der Hausdiener läßt sie in Reih und Glied Aufstellung nehmen, aber es stört ihn ein dicker Bauch, der hervorragt. Der Hausdiener haut auf den Bauch und späht nach weiteren Unregelmäßigkeiten und findet einen Kopf, etc. Diese Art der Szene ist offenbar von dem gleichen Autor verfaßt wie die Eingangsszene in der Kaserne. Dann befinden wir uns im Schloß Hallowitz, ganz Hollywood-Gotik mit barockem Einschlag, und Gilbert stolziert fröhlich in das Schloß seiner Ahnen.

Die erste Liebesszene folgt ziemlich rasch während des Balls, als Gilbert und die Garbo aus dem Ballsaal hinaus in den Garten tanzen. Die Liebesaffäre wird heimlich verfolgt. Einige Tage später erfährt er ihren Namen, Felicitas, und auch, daß sie einen Ehemann hat, Graf von Rhaden, der plötzlich auftaucht, während sie sich in den Armen liegen. Bei einem normalen Verlauf der Dinge würde man erwarten, daß er sich auf Zehenspitzen davonschleicht und Rat bei seinem Anwalt einholt. Aber Graf von Rhaden ist ein Mann, der an Ehre und Pflicht glaubt. Er schlägt Gilbert mit seinem Handschuh ins Gesicht, um anzudeuten, daß seiner Ehre Genüge getan werden muß, Schritt für Schritt: Sekundanten werden ernannt; der Ort des Duells wird festgelegt; das Duell wird stattfinden und nichts davon ist glaubhaft. Wir sehen die Garbo wieder, sie trägt einen Witwenschleier. Als Witwe überzeugt sie nicht, doch trägt sie ihre Witwenschaft mit Würde. Natürlich liebt sie Gilbert und machte nie einen wollüstigeren und begehrenswerteren Eindruck als in dieser Situation. Gilbert jedoch muß begreifen, daß diese Liebesgeschichte ein Ende nehmen muß, denn er ist vom Militär für fünf Jahre nach Deutsch-Südwestafrika versetzt worden, weil er sich verbotenerweise duelliert hat. Sie schwören sich gegenseitig ewige Liebe, und in den Augen von Gilbert, die Billardkugeln gleichen, liegt der Ausdruck hoffnungsloser Verzweiflung. Er reist nach Afrika ab. Der gutherzige Draufgänger findet sich widersinnigerweise mitten in der Wüste unter Palmen wieder, und man hat den Eindruck, als sei er der einzige Bewohner Afrikas.

Ich habe die Aufführungen von *Flesh and The Devil* gesehen, bei denen Gilberts Abreise mit Applaus bedacht wurde, und als er das erste Mal in deutscher Tropenuniform erscheint, gab es höhnisches

Gelächter. Das ist nicht ganz fair. Wenn Gilbert als Liebhaber der Garbo schon unpassend ist, so ist er noch deplacierter als deutscher Offizier in Südwestafrika. Er scheint sein Schicksal mit Fassung zu tragen, und das ist das Beste, was man über ihn sagen kann.

Das Gelächter hört sofort auf, sobald wir die Witwe Garbo sehen als Mahnmal des Kummers, wenn sie aus dem Fenster starrt, an dem Regentropfen entlangrinnen, und die Struktur auf ihr Gesicht fällt und die Tränen ersetzt, die sie nicht weinen kann. Diese Szene ist sehr ausgetüftelt, so daß die Widerspiegelung der Regentropfen ihre Wirkung nicht verfehlt und ihr eine seltsame, unterseeische Ausstrahlung verleiht. Ihr Gesicht ist still, die Regentropfen rinnen und beleben ihr Gesicht, und wir glauben beinahe, daß sie vom Schmerz getroffen ist. Diese Szene gehört zu den schönsten, die je mit ihr gedreht worden sind: das würdevolle und klare Gesicht, der Schleier der Regentropfen, das Gefühl der Auflösung. Sie wird vergehen; sie wird zu Regen werden, zu Luft, Wasser und Licht. Der Kameramann fotografierte ihr Gesicht und machte ihr Innerstes sichtbar.

Während wir sie noch betrachten, befiehlt der possierliche Geist, der über Hollywood-Filmen herrscht, den Auftritt des Lars Hanson, Gilberts Waffenbruder. Er ist gekommen, um ihr in der Einsamkeit als Witwe tapfer zur Seite zu stehen. »Ich bin im Auftrag meines besten Freundes zu Ihnen gekommen«, sagt er artig. »Kann ich irgend etwas für Sie tun, das Ihren Schmerz lindert? Sollten Sie jemals einen Rat brauchen, oder Geld, ich bin reich, und mein Geld ist auch das meines Freundes Leo.« Um ihm aus der Peinlichkeit der Situation herauszuhelfen, bietet sie ihm eine Zigarette an. Seine Hände zittern, als er das Streichholz anzündet. Es flackert in seiner Hand, und wir begreifen nun endlich, daß er in Liebe zu dieser Frau entbrannt ist, daß sie seine Geliebte, seine Frau sein wird, und daß sie füreinander bestimmt sind.

Armer Gilbert, verloren in der Weite Afrikas! Glücklicherweise hat ihm der gnädige Kaiser Strafaufschub gewährt, und die lange Reise zurück von Afrika ist erstaunlich kurz, dank filmischer Mittel: eine lange Einstellung auf ein Schiff auf hoher See und eine Nahaufnahme auf das Fahrgestell eines Zuges. »Felicitas! Felicitas!« sagen die Räder, während das Gesicht der Garbo über ihnen schwebt. Gilbert kommt am Bahnhof an, wo er von der Garbo und Hanson empfangen wird. »Willkommen zu Hause, Herr von Harden«, sagt die Garbo, während Hanson Salz in die offene Wunde streut mit den Worten: »Sie hat dir bereitwillig vergeben für das tragische Duell.« Es ist klar, daß die Garbo und Hanson verheiratet sind und Gilbert ausgeschaltet ist.

Da die Geschichte weitergehen muß, gibt es nur eine Möglichkeit, nämlich eine neuerliche Liebesaffäre zwischen der Garbo und Gilbert. Das kann im Film ganz einfach gelöst werden: Die Garbo lädt Gilbert zu einem heimlichen Rendezvous auf die Insel der Freundschaft ein. Pastor Voss, der dem Teufel gleicht mit seiner vogelähnlichen Hakennase, seinen buschigen Augenbrauen und den aufgeworfenen Lippen, fleht mit mephistophelischen Gesten Gilbert an, der Versuchung zu widerstehen. »Mein Junge, wenn der Teufel uns nicht durch den Geist erreichen kann, dann schafft er eine Frau, die schön genug ist, dich in Versuchung zu führen!« Er beschwört die Reinheit, das Sakrament und die Entsagung. Gilbert ringt mit seinem Gewissen, aber nicht lange. Die Garbo erscheint in der Kirche, und Pastor Voss, mehr Mephisto denn je, greift sie wegen ihrer Sinnlichkeit an. Mitten in der Kirche schminkt sie ihre Lippen; sie spielt offensichtlich mit der Zuneigung ihres Mannes, sie ist die Hure von Babylon. Ihre Liebe zu Gilbert hält an, was ihn wechselweise verrückt und glücklich macht. Nachdem er verkündet hat, daß er diese Doppelbeziehung nicht aushält und nur einen Ausweg sieht, die Sache zu einem Ende zu bringen – er wird sich erschießen –, nimmt er sie sogleich in seine Arme, als auch sie verkündet, daß sie sich töten werde und mit ihm gemeinsam sterben wolle im Namen der großen Liebe, die sie füreinander empfinden. Ein paar Augenblicke später, sein Gewissen belastet ihn, versucht er, sie zu erwürgen. Das Melodram ist grell und gewöhnlich und nicht sehr überzeugend dargestellt. Es ist einfach unvermeidlich, daß die Sünder gefunden werden. Es ist unvermeidlich, daß Pastor Voss sie mit der Bestrafung durch den Himmel das Fürchten lehrt. Es ist unvermeidlich, daß Hanson erfährt, daß die Garbo sich ungehörig benommen hat. Es ist unvermeidlich, daß auf der Insel der Freundschaft ein Duell stattfindet. Die Garbo erfährt als letzte davon. Wir sehen sie hastig über das Eis laufen; Schnitt auf die Duellanten, dann wieder auf die Garbo; wieder Schnitt auf die Duellanten, dann wieder auf die Garbo, ein weißes Gespenst, das über die Eisschollen stolpert. Die Duellanten erinnern sich ihrer Freundschaft und verzichten auf das Duell. Die Garbo bricht im Eis ein. Sie ertrinkt. An der Stelle, wo das Eis unter ihren Füßen nachgegeben hat, steigen aus dem dunklen Wasser wundersame Dinge empor. Ein Blatt Papier? Ihre Unterwäsche? Teile einer Tischdecke? Sie taucht nicht ein zweites

In ›Es war‹, 1927

Mal auf. Man weiß nicht genau, ob sie tot ist. Das Eis sieht aus wie weiße Pappe, und das Gesicht, das für einen kurzen Augenblick über dem dunklen Wasser erscheint, ist nicht das der Garbo, sondern das einer Puppe oder eines Doubles. So sollte es augenscheinlich auch wirken, denn ihr kühnes Ausschreiten durch Schnee und Eis ist eigenartig surrealistisch und unglaubwürdig. Die Hure von Babylon hat das Schicksal erlitten, das ihr gebührte, die Göttin ist verschwunden, Pastor Voss ist erhört worden, und die Pharisäer setzen ihr Leben unter der Sonne fort.

Das hätte das Filmende sein können, doch Hollywood fügte noch einen eigenen Kommentar hinzu. In den letzten Einstellungen sehen wir Gilbert genau das tun, wozu ihn das Schicksal eigentlich schon immer bestimmt hat: Er sitzt zu Füßen seiner alten Mutter, mit ausgestreckten Händen einen Strang Wolle haltend, während das Licht des Himmels auf das Haar der alten Dame fällt. Sie lächelt ihn süßlich an, was er ebenso süßlich erwidert, Hertha, die plattgesichtige Jugendliebe, beschließt endlich, daß sie nun genug hat; es ist Zeit, zu gehen, und sie verläßt das Haus; sie steigt in die wartende Kutsche. Und so geht die Geschichte schließlich aus: Gilbert träumt, daß er hinter der Kutsche herläuft, um die Handgelenke den Wollstrang, während Hertha noch immer geziert lächelt. Dann bemerkt sie, daß der Mann sie verfolgt, den sie am meisten begehrt, und geschwind springt sie aus der Kutsche in seine wolligen Hände.

Flesh and The Devil ist ein unbekannter und ärgerlicher Film, aber das liegt weder an der Regie von Clarence Brown noch an irgendeinem Schauspieler. Er hat unfreiwillige komische Szenen, aber von einer Tragödie kann nicht die Rede sein. Selten gibt es erregende Lust zu sehen oder einen wirklichen Teufel. Doch zeigt der Film die Grenzen der Schauspielerei der Garbo, denn es gibt Szenen, in denen sie sehr unzulänglich, aber auch solche, in denen sie besonders schön ist. Zu einer solchen gehört beispielsweise jene, in der sie hinter der tropfnassen Fensterscheibe steht, und die Liebesszene am Anfang des Films. William Daniels, der auch schon *The Torrent* fotografiert hatte, lernte sie immer besser kennen und entwickelte eine ganz besondere Art und Weise, ihr Gesicht auszuleuchten, so daß es aussah, als würde es von innen erhellt. Die Liebesszenen sind ihm gelungen, aber den Rest des Films hatte er nachlässig fotografiert, doch verstand er es, die Feinheiten des Gesichts der Garbo herauszuarbeiten.

Der Film war in der Hauptsache ein Kassenerfolg, weil das Publikum von den Liebesszenen fasziniert war und an eine tatsächliche Liebesaffäre zwischen der Garbo und Gilbert glaubte. Der 29jährige Gilbert und die 21jährige Garbo schienen ein ideales Liebespaar zu sein. Die Gerüchteküche der MGM gab ständig neue Bulletins heraus, um die Neugier des Publikums zu befriedigen. Clarence Brown verkündete, daß er es nie leichter hatte, einen Film zu inszenieren als diesen, weil die beiden Hauptdarsteller bereits in Liebe entbrannt waren. »Ich erhielt die besten Liebesszenen, die je auf Zelluloid gebannt wurden«, erklärte er. »Ich arbeitete mit Rohmaterial. Sie sind in diesem seligen Zustand der Liebe, der wie eine rosarote Wolke ist, hinter der sie sich verborgen glauben, aber ebenso darin verloren sind.« Keiner, der heute diesen Film sieht, kann sich ernsthaft vorstellen, daß sie leidenschaftlich ineinander verliebt waren; sie schauen eher wie zwei enge Freunde aus, die eine Scharade aushecken, selbst ein wenig unsicher und verwirrt wegen der Anforderungen, die man an sie stellt. Die Leidenschaft der Liebesszenen ist eher das Verdienst des Kameramannes, als das der Schauspieler.

Viele Jahre später, als Gilbert schon tot und die Erinnerung an ihn verblaßt war, wurde die Garbo nach ihrer Romanze mit ihm befragt. »Es gab niemals eine Romanze«, antwortete sie, »und heute möchte ich gern wissen, was ich in ihm gesehen habe.«

In ›The Mysterious Lady‹, (Krieg im Dunkel, 1928) von Fred Nibles

Die galante Lady

*Das ist die Geschichte einer galanten Lady –
einer Dame, die vielleicht etwas närrisch
und etwas über die Maßen leichtsinnig war –
aber zugleich eine galante Lady.*

Bess Meredith

Am 26. Oktober 1927 brach im Wintergarten-Theater in New York der Film, der solange mit Stummheit behaftet war, in Töne aus. Die ersten Worte wurden von Al Jolson in Coffee Dan's Café in *The Jazz Singer* (Der Jazzsänger) gesprochen und waren nicht sehr ermutigend. Sie lauteten »Warte ein bißchen . . . warte ein bißchen. Du hast noch nicht alles gehört.« Von nun an war der Film dazu verdammt, alle Geräusche hörbar zu machen; jeder Fußtritt wurde aufgenommen und das Herunterdrücken jeder Türklinke. Um die Stimmung zu unterstützen, wurde auch noch die Hintergrundmusik eingesetzt. So wurde der Film zur großen Oper.

Es ist ein Rätsel, warum es so lange dauerte, bis der Tonfilm entstand, da die meisten Probleme von Bild mit Ton bereits seit 1913 gelöst waren. Doch die kleinen Verleiher wollten ihn nicht, die großen Verleiher fürchteten ihn, und die Studios waren nicht darauf eingerichtet, obwohl niemand daran zweifelte, daß es eines Tages soweit sein würde. Doch vorerst war die Devise: je später desto besser. Am meisten fürchteten die Schauspieler den Tonfilm, denn sie hatten keine trainierten Stimmen. Die MGM, die ziemlich spät den ersten Tonfilm herausbrachte, verfügte über einen Stamm von Schauspielern, die keine Bühnenerfahrung hatten, also auch nicht sehr gut sprechen konnten. Sie besaßen keine entsprechenden Lehrer, keine Musikabteilung und nicht einmal Anlagen, um mit dem Ton zu experimentieren. Irving Thalberg, der brillante Produktionsleiter der MGM, hatte im Sommer 1927 noch prophezeit, daß das redende bewegte Bild niemals das stumme Drama ersetzen würde. Für die Garbo hatte der Schritt vom Stummfilm zum Tonfilm keine einschneidenden Folgen. Nach der Einführung des Tonfilms drehte die Garbo noch sieben Filme, in denen kein Wort gesprochen wurde und in denen es keine Hintergrundmusik gab. Nur eine junge Dame, die vor der Leinwand saß, spielte ein paar Takte der Mondscheinsonate wäh-

In ›Krieg im Dunkel‹, 1928

›The Divine Woman‹, mit Lars Hanson

rend der Liebesszenen. Es handelte sich hier um die Filme *Love* (Anna Karenina, 1927), *The Divine Woman* (Das göttliche Weib, 1928), *The Mysterious Lady* (Krieg im Dunkel, 1928), *A Woman of Affairs* (Herrin der Liebe, 1929), *Wild Orchids* (Wilde Orchideen, 1929), *The Single Standard* (Unsichtbare Fesseln, 1929), *The Kiss* (Der Kuß, 1929).

Die Vogel-Strauß-Politik, die die MGM im Hinblick auf den Tonfilm betrieb, beruhte weitgehend auf der Ansicht Thalbergs, daß der Ton die Illusion des Films zerstören würde. Er meinte, daß die Untertitel ausreichten, die Gefühle zu vermitteln, und er schätzte die Arbeit der Titelautoren sehr hoch ein. Er war viel zu sehr Profi, als daß er nicht wußte, daß die Filmindustrie neue Techniken entwickelte, die einschneidende Folgen haben würden, aber er war auf die Veränderungen nicht vorbereitet und hatte keine Vorstellung davon, welche Dinge sie nach sich ziehen würden. So wehrte er sich mit Händen und Füßen dagegen. Er ließ sich sogar dazu hinreißen, zu orakeln, daß *The Jazz Singer* als Tonfilm nur ein Strohfeuer sei und das Publikum bald wieder froh sein würde, die gewohnte Kost des Stummfilms genießen zu können, da der Ton sie bald langweilen würde. »Wer«, fragte er, »will schon die Stimme des Schauspielers hören?«

Der Erfolg von *The Jazz Singer* zeigte, daß jeder die Stimme des Schauspielers gern hörte, was auch immer die private Meinung des Herrn Thalberg war. Thalberg war ein Mann, der Kompromisse haßte, und so war es schwierig, ihn dazu zu überreden, endlich einen Film mit einer Tonspur zu drehen. Es war der Film *White Shadows in the South Seas* (Weiße Schatten der Südsee) mit Raquel Torres und Monty Blue. Es war zu spät, die Stimmen dazuzuschneiden, aber gerade noch Zeit, eine Partitur zu improvisieren und Toneffekte einzubauen. Die Schauspieler blieben stumm, aber das Meer durfte brüllen, und die Palmen durften rauschen. Aber Thalberg mochte den Film nicht und produzierte weiterhin Stummfilme. *White Shadows in the South Seas* wurde im Juli 1928 uraufgeführt und brachte keinerlei Reaktionen.

Ursächlich hängt diese Einstellung der MGM dem Tonfilm gegenüber aber auch mit dem politischen Engagement von Louis B. Mayer zusammen. Er war ein überzeugter Republikaner und verbrachte damals die meiste Zeit damit, seinen Freund Herbert Hoover zu unterstützen, der für das Präsidentenamt der USA kandidierte. Mayer stand auch auf schlechtem Fuße mit Thalberg und auf noch schlechterem mit William Fox, dem es gelungen war, ein-

Die Garbo mit Conrad Nagel in ›Krieg im Dunkel‹, 1928

Greta Garbo und Conrad Nagel in ›Krieg im Dunkel‹, 1928

Mit Gustav von Seyffertitz in ›Krieg im Dunkel‹, 1928

flußgewinnende Anteile von MGM zu erwerben, die er aber wieder verlor, nachdem er bei einem Autounfall beinahe umgekommen war. Fox und Mayer waren skrupellos und bekämpften sich gnadenlos. Dieser Zweikampf wirkte sich natürlich auch auf die Arbeit im Studio aus und besonders auf Thalberg, der sich aber mit Haut und Haar der MGM verschrieben hatte und vierzehn Stunden am Tag arbeitete.

Flesh and The Devil wurde ein finanzieller Erfolg und Thalberg glaubte, dem Brauch Hollywood folgend, mit einer ähnlichen Story diesen Erfolg wiederholen zu können. Die einzige Schwierigkeit bestand darin, eine neue Story zu finden. Es gab zahlreiche Hindernisse und endlose Konferenzen. Schließlich entschloß er sich für *Anna Karenina*, dem Roman von Leo N. Tolstoi, den er aber noch nicht gelesen hatte. Als er endlich dazu kam, den Roman zu lesen, stellte er erschrocken fest, daß sich Anna zum Schluß unter den Zug wirft. Er befahl, ein günstigeres Schicksal für sie zu ersinnen.

Das Drehbuch, geschrieben von Frances Marion, hatte nur noch sehr wenig Ähnlichkeit mit dem Roman von Leo N. Tolstoi. Die drei Hauptfiguren waren: die Ehebrecherin, gespielt von der Garbo, der Liebhaber, gespielt von John Gilbert, und Brandon Hurst spielte den besonders unattraktiven Ehemann. Wie immer erleben wir den Ehemann und den Liebhaber gefiltert durch die Reaktionen der Garbo. Diese gespensterhaften Figuren werden nur Wirklichkeit durch ihre Anwesenheit. Und wieder – wie in *Flesh and The Devil* – demonstriert sie ihre einzigartige Fähigkeit, einen toten Hund zum Leben zu erwecken. Aber auch ein lebendiger Hammel ist nur ein Hammel und zu nichts Höherem bestimmt, als blökend seiner Wege zu ziehen. Mehr fällt einem zu den Partnern der Garbo kaum ein.

Aber das war natürlich nicht ihre Schuld. Nie war sie strahlender gewesen. In dem Film, der übrigens schließlich *Love* genannt wurde, gibt es Großaufnahmen, wie man sie glühender, brennender in keinem ihrer früheren oder späteren Filme sieht. Diese Momente des Films schulden dem unsäglich schlechten Drehbuch nichts und alles dem Kameramann William Daniels, der sich vom ersten Augenblick an in ihr Gesicht verliebt hatte.

Im Roman begegnet Anna Karenina dem Grafen Wronsky zum erstenmal unter den friedlichsten Umständen, an einem ruhigen Tag im Moskauer Bahnhof. Im Film wird Anna Karenina in einer Troika mit hoher Geschwindigkeit durch einen Schneesturm von

Greta Garbo in ›A Woman of Affairs‹ (Herrin der Liebe, 1929) von Clarence Brown

Gatschina nach St. Petersburg gefahren; mitten in der sausenden Fahrt hält der Kutscher das Gefährt an, weil Wronsky aus der Schneewüste aufgetaucht ist und darum bittet, mitgenommen zu werden. Anna Karenina hat ihr Gesicht zum Schutz gegen den Sturm in schwere Schals gehüllt. Sie erweckt den Eindruck einer mysteriösen Dame von einiger Wichtigkeit. Wronsky ist ein ruppiger, junger Offizier, und als die Troika das nächste Dorf erreicht, setzt er es ohne viel Federlesens durch, daß Anna die Nacht im örtlichen Gasthof verbringt, weil der Sturm immer schlimmer wird und man damit rechnen muß, daß die Straße bald völlig zugeschneit und unpassierbar ist. Er bringt das nicht sehr überzeugend vor, aber aus irgendeinem Grund ist es Anna so ganz recht. Im Gasthof nimmt sie langsam ihren Schal vom Gesicht. Wronsky ist sofort überwältigt, dem Publikum geht es nicht anders. Ein Schneesturm, Rußland mit seiner ganz besonderen Atmosphäre, eine Nacht voller Tändelei scheint in Aussicht zu stehen – oder? Wir wissen, daß wir in Rußland sind, weil sich vor den Fenstern der Schnee auftürmt, die Kerzen ihr flackerndes Licht auf die Ikonen werfen, und Zigeuner wehmütige Musik spielen: In *Königin Christine* wird die ähnliche Szene, in der Gilbert die Garbo ebenfalls in einem ländlichen Gasthaus trifft, dann viel besser arrangiert. In *Love* kommt der Mann nicht auf seine Kosten, obwohl die listige Wirtsfrau sich einen Spaß daraus macht, Wronskys Gepäck in Annas Zimmer zu bringen. Er küßt Anna unbeholfen und wird dann zum Packen geschickt.

Die Drehbücher der Garbo-Stummfilme haben die Tendenz, sich gegenseitig aufzubrauchen. Immer wieder tauchen die gleichen Klischee-Figuren und Klischee-Situationen auf. Zum Beispiel kommt es zu den immer gleichen Auftritten junger Offiziere auf Paradeplätzen und in Boudoirs. Die Versuchung, diese Offiziere auf Paradeplätzen zu präsentieren, scheint für die Drehbuchautoren geradezu unwiderstehlich gewesen zu sein. In der nächsten Szene von *Love* sehen wir, wie Wronsky zu spät zum Dienst erscheint und von dem schwerleidenden Großherzog Michael, der sein Regiment über den Paradeplatz scheucht, zur Rede gestellt wird:

GROSSHERZOG: Warum kommen Sie so spät?
WRONSKY: Wegen des Sturms.
GROSSHERZOG: War sie hübsch?
WRONSKY: Ja.

In ›Herrin der Liebe‹, 1929

GROSSHERZOG: Blond oder brünett?
WRONSKY: Brünett.
GROSSHERZOG: Erfolg gehabt?
WORNSKY: Nein, Durchlaucht.
GROSSHERZOG: Nehmen Sie Ihren Platz ein.

Und Wronsky nimmt seinen Platz ein, ein Grinsen grenzenloser Selbstzufriedenheit auf dem Gesicht. Am Abend dieses Tages sieht er Anna in der Kathedrale von St. Petersburg wieder. Es ist Ostern; auch Menschen, die sich noch nie begegnet sind, küssen einander. Wronsky nutzt das aus und küßt Anna auf die Wange. Sie bleibt kühl. Er kann nicht weitergehen, der Ehemann ist zugegen. Anna erzählt, daß sie immer Kerzen für ihren kleinen Sohn mit nach Hause nimmt. Als wir sie wiedersehen, sitzt sie am Bett des Jungen; die Wärme, die sie Wronsky vorenthalten hat, schenkt sie in sublimierter Form dem Jungen. Sie versteht sich sehr gut auf das Küssen kleiner Jungen, und das Liebesspiel am Bett des Sohns bekommt etwas seltsam Verwirrendes. Noch verwirrender ist der Anblick Annas vor einer Ikone, im Gebet versunken; diese Einstellung zeigt vornehmlich, das Anna sehr viel schöner als die Jungfrau Maria ist.

Irving Thalberg hatte ziemlich viel in John Gilbert investiert, und er hoffte, Gilbert würde sich als fähig erweisen, das ganze dramatische Gewicht seiner Rolle zu tragen. Es wurden Szenen speziell zu dem Zweck geschrieben, daß er möglichst faszinierend erscheine, und die Garbo wurde klar angewiesen, ihn nicht an die Wand zu spielen. Sie hielt sich deshalb brav zurück, ließ sich sogar von ihm an die Wand spielen und lächelte einfach nur göttlich, wenn er seinem Affen Zucker gab. Weil er das eigentlich dauernd tat, wurde dem Publikum die Wärme und die Schönheit ihres Lächelns um so bewußter.

Nicht daß Gilbert ein inkompetenter Schauspieler war, er war nur nicht besonders überzeugend, und das am wenigsten in der Großaufnahme. Er trägt die weiße Parade-Uniform eines russischen Offiziers, ein Kostüm, das ihn definiert und signalisiert. Zugleich betont dieses Kostüm seinen stolzierenden Gang und seine eigenartige Unfähigkeit, eine Uniform so zu tragen, daß sie als seine Alltagskleidung erscheint, sondern es entsteht der Eindruck, man habe ihm die Uniform aufgemalt. Er rollt die Augen, bisweilen glotzt er hilflos, und sein Lächeln ist vielleicht das unbeholfenste Lächeln, das man je in einem Film sah. In den Liebes-

In ›Wild Orchids‹ (Wilde Orchideen, 1929) von Sidney Franklin

szenen von *Flesh and the Devil* hatte er einiges Engagement gezeigt, aber seine Liebesglut in *Love* ist alles andere als überzeugend. Auch die Garbo scheint hier nicht in ihrer besten Form zu sein; manchmal ist ihre Schauspielerei völlig unmöglich. So zum Beispiel in der Szene, in der sie an der Seite ihres Mannes in einer Loge einem Pferderennen zusieht. Wronsky ist einer der konkurrierenden Reiter; ganz offensichtlich hofft Anna, daß er Sieger wird. Als sein Pferd stürzt und er aus dem Sattel geworfen und, wie man fürchten muß, schwer verletzt wird, gebärdet Anna sich völlig hysterisch, rudert mit den Armen durch die Luft, rollt ihren Kopf im Kreis und führt sich wie ein professioneller Schlangenmensch auf. Eine schlimmere Szene hat sie sich nie geleistet, und wenn ihr Karenin dann bei der Heimfahrt in der Kutsche sagt, er verstehe nun alles, haben wir nurmehr das Gefühl, daß ihr ganz recht geschieht – nicht weil sie Wronsky liebt, sondern weil sie uns eine so schreckliche Darstellung verliebter Hysterie geliefert hat, häßlich, hölzern und einfallslos. Wie man weiß, wird sie dann aus ihrem St. Petersburger Heim und von der Seite ihres Sohnes verstoßen.

Die Jahre vergehen. Die Liebenden reisen nach Italien. Wronsky schmachtet nach der Armee, Anna schmachtet nach ihrem Sohn. Beide machen den Eindruck, als könnten sie einander nicht mehr ausstehen. Nach der Rückkehr nach St. Petersburg schleicht sich Anna mit vielen Geschenken für ihren Sohn in das Kareninsche Herrenhaus. Sie steigt den gewaltigen Treppenaufgang hoch, zieht ihre Schuhe aus und schlüpft in das Kinderzimmer; und wenn sie dann mit ihrem Sohn spielt, leuchtet die Leinwand vor ungeheurem Glück auf; sie packt die Geschenke aus, bringt ihn zum Lachen, sie ist glücklich, wieder Zuhause zu sein, überwältigt den Jungen mit ihrer Schönheit und der Kraft ihrer Liebe und ist mit ihm glücklicher, als sie es mit ihrem Liebhaber je war. »Ich wußte, daß du zu meinem Geburtstag kommen würdest,« sagt der Junge. »Sie haben mir gesagt, du seist tot, aber das habe ich nie geglaubt.« Ein kleiner Spielzeugesel schaut aus seinem Kasten, die Spielzeugeisenbahn saust auf ihren Geleisen, Annas Gesicht glüht in einem wunderbaren inneren Licht auf; und dann fällt ein Schatten in ihr Gesicht; Karenin hat das Zimmer betreten. Wieder wird sie verbannt und diesmal in völlige Einsamkeit verstoßen. Wronsky aber wird es erlaubt, in die Armee zurückzukehren, wenn er die Affäre mit Anna beendet. So lebt sie dann verborgen in Einsamkeit und Verzweiflung. Doch dann macht sich Wronsky

In ›Wilde Orchideen‹, 1929

In ›Wilde Orchideen‹, 1929

In ›Herrin der Liebe‹, 1929

In ›Herrin der Liebe‹, 1929

auf die Suche nach ihr, in jenem Augenblick, als sie mit dem Leben hadert. Sie weiß nicht, daß Karenin inzwischen gestorben und der Weg frei ist, Wronsky auch mit Erlaubnis der Kirche zu heiraten. Am Ende des Films haben sie sich schließlich gefunden und werden wohl auch nicht mehr voneinander lassen müssen.

Es ist ein eigenartiges Ende der Anna Karenina, aber keineswegs überraschend, da ein anderes Ende von den Zensoren niemals erlaubt worden wäre. *Love* ist ein Groschenroman, aber man erinnert sich gern an den Film, weil die Garbo manchmal wie betäubt, dann wieder glücklich lächelnd durch den ganzen Film wandelte. Die Szenen mit Philippe de Lacy waren besonders lebendig, weil sie in ihnen so überzeugend spielte und so hübsch war, daß man ihr den Sohn zutraute. Immer bewahrte sie ihre Schönheit und Würde. Die Schauspieler um sie herum wirken oft wie Hampelmänner, die unablässig Sorglosigkeit und Vulgarität vorführen, und man hat den Eindruck, daß sie sich gerade erst entscheiden, ob sie nun spielen oder nicht. In der Gegenwart der Garbo entschließen sie sich zu spielen, sie geben Rätsel auf und ahnen nicht, daß sich auch die Garbo entschlossen hat, rätselhaft zu erscheinen, indem sie sich als Vamp gibt, als Zerstörerin der Männer, doch nicht so, wie es der Drehbuchautor und der Regisseur einst gewollt hatten. Sie hat ihren eigenen Blickwinkel und ist nicht bereit, die Richtung zu ändern. Über die Kunst, zu filmen, hat sie sich eine Meinung gebildet und hält nun starrköpfig an ihr fest.

Auf *Love* folgten noch sechs weitere Filme, die einander so ähnelten, daß man einzelne Szenen gegeneinander hätte austauschen können, ohne daß es der Zuschauer bemerkt hätte. Einer jener Filme, *The Divine Woman*, ist inzwischen verlorengegangen, und es wäre auch kein Unglück, wenn den anderen das gleiche Schicksal widerfahren wäre, denn sie trugen sehr wenig zum Ruhm der Regisseure bei. Der unterhaltsamste dieser Filme ist *The Mysterious Lady* (Krieg im Dunkel, 1928) von Fred Niblo, in der männlichen Hauptrolle Conrad Nagel. Den bärtigen Superspion spielte Gustav von Seyffertitz, den die Garbo erschießt, um das Leben ihres Geliebten zu retten. Glücklicherweise fällt er in einen gutgepolsterten Stuhl, und als ein Diener den Raum betritt, sitzt die Garbo schon auf seinen Knien, plaziert seine Hand auf ihren Schenkel und gibt vor, in einer heftigen Liebesszene verstrickt zu sein. Der Diener, bis ins Mark erschrocken von dem sich ihm bietenden Schauspiel, zieht sich auf Zehenspitzen zurück, und die

Garbo läßt sich mit strahlendem Lächeln auf den Knien des russischen Generals nieder. Aber solcherlei Glücksfälle sind selten.

Conrad Nagel ist etwas weniger hölzern, als die bisherigen Film-Liebhaber der Garbo, wobei es manchmal sogar Augenblicke gibt, in denen er so etwas wie Intelligenz ausstrahlt. Die Eröffnungsszene in der Oper und eine mysteriöse nächtliche Wagenfahrt geben Hinweise auf ein englisches Spionagedrama, aber der Schleier fällt erst, als Tanja, die russische Spionin, und der deutsche Offizier Karl ihre erste Nacht zusammen verbracht haben. Sobald aber von Seyffertitz mit seinen goldenen Epauletten und seiner weißen Uniform mehr und mehr an der Loyalität Tanjas an der russischen Sache zweifelt, wird das Abspulen der Intrige zu einem heiteren Spiel von gängigen Situationen und spektakulären Albernheiten. »Karl, warum bist du hierher gekommen?« fragt Tanja. »Du kannst jeden Augenblick sterben.« Anscheinend ist der Tod ein geringer Preis, den man für die Umarmungen Tanjas zahlen muß. Conrad Nagel blickt geläutert drein, lächelt schwach, denkt zwei Sekunden über den Tod nach und entschließt sich, sie noch einmal zu umarmen. »Wir sind füreinander bestimmt«, sagt er, aber diese Feststellung verhallt ohne Herausforderung. Später wird dieser bewunderungswürdige Spion ohne die geringste Spur des Mitleids sagen: »Karl, ich mußte dich leiden lassen, so wie ich litt.« Das ist nun keine Spionagegeschichte mehr; es ist ein Melodram aus dem 19. Jahrhundert voller guter Deutscher mit gutgebügelten Uniformen und bösen Russen, die mitunter viel zuviel trinken. Tanja glaubt nicht mehr ganz daran, daß Karl ein Spion ist, und Karl hat sich schon lange entschlossen, von einer schönen Prinzessin aus Rußland zu träumen. Von Seyffertitz ist der Bösewicht, und es müssen ihm einige Opfer gebracht werden. Sein bester Ausspruch ist, wenn er sagt: »Ich lehrte dich alles, was du weißt, Tanja, aber ich habe dir nicht alles beigebracht, was ich weiß.« Und der beste Moment ist, wenn Tanja höchst unwahrscheinlich auf seine Knie hüpft. *The Mysterious Lady* war nicht sehr mysteriös.

Auch *A Woman of Affairs* (Herrin der Liebe, 1929) war nicht besser, obwohl diesem Film der Roman *The Green Hat* von Michael Arlen zugrunde lag. Die Verfilmung hätte unterhaltsam und gut werden können, wenn das Hays Office* den Ehebruch nicht mit

---

* Wachsender Unmut über die Skandale und die unterschiedliche Beurteilung von Filmen durch die lokalen Behörden veranlaßten die Produzenten, ein Instrument der Selbstkontrolle zu schaffen, die MOTION PICTURE ASSOCIATION OF AMERIKA. *Will H. Hays* war der erste Vorsitzende.

Greta Garbo mit Nils Asther in ›The Single Standard‹ (Unsichtbare Fesseln, 1929) von John S. Robertson

einem derartigen Mißfallen betrachtet hätte. Iris March ist eine glückliche Ehebrecherin, und die Drehbuchautorin Bess Meredith mußte sie »auf unglücklich« umschreiben. Das war um so einfacher, weil wir die Liebhaber Douglas Fairbanks, Jr., und John Gilbert in voller Länge bewundern dürfen. Man kann nichts anderes über sie sagen, als daß sie sehr miserabel waren und so wenig überzeugend wirkten, daß selbst die Garbo es nicht vermochte, ihrem Spiel Leben einzuhauchen. Gilbert ist die Karikatur eines südländischen Liebhabers, und Fairbanks versucht sich in der Rolle eines wohlerzogenen jungen Engländers. Er stirbt, zeigt sich als schöne Leiche und wird erst interessant, als er tot ist.

Der Roman behält seine Spannung, weil Iris March eine überzeugende Figur ist und Michael Arlen sie mit Sympathie gezeichnet hat, aber auch gleichzeitig mit Distanz. Die ersten Worte setzen uns bereits ins Bild: »Es widerfuhr dem Schriftsteller, seine unbedeutende Geschichte *Der grüne Hut* nennen zu müssen, weil ein grüner Hut das erste war, was er von ihr sah. Er war strahlend grün, aus einer Art Filz und wurde mit Kühnheit getragen: Er gehörte zweifellos zu den Hüten, die um ihrer selbst willen getragen werden. Unglücklicherweise sind die einleitenden Worte des Films weniger einladend. »Das«, schrieb Bess Meredith, »ist die Geschichte einer galanten Dame, einer Dame, die vielleicht etwas närrisch und über die Maßen leichtsinnig war – aber doch eine sehr galante Dame.« Die arme, glückliche und syphilitische Iris March hätte ein besseres Schicksal verdient. Clarence Brown, der auf seine übliche steife Art Regie führte, hielt sich ganz genau an das Skript, so daß es nur einmal ein wenig lebendig wird, als die Garbo in einem weißen Krankenhausbett liegt und stirbt. Sie ist bleich und voller Kummer, aber auch im Frieden mit sich selbst, weil Gilbert an ihrem Bett steht. Für einen kurzen Augenblick klärt sich ihr Blick, vorher von Krankheit getrübt, und es gelingt ihr, in Gilbert einen würdigen Anbeter zu sehen. »Es geht schon besser, wenn du mich nicht verläßt«, flüstert sie.

Wild Orchids (Wilde Orchideen, 1929) ist viel überzeugender gemacht; vielleicht liegt das daran, daß ein neuer Mann Regie führte. Es war Sidney Franklin. Noch wichtiger war der attraktive Nils Asther, der die Rolle eines Java-Prinzen spielt und mehr oder weniger erfolgreich versucht, die Garbo von ihrem onkelhaften Ehemann abzubringen, der von Lewis Stone gespielt wird. Regisseur Franklin, der Thailand mit Java verwechselte, steckte sie in Thai-Gewänder, setzte ihr einen turmartigen Thai-Kopfaufbau

In ›The Kiss‹ (Der Kuß, 1929) von Jacques Feyder

oben drauf und zollte ihrer Schönheit damit Tribut. Lewis Stone trägt meistens einen steinernen Gesichtsausdruck zur Schau, und es scheint von Anfang an klar, daß er der Ehemann nur dem Namen nach ist. Nils Asther spielt den Liebhaber mit viel Überzeugung. Er gefällt in seiner natürlichen Eleganz als javanischer Prinz. Auch in seinem Palast, in den er Lewis Stone und die Garbo einlädt, wirkt er vertrauenerweckend. Die Tigerjagd, der dramatische Höhepunkt des Films, findet in Californien statt und nicht in Java, aber der Tiger verlangt unsere Bewunderung. »Die Hitze, die überwältigende Hitze entkleidet jeden seiner Maske«, sagt der Prinz in der Trägheit einer Nacht. Man wünschte, sie täte es tatsächlich. Am Schluß des Films kehrt die Garbo zu ihrem ältlichen Ehemann zurück, während wir auf ein Happyend mit dem Prinzen getippt hätten, denn die Garbo hätte eine schöne orientalische Prinzessin abgegeben.

The Single Standard (Unsichtbare Fesseln, 1929) und *The Kiss* (Der Kuß, 1929) sind mittelmäßige Dreiecksgeschichten, die nur deshalb von sich reden machten, weil die Drehbuchautoren in beiden Filmen den roten Faden verloren hatten. Glücklicherweise verliebt sich in *The Single Standard* Nils Asther in die Garbo. Weniger glücklich scheint die Garbo in *The Kiss* mit einem Siebzehnjährigen liiert zu sein, was dem Jungen gegenüber aber unfair ist und nur als »Unzucht« mit Jugendlichen betrachtet werden kann. Nils Asther, der in Dänemark geboren ist, wirkt in der Rolle eines Preisboxers, der später zu einem erfolgreichen Maler wird, sehr überzeugend. Mit der Garbo allein auf seiner Yacht, erhitzen sich ihre skandinavischen Gemüter sehr heftig, und es ist schade, daß die Liebesszenen nicht in einen besseren Film eingebettet waren.

In diesen absurden und irrelevanten Dramen mit ihren unmöglichen Handlungen und Situationen machte die Garbo eine gute Figur. Sie strahlte immer sehr viel Lebendigkeit aus, selbst in den Armen eines Homunkulus. Sie wußte ganz genau, was sie tat. Sie wirkte zuweilen wie eine große dramatische Schauspielerin, die zeitweilig im Zirkus arbeiten mußte, wo man sie lehrte, ohne Sattel zu reiten, Schwerter zu schlucken und Clownerien vorzuführen. Am Ende beherrschte sie alle diese Dinge und vollbrachte sie ohne Anstrengung, aber sie hörte nie auf, sich danach zu sehnen, den Zirkus zu verlassen und ans Theater zurückzugehen.

Ihr Gesicht ist schmaler geworden, ihre Augen größer, ihre Haut noch weicher und ihre Technik noch perfekter. Sie bereitete sich darauf vor, dramatische Rollen zu übernehmen, aber ihre Arbeitgeber wollten davon nichts wissen. Sie waren der Ansicht, daß sie die Inkarnation des Vamps zu spielen habe. Aber doch waren die Tage des Stummfilms und die des Vamps vorüber. Der Tonfilm verlangte völlig neue Voraussetzungen und stellte die Filmbosse vor neue Probleme. Allmählich mußten sie Ausschau halten nach einem Wesen, das der Garbo seine Stimme leihen würde.

In ›Die Frau mit den zwei Gesichtern‹, 1941

Nebelverschleierte Küsten

> *Nebel. Nebel, Nebel, die ganze verdammte*
> *Zeit. Man sieht nicht wohin man geht,*
> *nichts.*
>
> *Aus Anna Christie*

Als sich die MGM endlich entschloß, die Garbo in einem Tonfilm herauszubringen, entschloß man sich für die Verfilmung von O'Neills *Anna Christie*. Man versprach sich einen besonderen Reiz davon, die beiden Hauptdarsteller mit einem schwedischen Akzent sprechen zu lassen. Die Wahl dieser Vorlage war verständlich. Unglücklicherweise stellte sich aber heraus, daß die Wahl falsch war. *Anna Christie* ist ein sehr schwieriges Stück und gehört zu O'Neills schlechtesten. Ursprünglich war die Hauptfigur des Romans der Seemann Chris Christopherson. Nach vielen Überlegungen und darauf folgenden Überarbeitungen legten die Drehbuchautoren das Schwergewicht auf die Tochter und drängten den Vater ins Abseits. Aus der ursprünglichen Geschichte eines alten, verbitterten Seemanns wurde nun die Geschichte einer noch verbitterteren zwanzigjährigen Prostituierten.

Eugene O'Neill war mit seinem Stück sehr unzufrieden. Er hatte gute Gründe dafür, denn die verschiedenen Teile paßten überhaupt nicht mehr zusammen. Die Sentimentalität von Annas irischem Liebhaber ist wesentlich stärker als irischer Nebel. Und wie in allen Stücken von O'Neill fehlt es an Dialogen und an Aktion. Das bedeutete, daß die Garbo sehr viel reden mußte, indem sie sich endlos in Selbstbefragungen versenkte. Die Prostituierte, der Vater und der muskelprotzende Liebhaber, der es zum Verrücktwerden schwierig findet, seine Liebe zu der anerkannten Sünderin zu rechtfertigen, beherrschen die Szene. Der Rest der Leute gehört zur Statisterie.

O'Neill, der bereits überlegt hatte, das Stück *Chris Christopherson* zu nennen, kam schließlich zu dem Schluß, ihm den Titel *Comma* zu geben, weil es sich um nicht mehr als einen kleinen Vorfall in einem kleinen Stück handelte. Dies klang wie ein Eingeständnis des Versagens, aber daran lag es nicht. O'Neill gelang es sehr gut zu sagen, was er meinte, aber unglücklicherweise wiederholte er sich zu oft und benutzte immer die gleichen Worte. Die

Kraft des Stückes liegt in der fast inzestuösen Beziehung zwischen Vater und Tochter, ihrem vollkommenen Verständnis füreinander. Der bekannte amerikanische Kritiker George Jean Nathan wandte sich heftig gegen den glücklichen Ausgang, da Anna schließlich ihren Frieden mit ihrem Iren macht. Aber Eugene O'Neill betonte ausdrücklich, daß das nur ein relativ glückliches Ende wäre, da sie der Gnade absoluter und schrecklicher Mächte ausgeliefert sind. »Nebel. Nebel, Nebel, die ganze verdammte Zeit nichts als Nebel«, sagt Chris am Schluß des Stückes. »Man sieht nicht, wohin man geht, überhaupt nichts. – Nur dieser alte Teufel, die See – sie weiß es!«

Anna Christie ist zwanzig Jahre alt und verläßt nach einem zweiwöchigen Aufenthalt das Krankenhaus, krank und morbid, ohne einen Pfennig in der Tasche. Ihr Vater trinkt sich langsam zu Tode. Er hatte eine lange Beziehung zu der schäbigen Werftratte Marthy Owen, die nun langsam zu Ende geht. Bisher hatte sie ihn so gut wie möglich versorgt. Sie trägt eine Männermütze, ein doppelreihiges Jackett und ein schmieriges Kattunhemd; sie hat eine rote Nase, und ihr Gesicht ist gerötet von geplatzten Äderchen; ihr strähniges graues Haar ist wie ein ramponiertes Vogelnest aufgetürmt. Marthy Owen ist ein Original und wird von Marie Dressler gespielt. Wenn man an diesen Film denkt, erinnert man sich ebenso an sie als auch an die Garbo. Es ist nicht ganz fair, die Garbo zusammen mit der Dressler auftreten zu lassen: die vollkommene Schönheit begegnet der vollkommenen Menschlichkeit. Leider beschäftigte sich der Drehbuchautor nicht allzu lange mit ihr, und so wünscht man sich zuweilen als Zuschauer, daß sie zurückkommen möge, um den Dingen etwas Leben einzuhauchen.

Früher wurde die Garbo in ihren amerikanischen Filmen gegenüber Schauspielern ausgespielt, die nicht ein Bruchteil ihres Talents besaßen. Nun stand sie Marie Dressler gegenüber, für die sie persönliche Sympathie hegte, der sie aber schauspielerisch unterlegen war. Es gab keinen einzigen Augenblick, in dem die Garbo eine Hure überzeugend darstellte, die in einem Haus in Sankt Pauli gearbeitet hat, und es gab keinen einzigen Augenblick, in dem die Dressler nicht die fette, verschlagene Werftratte gewesen wäre. »Sie stößt ihren Atem keuchend und schwer aus«, stand im Drehbuch. Sie spricht mit lauter Stimme wie ein Mann, was durch heisere Lachausbrüche unterbrochen wird. Aber in ihren blutunterlaufenen Augen widerspiegelt sich eine jugendliche Lebenslust, die durch nichts unterdrückt werden kann. Das war

In ›Anna Christie‹ (Anna Christie, 1930) von Clarence Brown

In ›Anna Christie‹, 1930 mit Marie Dressler

Die Garbo mit Marie Dressler in ›Anna Christie‹, 1930

eine echte Marie Dressler! Die Beschreibung der Anna Christie durch O'Neill schien Schwierigkeiten zu bereiten, wenn man sie mit der Garbo besetzen wollte. Er schrieb: »Sie ist ein schlankes, blondes, vollentwickeltes Mädchen von zwanzig Jahren, schön im Sinne einer kräftigen Wikingertochter, aber jetzt gesundheitlich auf den Hund gekommen. Sie zeigt alle äußeren Attribute, die sie dem ältesten aller Gewerbe angehörig machen. Ihr jugendliches Gesicht ist bereits verbittert und zeigt zynische Züge unter einer dicken Schicht Schminke.« Das Problem war, daß die Garbo keine kräftige Wikingertochter war und Verhärtung und Zynismus nur sehr schwer darstellen konnte. Darüber hinaus schien es unmöglich, sie sich als zwanzigjährige Prostituierte vorzustellen.

Dennoch fehlte es ihr in dieser Rolle nicht an Klugheit. Die erste Szene war die beste. Bleich und sichtlich überanstrengt durch die eineinhalbtägige Reise, betritt sie die Kneipe und läßt sich an dem Tisch nieder, an dem die irdische Göttin Marie Dressler thront, und sagt mit seltsam vertrauter Stimme: »Gib mir'n Whisky mit Ginger Ale und sei nicht so knauserig, Baby!« Es ist ein elektrisierender Moment, denn fünf Jahre lang haben die Zuschauer darauf gewartet, sie sprechen zu hören, und nun sprach sie. Die Worte waren deutlich. Sie teilen uns mit, daß sie eine schwere Trinkerin ist, und davon leiten wir ab, daß ihr noch anderes widerfahren sein mußte in ihrem Leben. Und plötzlich hat sie unsere Sympathie. Allerdings schaut sie genau wie die Garbo aus, zuweilen sogar noch schöner, da sie einfache, schwarze Kleidung trägt und nicht irgendein überdimensionaler Hut ihr Gesicht verdeckt.

»Die Garbo spricht« war in den Ankündigungen zu lesen, als wäre das ein Grund zur Überraschung. Sie sprach mit einer tiefen, kehligen Altstimme, die attraktiv und verlockend war, aber leider nicht immer verständlich, da sie die Angewohnheit hatte, die Vokale zu verschlucken und ihren schwedischen Sprechrhythmus beizubehalten. Der Film litt an der Überbetonung von Akzenten. George F. Marion, der den Vater spielte, sah wie ein Holländer aus und sprach ein wohlüberlegtes, betontes Englisch, wie es Ausländer tun, und er machte das so gut, daß es künstlich klang. Charles Bickford, der einen schiffbrüchigen Matrosen spielte und in die gastfreundliche Barke von Chris Christopherson gespült wurde, sprach einen so derben irischen Akzent, daß es einem die Sprache verschlug.

Matt Burke, von Charles Bickford dargestellt, spielt einen Seelenmasseur und ist ein Abbild der Dummheit. Ursprünglich wohl ein haariger Affe, schlägt er sich gegen die Brust und verkündet, daß eine Frau ihn niemals zum Narren gehalten habe und daß jede Frau, auf die er einen Blick wirft, sich sofort seinem Charme unterwerfen muß. Er drückt die Hand der Garbo, um das zu unterstreichen, und zerbricht sie fast: »Was für ein schwerfälliger Affe ich doch bin. Ich habe soviel Kraft in meinen Armen und Händen und vergesse es immer wieder.« Er vergißt unermüdlich. Indem er überspielt, daß er eigentlich nichts zu sagen hat, obwohl er ununterbrochen redet, gelingt es Bickford fast, den gesamten Film zu ruinieren. Es ist nicht seine Schuld, denn Eugene O'Neill hatte ihm zu wenig Spielraum gegeben. Matt Burke war als ein Affe mit Bewußtsein dargestellt, der unermüdliche Großinquisitor. Er zwingt Anna Christie, auf ein Kruzifix zu schwören, daß er der einzige Mann sei, den sie je liebte, und bemerkt zu spät, daß sie eine Protestantin und deshalb an keinen Schwur gebunden ist. Das ist der eigenartige Ausgang des Stückes: der Schwur, den man brechen kann, und das trügerische Meer.

Unvermeidlicherweise wird die See mit dem Sex gleichgesetzt: beide sind zum Genuß, zur Ausbeutung und zum Fürchten da. In der Bühnenfassung sieht man das Meer nie, und so wird es wegen seiner Unsichtbarkeit um so bedrohlicher. Im Film sieht man es gelegentlich, und es erscheint harmlos mit dem Ergebnis, daß die gewichtigen Kommentare über das Meer von Christopherson sehr unpassend erscheinen. Es wurde kein Versuch unternommen, das Meer im Film mit Worten zu beschreiben, es zu erklären. Auch hatte man darauf verzichtet, eine richtige Barke zu bauen. Wir sehen die billige Ausstattung, eine kleine Kabine, einen Tisch mit Wachstuch bedeckt, einige kleine Regale und eine Tür. Zuweilen erinnert sich der Regisseur an eine schwimmende Barkasse, dann schwingt die Lampe in der Bewegung der Wellen. Die Kabine selbst kommt nicht einmal in die Nähe der Realität.

Solche Dinge stören, weil sie die Arbeit der Garbo erschweren. Als die Hure versucht, sich zu bessern und die Zuneigung ihres Vaters zu erlangen, als sie versucht, ruhig und einsichtig auf der Barke zu leben und zu vergessen, braucht sie alle verfügbare Unterstützung, um überzeugend zu wirken. Aber weder die Ausstattung des Films, noch der unmögliche Vater und der noch unwahrscheinlichere schiffbrüchige Seemann können ihr dabei behilflich sein. Der Zauber muß allein von ihr ausgehen. Und wieder einmal, wie schon so oft, lastet das ganze Gewicht des Films auf ihren Schultern.

Es wäre besser gewesen, wenn sich Frances Marion mehr an das

Greta Garbo mit George F. Marion in ›Anna Christie‹, 1930

Stück von O'Neill gehalten und keine neuen Szenen hinzuge-
schrieben hätte, die an der Küste oder auf dem Jahrmarkt spielen.
In den Augen der MGM benötigte ein Film, um wirklich rund zu
sein, eine große Portion Komödiantisches; sie sorgte dafür im
Übermaß, obwohl das mit der Story sehr wenig zu tun hatte und
schon gar nichts mit dem Stil von O'Neill. Ihr wesentlicher Beitrag
zu dem Film war, darauf zu bestehen, daß Marie Dressler die Marthy spielen sollte. Irving Thalberg veranlaßte Frances Marion, die
eigene Version des Stückes zu schreiben, die erheblich weniger
unterhaltsam war, als das Original. Hollywood hatte noch nicht
gelernt, daß große Dramatiker besser ihre eigenen Stücke auch
selbst überarbeiten sollten. Ein schwaches Stück mit einer noch
schwächeren Bearbeitung bildete den Background für den ersten
Tonfilm der Garbo.

Am Anfang haßte die Garbo den Film, weil er Schweden als ar-
mes Land und als Schmelztiegel abgewrackter und wurzelloser
Vagabunden zeigt, die die See hassen, die ihnen ihren Lebensunterhalt gibt, die kleingeistig sind, bitter und volltrunken. Sie
wurde aber daran erinnert, daß Chris Christopherson und seine
Tochter amerikanische Staatsbürger waren: Der Film hatte mit
Schweden nichts zu tun. Als Frances Marion offen fragte, ob die
Garbo ihren Vertrag rückgängig machen wolle, hatte Thalberg
eine zynische Antwort parat: »Sie wird es nicht tun«, sagte er,
»ihre Bank, die Beverly Hills Bank, hat pleite gemacht.«

Es war die Zeit, als man begann, sich für einen Laib Brot anzu-
stellen, und als in ganz Amerika Suppenküchen für die Armen
aufgestellt wurden. Aber die Filmindustrie war noch stark und begann, die Ängste der Zeit widerzuspiegeln. Es wurden Filme produziert, die die harte Seite des Lebens, die Kehrseite der Medaille
zeigten, das Faustrecht der Armen. Und das sollte noch mehr
werden. Bald würden die Filme von Armut und Schrecken berich-
ten, und auch die Musicals mit den klingenden Titeln *Ten Cents a
Dance* und *Brother, Can You Spare a Dime?* Selbst in *Anna Christie* gab
es Hinweise auf die Inflation, die die Welt zu zerstören drohte.

Wie Thalberg vorausgesagt hatte, nahm die Garbo die Rolle an.
Guten Mutes kam sie zur ersten Probe, und hatte sie noch immer
Vorbehalte gegen den Inhalt des Films, so verbarg sie die gut. Sie
sagte:»Ich habe meine Zeilen gelernt, Mr. Brown, und bin bereit
für die Probe.« Sie war nervös und scheu und zeigte wenig Leb-
haftigkeit am ersten Probentag, aber man erinnerte sich, daß sie
ganz besonders herzlich zu ihren Mitarbeitern war. Später, als

man mit dem Film vorankam, lebten alle alten Vorurteile wieder auf. Am schlechtesten war sie gegen Ende des Films in der rührseligen Liebesszene mit Charles Bickford, in der sie lediglich müde und verwirrt ist. Die letzten zehn Minuten des Films sind ausgesprochen hölzern und unästhetisch.

Clarence Brown war nicht gerade ein Mann der unbegrenzten Möglichkeiten. Er stellte gern die Kamera in einiger Entfernung von den Schauspielern auf; er erwartete von ihnen, daß sie ihre Texte konnten, und er hielt sich eng ans Drehbuch. Er hatte ein besonderes Faible für solide und substantielle Dinge. Er legte großen Wert auf schwere Möbel, Zigarren, Schiffe, Grund und Boden und Häuser. Seine Filme zeigten wenig Verständnis für die Schwierigkeiten menschlicher Beziehungen. Er fühlte sich offenbar nicht wohl in Hollywoods Traumwelt, und sobald es sich ergab, zog er sich auf seine ausgedehnten Latifundien zurück.

Ein phantasieloser Regisseur muß nicht immer von Nachteil sein. Wenn er ein brillantes Skript bekommt, kann er durchaus in der Lage sein, es genau umzusetzen. Das Problem mit *Anna Christie* lag aber bereits im Skript. Manchmal übernahm Frances Marion Szenen von O'Neill, so wie dieser sie geschrieben hatte, setzte sie kraftvoll um, und sie kamen dann auch genauso im Film, weil Brown sie wortwörtlich übernahm.

In den Anfangsbildern in der Kneipe von »Johnny dem Priester« in der Nähe der South Street in New York, werden wir in eine Welt eingeführt, die unglaublich solid, vertraut und sogar respektabel ist. Wir glauben sogar beinahe, daß George F. Marion Chris Christopherson ist. Im Stück ist er klein, beleibt, breitmäulig mit einem hängenden, gelben Schnurrbart und einem dicken Hals, »der wie ein Pfahl in den schweren Stamm seines Körpers gerammt ist«. Allmählich erfahren wir, daß es gerade dieser Hals ist, der fehlt. Im Stück ist er ein starker Mann, aber im Film ist er schwach und quengelig, der ständig über den »alten Teufel, die See« zetert. Man kann sich nicht vorstellen, daß er je der Liebhaber der alten, fetten und verkommenen Marthy gewesen war. Marie Dressler und ihre ganzen zweihundert Pfund würden sich niemals an dieses Würstchen von Mann verschwenden. Wie die Garbo strebt auch sie nach Höherem. Sie betritt die Kneipe wie eine betrunkene Kaiserin. Sie ist mit sehr viel Menschlichkeit ausgestattet, und kein reicherer Charakter hat jemals der Leinwand die Gnade erwiesen.

So geschieht es, daß sich in *Anna Christie* zwei Kaiserinnen am

Greta Garbo in ›Anna Christie‹, 1930

In ›Romance‹ (Romanze, 1930) von Clarence Brown

Tisch treffen: die eine als stämmige New Yorker Schlampe verkleidet mit einem Lachen wie das Brüllen einer Dampfmaschine, und die andere verkleidet als eine verbitterte, bleichgesichtige Hure von Sankt Pauli mit einer krächzenden, winselnden Stimme. Niemand hat irgendwelche Schwierigkeiten, die Verkleidungen zu durchschauen.

Marie Dressler war eine hervorragende dramatische Schülerin. Ihr Privatleben war nicht allzu glücklich, aber auf der Bühne verbreitete sie einen unbändigen Humor. Sie beobachtete die Garbo und kam zu einigen klugen Schlüssen. »Die Garbo ist einsam«, sagte sie. »Sie war es immer und wird es immer bleiben. Sie lebt inmitten einer endlosen, schmerzenden Einsamkeit. Sie ist eine große Künstlerin, und es gehört zu ihrem Ruhm, aber es ist auch ihr größtes Unglück, daß die Kunst für sie die einzige Realität ist. Männer und Frauen, die Geschehnisse des Alltags, bewegen sich wie Schatten um sie herum. Nur wenn sie einem Stück Film mit ihrem Atem Leben einhaucht, wenn sie mit ihrem eigenen Fleisch und Blut einem Drehbuch Farbe gibt, dann wird sie sich ihrer bewußt, dann lebt sie.«

Marie Dressler spielte und sprach immer mit viel Kraft. Ihre Interpretation der Garbo ist viel wichtiger, als die meisten anderen. Sie war in der Lage, die Garbo ganz aus der Nähe zu studieren, ohne sich in sie zu verlieben oder von ihrer Schönheit geblendet zu sein.

Clarence Brown machte noch vier weitere Filme mit der Garbo: *Romance* (Romanze, 1930), *Inspiration* (Yvonne, 1931), *Anna Karenina* (1935) und *Conquest* (Maria Walewska, 1937). Alle jene Filme inszenierte er mit schwerer Hand, und man konnte seine genagelten Stiefel auf der Tonspur hören. Der Ton ist nicht ganz und gar verunglückt und manchmal sogar interessanter als die Unterhaltung auf der Leinwand.

Romance ist ähnlich wie der verunglückte *Two-faced Woman* ein Film, der um mildernde Umstände bittet. Es war ursprünglich ein Dreiakter von Edward Sheldon und es gehört zu den Dramen, die einer Filmbearbeitung trotzen. Ein junger Mann erzählt seinem pfeifeschmauchenden Großvater, der in vollem Bischofsornat vor ihm sitzt, daß er eine junge Schauspielerin heiraten will. Der Bischof meldet Bedenken an. Er hatte auch einmal eine Schauspielerin geliebt, oder, besser gesagt, eine Primadonna. Es war eine lange und quälende Liebesbeziehung, die durch die Tatsache kompliziert wurde, daß die Primadonna bereits die Geliebte des

Greta Garbo und Gavin Gordon in ›Romanze‹, 1930

unglaublich reichen Cornelius Van Tuyl war. In einer Rückblende macht sie der Bischof, damals junger Rektor von St. Giles, dem Millionär abspenstig, aber nur um festzustellen, daß er aus falschen Gründen in sie verliebt ist – er will nur ihr Fleisch und nicht ihre Seele. Sie zieht sich zum Gebet zurück, um ihn zu retten, und verschwindet dann aus seinem Leben und läßt ihn als weisen und besseren Menschen zurück. Der größte Teil des Films besteht aus der langatmig erzählten Liebesaffäre, die auch in fünf Minuten hätte erzählt werden können.

Glücklicherweise spielen Gavin Gordon als Bischof und Lewis Stone als Cornelius Van Tuyl in der gleichen elegischen Art und Weise, weil sie austauschbar sind und sich gegenseitig aufheben. Beide beanspruchen gleichermaßen, der Beschützer der Primadonna zu sein, sprechen über ihre große Liebe zu ihr, herzen und begehren sie. Als sie den jungen Rektor von St. Giles befragt, antwortet er sogleich, daß er die Ehre habe, einem der wichtigsten Heiligen der Englischen Kirche zu dienen. Sie ist von seiner Unschuld verwirrt und fasziniert, von seiner Bewunderung zu ihr, ja sogar von seinem Puritanismus, denn er trinkt nicht, war nie in der Oper und ganz offensichtlich nie in eine Frau verliebt. Gavin Gordon gibt sein Bests, die hoffnungslosen Gelüste des Fleisches darzustellen: er rollt die Augen, der Hals hüpft, soweit es sein geistlicher Kragen zuläßt, seine Nasenflügel blähen sich; er benutzt die Techniken eines Stummfilm-Schauspielers, um sich selbst davon zu überzeugen, daß er verliebt ist.

Margherita Cavallini, das Objekt seiner Zuneigung, bewegt sich heiter und gelassen durch seine Leidenschaften wie ein Messer. Sie saugt ihm mit jedem Blick das Blut aus den Adern, und wenn sie ihre Lippen halb öffnet, wird er ihr Sklave auf Lebenszeit. Sie weiß sehr genau, daß sie sein Feuer schürt, und in dem Augenblick, in dem der Rektor die »Scheide auf Leben und Tod« erreicht, zieht sie sich vom Schlachtfeld mit einem geflüsterten: »Ich danke dir, daß du mich geliebt hast«, zurück. Die Garbo macht selbst noch diese Worte verständlich. Sie kann die Locke seines Babyhaares an ihre Wange halten und flüstern: »Oh, das ist so weich«, und für einen Augenblick glauben wir, daß diese Gefühlsregung echt ist. Sie kann das Halsband seiner Mutter umtun und uns glauben machen, daß dies ein heiliger Akt ist. Erst als sie sich hinsetzt, um für ihn Klavier zu spielen, beginnen wir uns zu wundern, wie sie in diese Mésalliance, die ihm offensichtlich nicht gut tut, hineingeraten ist. Wenn sie am Klavier sitzt, ist sie weit genug von ihm entfernt, um als eine Person mit eigenen Rechten gelten zu können. In solchen Augenblicken verschwindet ihr Liebhaber gnädigerweise in den sie umgebenden Schatten, und wenn er wieder auftaucht, fragen wir uns, wer er eigentlich ist. Die Liebhaber der Garbo kann man so leicht vergessen.

Als berühmte Primadonna Margherita Cavallini hat die Garbo niemals genügend Überzeugungskraft, aber wir wollen keinen Augenblick mit dieser berühmten Frau versäumen, mit dieser unerreichbaren Frau. Sie trägt die sagenhaft teuren Pelze wie eine russische Prinzessin, und sie ist in ihrem Element, wenn sie die schneebedeckte Fifth Avenue in einem Schlitten hinunterfährt. Hollywood hat schließlich herausgefunden, daß sie am schönsten gegen den Schnee fotografiert aussah, hatte diese Entdeckung gemacht und sofort wieder vergessen. In *Queen Christina* und *Anna Karenina* war dem Schneemädchen eine kurze Wiederkehr gestattet. Nach *Romance* folgten noch drei katastrophale Filme, bevor die Garbo im *Grand Hotel* (Menschen im Hotel, 1932) die Gelegenheit erhielt, eine Supervorstellung als Tänzerin Grusinskaja zu geben, in dem Augenblick, als ihre Karriere droht zu Ende zu gehen, und deren Hoffnung und Glück in ihrer Liebe zu einem mittelalterlichen Schuft liegen, dem Baron von Gaigern, der sehr ungelegen und heldenhaft stirbt.

Die drei Filme waren auf unterschiedliche Art katastrophal. Ähnlich wie in *Romance* wird in allen diesen Filmen von der Garbo verlangt, sich selbst zu verleugnen. Um einen Mann zu retten, muß sie ihn entweder verlassen oder sich selbst aufopfern, und die Tatsache, daß der Mann ihrer vollkommen unwürdig ist, ist noch das geringste Problem. In Hollywood wurde die Theorie verfochten, daß eine Frau ihre höchste Erfüllung dann fand, wenn sie auf alles, was sie zur Frau machte, verzichtete. Diese vermeintliche Philosophie stammte aus den sentimentalen Romanen des 19. Jahrhunderts und hatte den Vorteil, daß sich so die Gelegenheit für einige dramatische Höhepunkte bot. Sie pflückt und ißt den Apfel, erfreut sich an seinem Gift, erlaubt sich einige vernünftige Zweifel, bietet den Rest des Apfels Adam an, zieht das Angebot zurück und nimmt schließlich die ganze Last der Schuld auf sich, indem sie Adam erlaubt, ohne Schuld zu sein. In dieser grotesken Komödie sind alle Vorurteile auf der Seite Adams.

In *Inspiration* spielt die Garbo die Yvonne, ein Pariser Künstlermodell mit dunkler Vergangenheit, das von einem aufstrebenden jungen Diplomaten, gespielt von Robert Montgomery, geliebt

In ›Inspiration‹ (Yvonne, 1931) von Clarence Brown

wird. Sie verläßt ihn schließlich, um seine Karriere zu retten, aber nicht ohne einige dieser Höhepunkte durchgemacht zu haben. Es muß scheinen, daß Liebe schrecklich gefährlich ist. Die Menschen begehen aus Liebe Selbstmord. Yvonnes Freundin Liane stürzt sich aus dem Fenster, als ihr Liebhaber sie zurückweist, und Yvonne wird sich nun ihrer Verantwortung um so bewußter. Der Film basierte auf dem Roman *Sapho* von Alphonse Daudet, der 1884 erschienen ist. Wenn sich der Film mehr an den Roman gehalten hätte, wäre er es vielleicht wert gewesen, gedreht zu werden. Schließlich war Daudet ein sehr anerkannter Schriftsteller mit viel psychologischem Verständnis für seine Charaktere. Hier ist ein Auszug, der die Qualität des Werkes ahnen läßt: »Im dritten Stock über dem Zwischengeschoß, der beste Platz in der Welt, um sich aus dem Fenster zu stürzen! Als sie sprach, lächelte die junge Frau, die mit leuchtend roten Wangen im verblassenden Licht stand mit einem großen Strauß pupurroter Rosen im Arm; und der Klang ihrer Stimme war so tief, und so feierlich, daß niemand antwortete. Der Wind wurde frischer; die Häuser gegenüber schienen noch höher . . .«

Etwas von dieser Stimmung wurde von der Garbo eingefangen, als sie mit großen Augen durch Gene Markeys Travestie des Romans von Daudet geht. Zuweilen scheint sie über ihre Schulter zu blicken in der Hoffnung, daß ihr jemand erzählen möge, worum es in diesem Film eigentlich geht. Ein anderes Mal scheint sie in ihre eigene Meditation versunken, die mit dem Film nichts zu tun hat. Robert Montgomery bringt genau das richtige, abgeschmackte Verhalten mit, das sich für einen Diplomaten gehört, und führt auch eine ebenso geschmacklose Unterhaltung mit der Garbo. »Ich bin gerade eine nette junge Frau«, sagt sie sehnsüchtig, »nicht zu jung und nicht zu nett.« Am Ende sitzt sie am Feuer, sie schreibt ihm einen Brief, in dem sie ihm sagt, er solle das reiche Mädchen heiraten, und ohne Ach und Weh stiehlt sie sich in der Morgendämmerung davon.

Susan Lenox: Her Fall and Rise (Helgas Fall und Aufstieg, 1931) von Robert Leonard, mit dem jungen Clark Gable in der Hauptrolle, ist etwas spannender und abenteuerlicher. Der Film zeigt uns eine neue Garbo: ein wildes, barfüßiges Mädchen vom Lande, das in ständiger Furcht ist, einen Mann heiraten zu müssen, den sie haßt. »Helga, du wirst Ed Mondstrum heiraten«, wird ihr von ihrem Vater gesagt. Schreie, Sausen von Peitschen, Getrippel im Schlafzimmer, bis sie endlich durch einen verzauberten Wald zu

Greta Garbo und Clark Gable in ›Susan Lennox‹ (Helgas Fall und Aufstieg, 1931) von Robert Z. Leonard

einem einsamen Haus kommt, das von einem Hund bewacht wird. Das Haus gehört Clark Gable, der vorgibt, überrascht zu sein, als er sie in seiner Garage vorfindet. Es ist Liebe auf den ersten oder auf den zweiten Blick. Überraschenderweise zeigt sich die Garbo als gute Haushälterin für den einsamen Junggesellen, die mit umsichtiger Begeisterung für sein Wohl sorgt. »Wer bist du übrigens«, fragt er sie, nachdem er ihr einen Schlafanzug gegeben hat. Es ist eine Frage, die schon oft gestellt wurde, und wir sind hier der Lösung auch nicht näher, wenn wir sie in diesem unmöglichen Schlafanzug sehen.

Die Rolle des Vaters hat der geniale, etwas ältliche Jean Hersholt übernommen, mit einem drei Tage alten Bart und einer schrecklichen Stimmung ausgestattet. Er begibt sich auf die Suche nach ihr, findet sie und will sie mit nach Hause nehmen und sie zwingen Ed Mondstrum zu heiraten, als sie mit einem vorbeifahrenden Sonderzug eines Zirkusses entkommen kann. Hier bei diesem Zirkusvolk ist die Garbo für einige Augenblicke in ihrem Element. Es ist verwunderlich, wie gut sie in die Burlingtons Carnival Show paßt. Die tätowierte Lady, die angemalten Clowns, die Zirkuspferde und die ganze Stimmung ringsherum liefern die Atmosphäre, in der sie sich wohlfühlen kann. Clark Gable, den sie liebt, folgt ihr, aber durch ein Mißverständnis sieht er sich von ihr getäuscht und verläßt sie. Das nächste Mal sehen wir sie als Freundin eines reichen Mannes in New York, wie sie sich in einem vornehmen Penthaus mit einem Roulette-Spiel amüsiert. Hier findet Clark Gable sie und sie gesteht ihm ihre Liebe, um wiederum zurückgewiesen zu werden. Aber nun verläßt sie ihren reichen Freund und sucht Gable, den sie schließlich in einer elenden Tanzdiele in Puerto Sacate wiederfindet, wo er geistig verwirrt, aussehend wie ein Penner aus der Bowery, arbeitet und sein Geld und Leben in einer Clique von Bauarbeitern vertut. Inzwischen ist die Garbo die Geliebte eines anderen reichen Mannes geworden, der eine Yacht besitzt, ihr ein Leben in Sorglosigkeit anbietet und ihr verspricht, mit ihr nach Arabien und Ägypten zu segeln. Doch sie liebt Gable und bleibt bei ihm.

Susan Lenox: Her Rise and Fall ist der Film nach der bekannten Novelle von David Graham Phillips und stellt wenig Anforderungen an den Zuschauer. Wir sehen die Garbo in den unterschiedlichsten Kostümen und vor vielen verschiedenen Hintergründen. Manchmal sieht sie abgehärmt, manchmal wieder ätherisch aus, je nach der Stimmung des Regisseurs. Doch meistens tritt sie wie eine Schlafwandlerin auf mit der Stimme eines Bauchredners. Das erste Mal empfinden wir Mitleid mit ihr – Mitleid, weil der Regisseur unfähig ist, eine zusammenhängende Geschichte zu erzählen, und weil immer deutlicher wird, daß sie als Hure, die durch die Arme einer Reihe von unqualifizierten Männern wandert, falsch besetzt ist.

In *Mata Hari* (1931) treffen wir sie in Paris während des Ersten Weltkrieges wieder, wo sie als Mata Hari einen überzeugenderen Eindruck macht, als das barfüßige Bauernmädchen, das in die Gesellschaft aufsteigt, um Roulette in einem New Yorker Penthaus zu spielen. Wenig Überzeugungskraft hat der Film von dem Augenblick an, als wir sie fast nackt tanzen sehen, nur mit ein paar orientalischen Fetzen bekleidet, vor einer grotesken chinesischen Kriegsgottheit (die mit einigen Verschönerungen in *The Painted Veil* wieder auftauchen wird). Sie wendet sich an den vielarmigen Gott: »Ich tanze heute nacht für dich, wie in den Tempeln von Java.« Sie tanzt nicht. Statt dessen macht sie ein paar linkische Verrenkungen, bevor sie von der Bühne torkelt, um ihre Karriere als Spionin für die Deutschen zu beenden, das heißt, insbesondere für einen gewissen Adriani, der von Lewis Stone gespielt wird. Offiziell ist er Geschäftsführer eines Spielsalons. Roman Navarro, mit dem guten Aussehen eines Spaniers, spielt einen furchtlosen Offizier, der in ihre Klauen fällt. Er fällt tatsächlich, während das Ewige Licht unter der Ikone der Muttergottes von Kasan schwankt und das Porträt von Zar Nikolaus II. leidenschaftslos von der Wand herunterschaut. Die russische Atmosphäre ist wie mit einer heißen Borschtschsuppe übergossen, und es hat den Anschein, daß wir uns in Petersburg befinden. Navarro besitzt Geheimnisse. Es ist ihre Aufgabe, sie herauszufinden, während Adriani immer ungeduldig ist. Carlotta, eine andere schöne Spionin in diesem Netzwerk, versagt und wird auf grausame Weise ermordet. Der Film läuft Gefahr, eher ein Horror-Film als ein Agenten-Thriller zu werden. Navarro, bei einem Flugzeugunglück erblindet, wird schließlich in das Gefängnis gebracht, wo Mata Hari ihre letzten Stunden verbringt, nachdem sie von den Franzosen gefangengenommen worden war. Die Tage, in denen Adriani sagte: »Du schiffst dich heute nach Amsterdam ein und ich erstatte H 12 Bericht«, sind nun vorbei. Sie scheint es nicht zu bedauern. Mit geschornem Kopf, im schwarzen Gewand steigt sie die Stufen von ihrer Zelle herunter, nachdem sie ihrem Liebhaber ein mattes »Lebewohl« gesagt hat und der Henkerstrupp sie wegbringt. Die

Greta Garbo in ›Mata Hari‹ (Mata Hari, 1931) von George Fitzmaurice

Garbo geht sicher in den Tod, mit der Haltung einer Kaiserin, die geköpft werden soll.

Das Publikum hat keinen Grund, den Drehbuchautoren dankbar zu sein, Benjamin Glazer und Leo Birinski beschwerten die Story und schrieben viel zu viele gestelzte Dialoge. »Eines Tages«, warnt Mata Hari ihren Geliebten, »wirst du wissen, daß ich viel weniger von jener Frau habe, die du jetzt in mir siehst.« Das sollte eine offene Warnung sein, aber der glücklose Offizier ist nicht in der Stimmung, die Warnung zu begreifen. Inzwischen blind, besucht er sie in der Gefängniszelle. Man sagte ihm, er gehe in ein Sanatorium, wo Mata Hari auf eine Operation wartet, die aber nicht gefährlich sein würde. Mit dem gleichen Atemzug gibt sie ihr Leben auf und entsagt ihrem Liebhaber. Die Nonnen mit ihren gestärkten weißen Hauben bewegen sich schützend um sie herum in der diskreten Stille, die den Augenblicken der Hingabe und Weihung vorbehalten ist. Oben auf der Treppe steht sie allein, gefaßt und majestätisch, schöner als in jedem anderen Augenblick des Films und bald ist sie, anstelle von Nonnen, von langen Bajonetten umgeben. Diese langsame Überblendung ist der einzig wirklich künstlerische Teil des Films. So versucht schließlich die Garbo, ohne daß die Drehbuchautoren etwas dazu getan hätten, alle Fehler des Films wieder gutzumachen, und zeigt uns eine ihrer wunderbarsten Szenen. Längst haben wir jede Verschwörung und jeden Kuß vergessen, aber niemals die Einstellung, wenn sich die Tür öffnet und sie oben auf der Treppe erscheint.

Das Problem der *Mata Hari* ist, daß die Autoren die wirkliche Mata Hari nicht in Betracht gezogen haben, die wesentlich interessanter ist als jenes Klischee, das von ihr entworfen wurde. Halb Holländerin, halb Javanerin wurde sie im damaligen Holländisch Ost-Indien als Gertrude Margarete Zelle 1876 geboren. Obwohl sie nicht schön war, konnte sie sich schön machen, bewegte sich graziös und hatte den schlanken, schmiegsamen Körper einer Tänzerin. Sie ließ sich vor dem Ersten Weltkrieg in Paris nieder und war für ihre Liebesaffären, ihre gutgeschneiderten Kleider und dafür, daß sie jeden Morgen in den Bois de Boulogne ausritt, bekannt. Sie trug dazu einen Zylinder und einen alten wehenden Schleier. Count Robert de Montesquiou, der Proust's Baron de Charlus wurde, war einer ihrer Bewunderer, aber wohl nur deshalb, weil sie etwas Jungenhaftes hatte. Als sie einmal vor einer Schar adliger Damen nackt tanzte, bemerkte sie plötzlich, daß sich unter ihnen ein verkleideter Mann befand. Sie tanzte

In ›Mata Hari‹, 1931

In ›Mata Hari‹, 1931

In ›Mata Hari‹, 1931 mit Ramon Novarro

Die Garbo kurz vor der Hinrichtung in ›Mata Hari‹, 1931

einen Kriegstanz, schwang den Speer und durchbohrte ihn beinahe.

Als der Krieg begann, erwies sie sich als eine der besten Spione der Deutschen. Sie brachte die besten Voraussetzungen dafür mit, denn ihre Liebhaber bekleideten Positionen bis hoch hinauf ins Kriegsministerium. Sie kannte keine Skrupel, sie war unmoralisch, rücksichtslos und hingebungsvoll. Auch nach ihrer Festnahme verlor sie nicht ihre Haltung, und als sie hinausgeführt wurde und dem Exekutionskommando entgegentrat, trug sie ein gutgeschnittenes Kostüm, ging mit festen Schritten und rief: »Es lebe Deutschland!« in der kurzen Zeit, die ihr blieb, bevor ein junger Leutnant den Arm erhob und das Kommando zum Feuern gab. Sie war eine vielseitige, mutige und kompromißlose Spionin und hätte eigentlich Besseres verdient, als ein Gegenstand nervenkitzelnder Artikel in den Sonntagsbeilagen der Zeitungen zu sein.

Mit der Garbo in der Rolle der Spionin hätte es ein hervorragender Film werden können. Statt dessen wurde es ein Film, bei dem man sich nur an dessen letzte Einstellungen erinnert.

Romance, *Inspiration*, *Susan Lenox* und *Mata Hari* waren alles Fehlschläge. Sie brachten nichts Neues, nur sehr viel Geld. Sie hielten die Erinnerung an den Namen Garbo wach, wurden aber ansonsten schnell vergessen. Doch mit *Grand Hotel* (Menschen im Hotel, 1932) erschien ein rosa Streifen am Horizont, denn die Garbo schlüpfte in eine Rolle, die ihr auf den Leib geschrieben war. Der Film ist Kitsch, das Manuskript ist miserabel geschrieben. Fast alle Schauspieler überziehen, doch das Spiel der Garbo ist atemberaubend in seiner Leichtigkeit und Grazie. Sie spielt die Grusinskaja, eine nervöse, alternde Ballerina, als wäre sie achtzehn Jahre alt. Sie besitzt zwar nicht die Figur einer Ballerina, aber das ist unwichtig. Sie überzeugt den Zuschauer, die Grusinskaja, und aus Einsamkeit und Verzweiflung in der Lage zu sein, sich in einen ganz gewöhnlichen Dieb zu verlieben, der in ihr Zimmer einsteigt, um ihre Juwelen zu stehlen. Es ist absurd, daß der Zuschauer besorgt ist, aber er ist es. Wieder einmal triumphierte die Schauspielerin über die Vorlage. Sie ist nicht achtzehn Jahre alt, sie ist keine alternde Ballerina, sie ist die Garbo, sie ist nicht und wird niemals eine Tänzerin sein, denn sie schreitet mit meterlangen Schritten durch die Hotelhalle des Grand Hotels, aber nichts davon ist wichtig. Was wichtig ist, ist, daß sie die wesentlichen Charakterzüge der Grusinskaja darstellen kann. Sie zeigt keine Geste, keine Wendung, keinen Gesichtsausdruck oder hat keinen

Die Garbo und John Barrymore in ›Grand Hotel‹ (Menschen im Hotel, 1932) von Edmund Goulding

In ›Menschen im Hotel‹, 1932

In ›Menschen im Hotel‹, 1932

In ›Menschen im Hotel‹, 1932

Tonfall, der nicht zu diesem Charakter paßte. Die Garbo verschwindet und erweckt die Grusinskaja zu neuem Leben.

Diesmal ist die Vorstellung einzigartig, so gut, daß man nicht bemerkt, daß es eine ist. Sie ist wunderbar kapriziös, und die Grusinskaja besteht aus nichts anderem als aus Launen. Sie entzückt mit ihrer Schönheit und Vollkommenheit. Der Dieb, der es auf ihren Schmuck abgesehen hat, Felix Benvenuto Freiherr von Gaigern, wurde ohne jede Farbe von John Barrymore gespielt. Zum Unglück wird er auch noch Flix genannt, ein passender Name für diesen schäbigen und alternden Wüstling, der vor allem Frauen anbetet, denen einige Perlen um den Hals hängen. Flix ist ebenso unwichtig wie alle anderen Liebhaber der Garbo auch. Er wird nur akzeptiert, weil es so unwahrscheinlich ist, daß diese wunderschöne Frau keinen Liebhaber hat. Auf die gleiche Weise gewinnen auch alle anderen Personen erst ihre Bedeutung: ihre Kammerzofe, ihr Chauffeur, sogar das Empfangspersonal an der Rezeption, wenn sie an ihm vorübergeht.

Das Drehbuch von William A. Drake entstand nach dem Roman *Menschen im Hotel* von Vicky Baum. Und das ist kaum zu glauben. Alle einschlägigen Charaktere sind vorhanden: die gutherzige Sekretärin, der unerbittliche Geschäftsmann, der traurige, etwas ausgetrocknete Angestellte, der seinen letzten Kampf kämpft in diesem prächtigen Hotel, Angst vor dem Bankrott, der Zusammenbruch von Geschäftsunternehmen, Mord in der Nacht. Man kann es kaum glauben, daß es noch eine Mordszene im Kino gibt, die so laienhaft dargestellt wird wie in diesem Film. Auch wenn der reiche Industrielle Preysing seinem Ruin entgegensieht, müssen wir diese Geschäftsleute und Kreditoren sehen und lange beobachten, wie sie um einen Tisch herumsitzen, wo Preysing ihnen Lügen erzählt, die Katastrophe aufzuschieben versucht und einen Wutanfall bekommt, als er auf die gleiche Stufe mit seinem Angestellten Kringelein gestellt wird. Die Sitzung des Aufsichtsrates ist sehr heiter, wohl im wesentlichen deshalb, weil dieses Treffen einige Ähnlichkeit mit den Sitzungen der leitenden Herren der MGM hat.

Der englische Regisseur Edmund Goulding hat zwei wertvolle Eigenschaften: einen Sinn für Lokalitäten und Verständnis für Frauen. Auch wenn aus Joan Crawford keine überzeugende Sekretärin wird, stattet er sie doch mit Würde aus, um sie glaubhafter zu machen. Mit Männern war er weniger erfolgreich. Lewis Stone, der den langjährigen Dauergast des Hotels spielt, hat nicht viel

mehr zu tun, als hin und wieder philosophisch tiefsinnig zu ver-
künden, daß die Gäste kommen und gehen, daß aber niemals etwas passiert. Er spielt hier die Rolle des offiziellen Moralpredigers,
der als Lückenbüßer in den Film eingebracht wurde und somit von
keinem Interesse ist.

Sir Cedric Hardwicke, ein anerkannter Kritiker sagte, daß
Goulding einige Fehler gemacht habe, die entsprechend seiner
Möglichkeiten und der Anzahl der Stars in diesem Film, nicht zu
entschuldigen seien: »Goulding«, sagte er, »hatte die dramatischen Möglichkeiten in der Story vollkommen übersehen und benutzte sie offensichtlich nur als Stilübungen für die Stars.« Da
steckt ein Körnchen Wahrheit drin, aber es wäre anders, hätten die
Schauspieler wirklich intelligent gespielt. Die meisten überzogen
unglaublich, und nicht einmal dieser glatte Freiherr von Gaigern
war wirklich überzeugend. Allerdings hatten die Schauspieler
keine Hilfe von seiten dieses blutleeren Drehbuches. »Ich werde
am Galgen enden«, verkündet der Freiherr so oft, daß es kaum
noch glaubhaft wirkt. Der Text der Garbo ist nicht sehr viel einfallsreicher. »Ich kann heute abend nicht tanzen«, klagt sie. »Alles
ist so kalt und zu Ende, soweit weg, so ausgelaugt. Die Russen,
Petersburg, der Großherzog Sergej ist tot . . .« Sie lamentiert ständig über die weit zurückliegende Vergangenheit, denn der Großherzog Sergej wurde von dem Dichter Ivan Kaliajew 1905 ermordet. Wir sind in eine zeitlose Welt eingetreten; das Grand Hotel
liegt außerhalb jeder Zeitrechnung, und die Grusinskaja ist
ebenso zeitlos. Mit Hilfe von Veronal versucht sie, Selbstmord zu
begehen, aber da erscheint der Dieb und kann sie gerade noch
rechtzeitig davon abhalten. Mit größter Leichtigkeit steigt John
Barrymore in das Hotelzimmer ein. Es ist uns erlaubt, ihn ein Ge-
sims entlangklettern zu sehen, das keine zwanzig Zentimeter vom
Boden entfernt ist. Er führt sich auf, als hätte er vierzig Stockwerke
erklommen, hoch über einer verkehrsreichen Straße. Aber es gibt
keine Straße, keinen Verkehr, keine vierzig Stockwerke und auch
kein Schnappschloß am Fenster. Er besteigt das Zimmer der Tänzerin mit der Würde eines Mannes, der es gewohnt ist, geradewegs in die Schlafzimmer zu marschieren.

An der Realität der 26jährigen Ballerina haben wir nicht die geringsten Zweifel. Sie ist von phantastischer Schönheit, wenn sie,
der Welt »Lebewohl« sagend, ihr weißes Tutu trägt, ihre Schuhe
auszieht, sie küßt und alle Gegenstände berührt, die ihr liebge-
worden sind und von denen sie sich nun verabschiedet, weil sie

sie nie wieder sehen wird. Aus dieser Szene wird in *Königin Christine* die Szene entstehen, in der sie sich durch ein anderes Schlafzimmer bewegt und den Dingen, die sie liebkost und berührt mit inniger Glut, Verehrung und Anbetung begegnet.

Die Anziehungskraft des Films *Grand Hotel* beruht einzig und allein auf dem Spiel der Garbo. Nun wurde endlich deutlich, daß die Garbo in all den Rollen als Vamp und *femme fatale* vollkommen fehlbesetzt war. Ihr Können war verschleudert worden. Die griechischen Tragödien, die Shakespeares und die Tschechows warteten auf sie. Statt dessen spielte sie in absurden Melodramen, die nur entfernt etwas mit Pirandellos *As You Desire Me* (Wie du mich wünschst, 1932) zu tun haben. Gene Markey schrieb das Drehbuch, Hedda Hopper spielte die Schwester der Garbo, Erich von Stroheim liebte sie und Melvyn Douglas dachte, sie wäre seine Frau, aber er war sich dessen nicht ganz sicher, da sie an Gedächtnisschwund litt und sich über ihre Identität nicht ganz im klaren war. War sie Zara, die Kabarettsängerin aus Budapest, oder war sie die Gräfin Varelli? Die Angelegenheit hätte von einem intelligenten Menschen geklärt werden können, aber Gene Markey war in der Lage, eine 71 Minuten lange Geschichte drumherum zu erzählen. Erich von Stroheim gelang es, sich selbst zu karikieren, aber darüber hinaus vergaß er seinen Text. »Ich habe zu keinem Augenblick gewußt, was ich eigentlich tun sollte«, sagte Melvyn Douglas. »Für uns war das unverständlich.« Das war zwar die Absicht von Pirandello, aber doch ganz anders gemeint. »Es ist nichts mehr von mir in mir übrig, nichts mehr von mir«, sagte die Gräfin Zara-Varelli. »Nimm mich, nimm mich und mach mich zu dem, was du begehrst.« Aber welche Gestalt sie auch annimmt, sie ist nicht begehrenswert. Die Garbo hat endlich das Unmögliche erreicht, sie ist nicht mehr schön. Sie hat ein teigiges Gesicht, steife Bewegungen und trägt eine weiße Perücke. Es schien, als hätte es bei der Arbeit einen großen Krach gegeben, und alle Schauspieler wären über die Regie von George Fitzmaurice verstimmt gewesen und hätten gestreikt.

Paul Bern, der den Film für MGM produziert hatte, beging später Selbstmord, nackt vor einem Spiegel in seinem herrschaftlichen Haus in Benedict Canyon stehend. Er hinterließ seiner Frau Jean Harlow eine Nachricht: »Mein Allerliebstes, leider ist dies der einzige Weg, das schrecklich Böse, das ich dir angetan habe, wieder gutzumachen und die Erniedrigung auszulöschen. Du verstehst, daß die letzte Nacht nur eine Komödie war. Paul.«

Greta Garbo und Erich von Stroheim in ›As You Desire Me‹ (Wie du mich wünschst, 1932)

Das Eigenartige an Hollywood war, daß man dort keinen Nerv für die Tragödie besaß. Hollywoods Herz schlug für das Drama, obwohl es keinen Sinn dafür entwickelt hatte. Die Maßstäbe fehlten, man hatte kein wirkliches Ziel. Es gab zu viele Paul Berns, die dachten, daß alles eine Komödie sei und die einfachste Lösung, sich umzubringen. *As You Desire Me* war eine Katastrophe, die kaum wieder gutzumachen war: Das Schiff versank, ohne Spuren zu hinterlassen, und drohte, jeden mit hinabzuziehen, der mit ihm zu tun hatte.

Greta Garbo in ›Die Frau mit den zwei Gesichtern‹, 1941

Königin Christine

Ich bin keine Täuschung, Antonio.

Aus Königin Christine

Mit den Jahren wuchs die Legende der Garbo, aber das war eher verwirrend, denn sie wurde nur durch ihre Schönheit genährt. Wenn sie im Sommer 1932 gestorben wäre, als ihr Vertrag mit der MGM auslief, hätte man sich an sie als eine Schauspielerin erinnert, die zwar in zahlreichen Filmen brillante Leistungen erbracht, sich aber doch nicht voll entfaltet hatte. Einige ihrer Filme wie *Romance* und *As You Desire Me* waren katastrophal. *Anna Christie* hatte gezeigt, daß sie selbst Rollen spielte, die gänzlich ungeeignet für sie waren. Mit Ausnahme von *Grand Hotel*, wo sie in ihrer Rolle befriedigte und auch überzeugte, war sie meistens gezwungen, gegen sich selbst zu spielen. Sie wurde nicht gefordert, und man gewinnt den Eindruck, daß so manches nicht mehr als eine Fingerübung für sie war. In Hollywood anerkannte man sie nur als Vamp, als Nachfolgerin von Nazimova, Theda Bara, und Pola Negri. So gab man ihr Rollen, die sie eben als männermordenden Vamp zeigen. Mit ihrer Person hatte das nicht das geringste zu tun. Ihre eigentlichen Talente hatte sie bereits in *Gösta Berling* und in *Die freudlose Gasse* gezeigt und damit bewiesen, daß sie durchaus in der Lage war, schwere und vielschichtige Rollen zu bewältigen. Die Rollen, die auf die *Freudlose Gasse* folgten, waren unter ihrem schauspielerischen Niveau. Beruflich hatte sie sich nicht weiterentwickelt, und sie zog sich immer mehr in sich selbst zurück.

Die Filme, in denen sie in all den Jahren mitwirkte, waren ausgesprochen trivial. Sie spielte mit der ihr eigenen Grazie, verfügte über Erfindungsgeist und Vitalität und mußte eigentlich nur auf der Leinwand erscheinen, um alle anderen um sich herum vergessen zu machen. Sie zog immer die ganze Aufmerksamkeit auf sich. In ihrer Gegenwart verloren alle anderen Personen an Farbe, aber niemand konnte das Rätsel lösen, weshalb das so war. Andere Schauspieler, ihre Filmpartner hatten es sehr schwer, sich neben ihr durchzusetzen. Selbst wenn die Story noch so banal war, ihre bloße Anwesenheit reichte aus, der nichtigsten Geschichte Inhalt zu geben. Die Szenen, in denen sie zeigte, was sie konnte, sugge-

Königin Christina von Sèbastien Bourdon

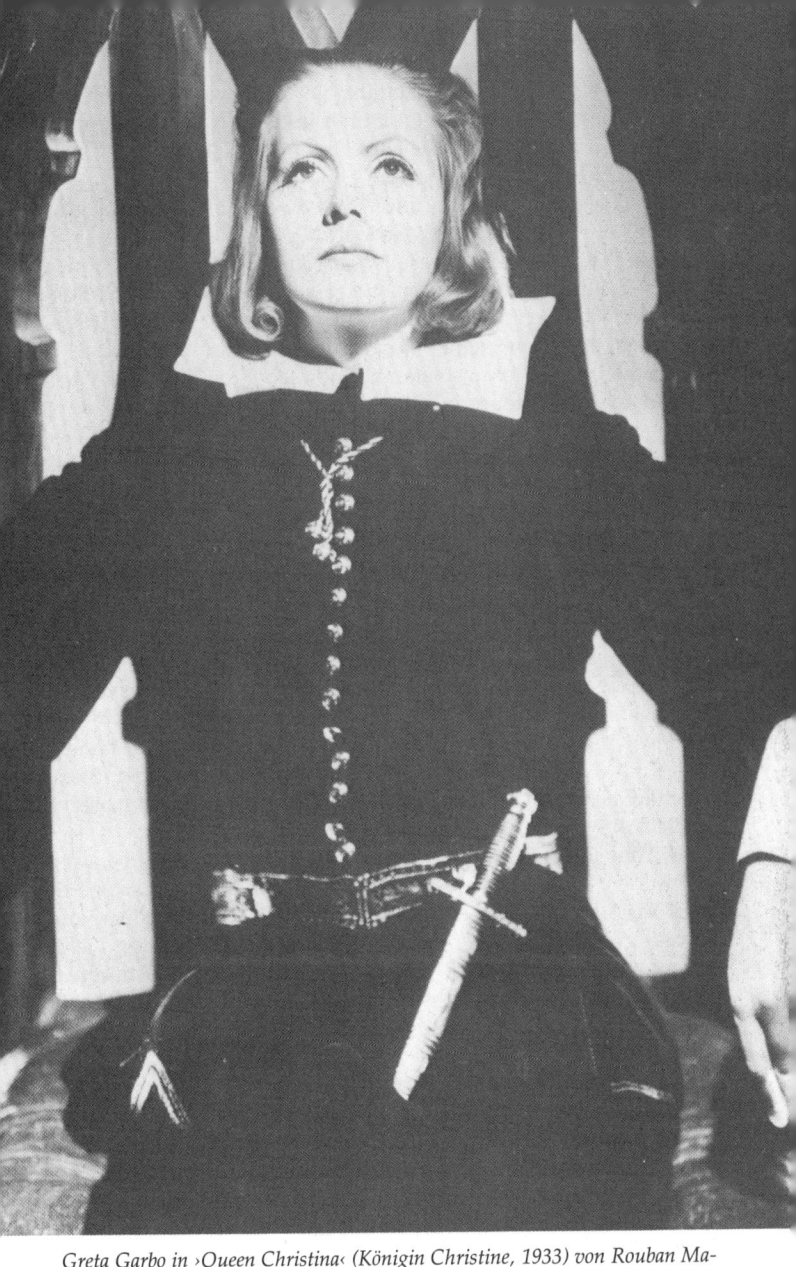

Greta Garbo in ›Queen Christina‹ (Königin Christine, 1933) von Rouban Ma-moulian

rierten, daß sie noch zu viel mehr fähig gewesen wäre. Sie glich einem jener Berge, deren Spitzen immer in den Wolken sind; und dann lösen sich eines Tages die Nebel auf und geben den Blick frei auf die herrlichen, weißen Gipfel.

Die Garbo wußte, daß sie unter Niveau spielte, und beklagte sich bitter darüber. Sie hatte das Gefühl, daß nicht eine einzige Rolle ihrem Können angemessen war. Man konnte sie sich ohne weiteres in Stücken wie *Othello, Antonio und Cleopatra* oder *Cherry Orchard* oder anderen Heldendramen vorstellen. Sie hätte auch die Medea, Iphigenie, eine Kaiserin oder Kurtisane, eine Verrückte oder einen Clown spielen können, aber die Rolle der Verführerin, der Abenteurerin oder der geheimnisumflorten Lady war ausgereizt. Das Gesicht der Garbo während der letzten Einstellung in *Mata Hari* hatte etwas Neues. Als sie älter wurde, nahm ihr Gesicht bisher unbekannte Züge an. Sie blieb zwar immer die Garbo, aber eine Garbo mit mehr Erfahrung, eine Garbo, die die Welt kannte, die aber dennoch nicht ganz irdisch war. In ihrem ruhigen, heiteren Gesicht lag etwas Göttliches. So mußte Athene ausgesehen haben, als sie das erste Mal die griechische Landschaft erblickte.

Kurz vor seinem Tode schrieb John Keats das Gedicht: »Hyperion: Eine Vision«, in dem er die Erscheinung der geheimnisvollen Göttin Moneta beschrieb. Wenn der Dichter zu ihr kommt, thront sie majestätisch in den Bergen der Seele. Ein Schleier von Weihrauch und Myrrhe umhüllt sie. Als Antwort auf sein Gebet lüftet sie schließlich den Schleier, und er erblickt sie in ihrer ganzen Herrlichkeit.

Das Alter gab der Garbo sanftere und feinere Gesichtszüge. Das Gesicht der Garbo glich jenem Gesicht, das Keats in seiner poetischen Vision erblickte – entrückt, gnadenvoll, weit entfernt von Ort und Zeit. Durch die Alchemie des Films, der Fleisch in Licht verwandelte, wurde sie zu einer außergewöhnlichen Schönheit mit einer überirdischen Ausstrahlung. Selbst Hollywood mußte geahnt haben, daß die Garbo niemals richtig eingesetzt worden war.

Aber vielleicht liegt diese Verschwendung in der Natur der Sache, die beinahe zum Verlust eines großen Talents geführt hätte. Hollywood bestand offenbar aus Schlafwandlern. Die Schablonen, nach denen die Autoren arbeiten mußten, führten zu der Hirnlosigkeit der Sujets. Der Tonfilm lag in den Händen von Philistern, die nicht wußten, was sie mit ihm anfangen sollten. Die

In ›Königin Christine‹, 1933

In ›Königin Christine‹, 1933

Garbo hatte fünfzehn Filme in Amerika gedreht, und davon konnte sie nur auf zehn Minuten aus *Flesh and the Devil*, eine Viertelstunde auf *Anna Christie*, 25 Minuten aus *Grand Hotel* und eine einzige Minute aus *Mata Hari* stolz sein. Der Rest war Abfall.

Wenn wir heute *Romance, Inspiration, Susan Lenox* oder *As You Desire Me* sehen würden, hätten wir das Gefühl, ins tiefste und dunkelste Mittelalter geraten zu sein. Wir würden absurde Geschichten erleben, die auf unmögliche Art und Weise von Schauspielern vermittelt werden, die noch genauso agieren wie ehemals im Stummfilm. Die Ausstattungen waren auf die billigste Masche zusammengeschustert. Hollywood strebte danach, alles auf das berühmte Mittelmaß hinunterzudrücken. Die Ausnahme war D.W.Griffith, der eine Geschichte mit Leben füllen und sich in die Persönlichkeit eines Schauspielers hineinversetzen konnte. Er gehörte zu den wenigen genialen Regisseuren, die Hollywood hervorgebracht hatte, der aber keinen Nachfolger fand.

Stiller hatte sie geformt und mit seinem Genius gestreift, was in *Herrn Arnes Schatz* deutlich wird. Doch mit der Zeit erschöpft sich ihre Qualität, ihr Stern drohte zu sinken. Sie spürte, daß es allmählich Zeit geworden war, einen Film zu machen, der ihrer würdig war. Sie kämmte die Geschichtsbücher durch und stieß auf die Königin Christina von Schweden.

Königin Christina war ein Blaustrumpf und sprach fließend sechs Sprachen: Französisch, Deutsch, Italienisch, Spanisch, Latein und Griechisch. Sie war von untersetzter Statur und hatte ein langes, schmales Gesicht, aufgeworfene Lippen und eine kräftige Nase. Sie war kränklich und litt ihr Leben lang unter Depressionen, Ohnmachten und schweren Erkältungen. Sie kleidete sich sehr männlich, fluchte und jagte wie ein Mann. »Außer ihrem Geschlecht ist nichts Weibliches an ihr«, schrieb Pater Mannerschied, der Geistliche des spanischen Gesandten. »Ihre Stimme, ihr Gang, ihr ganzer Habitus – alles ist sehr männlich.« Das entsprach nicht ganz der Wahrheit. Gefühlsaufwallungen wie Eifersucht und Wutausbrüche hatten mit Männlichkeit wenig zu tun. Sie genoß die Schmeicheleien ihrer Verehrer und schätzte es besonders, wenn sie Komplimente über ihre Klugheit und Bildung hörte. Sie las so viel, daß sie stark kurzsichtig wurde, und erkannte Leute erst dann, wenn sie unmittelbar vor ihr standen. Sie war sechs Jahre alt, als ihr Vater, König Gustav Adolf, in der Schlacht bei Lützen getötet wurde. So wurde sie in der Atmosphäre der Hofintrige erzogen mit dem Resultat, daß sie sich als die beste Intrigantin von allen erwies. Sie war das einzige Kind, Thronerbe und sich damit ihrer Macht wohl bewußt. Wie viele andere einsame Kinder, die ohne Vater aufwuchsen, war auch sie sehr launisch, kompliziert und kapriziös. Am 8. Dezember 1644, an ihrem 18. Geburtstag, leistete sie den Eid als König von Schweden. Ihr korrekter Titel lautete König, nicht Königin Christina.

Klein, häßlich, eine Schulter höher als die andere, da sie als Kind von der Kinderschwester fallengelassen wurde, besaß sie doch eine außerordentliche geistige Schönheit. Wenn sie erregt war, erhellte sich ihr Gesicht, und sie konnte dann umwerfend charmant sein. Man sagte ihr zahlreiche Liebhaber nach, aber tatsächlich hatte sie wohl keinen einzigen, denn ihre ganze Sympathie gehörte ihrer Hofdame Ebba Sparre. Das war zu einer Zeit, in der die Liebe unter Frauen etwas sehr Ungewöhnliches war. Sie war König von Schweden, und das wurde von niemandem in Zweifel gezogen. Im März 1654 dankte sie dann ganz plötzlich ab und verbrachte den Rest ihres Lebens in Rom. Dort sammelte sie Bücher und Gemälde und widmete sich den Intrigen unter den Kardinälen und dem Papst. Je älter sie wurde, desto unangenehmer wurde sie auch, herrschsüchtig und unnachgiebig. Im Alter von 63 Jahren starb sie und verfügte, daß auf ihrem Grabstein »VIXIT CHRISTINA« stehen solle, was ungefähr heißen sollte: »Christina war jemand, der gelebt hat.« Es wurden niemals genaue Gründe angegeben, warum sie abdankte. Aber es ist möglich, daß sie das Ausüben von Macht mühsam und absurd gefunden hatte.

Der Film *Königin Christine* hat mit den historischen Tatsachen wenig zu tun. Man hätte ihn »Variationen zum Thema Königin Christine« nennen sollen. Das Drehbuch war intelligent geschrieben und voller Einfälle. Es war gelungen, das Wesentliche des jugendlichen Wildfangs Christina einzufangen, den Spaß, den sie hatte, sich wie ein Junge anzuziehen, ihre Unduldsamkeit, ihren Charme und ihre Verwegenheit. Die Garbo war an dem Sujet sehr interessiert, arbeitete mit ihrer Freundin Salka Viertel eng am Drehbuch mit und kümmerte sich persönlich um die Kostüme. Mit vollkommener Selbstverständlichkeit spielte sie die höchste Autorität der schwedischen Geschichte. Von allen ihren Filmen mochte sie *Königin Christine* am liebsten. Sie hielt diese Rolle für angemessen und war in keinem Film so gut wie in diesem.

Königin Christine und *Die Kameliendame*, den sie drei Jahre später drehte, gehörten zu ihren Höhepunkten. In diesen Filmen gibt es nicht einen Augenblick der Unsicherheit. Sie beherrscht die ganze

Mit Elisabeth Young in ›Königin Christine‹, 1933

Szene, und ist sie nicht auf der Leinwand zu sehen, sind wir uns ihrer unsichtbaren Anwesenheit trotzdem bewußt.

Königin Christine beruht auf einigen wenigen Fakten, und in der Hauptsache beschäftigt sich der Film mit dem Widerstreit ihrer Gefühle. Die Widersacher Karl August, Prinz Palatine, ihr Cousin; Lord Magnus, dessen Vater Mitglied des Regierungsrates war; dann Don Antonio Pimentel, der spanische Gesandte.

Karl August war fettleibig, bewegte sich langsam und tranig und wäre als Liebhaber noch ungeeigneter gewesen denn als Ehemann. Lord Magnus war ein feinsinniger Mensch, der aus einer französischen Familie stammte, die in Schweden lebte. Man sagte, daß er der Sohn des Gustav Adolf war und damit Christinas Halbbruder. Don Antonio war ein Mann mit sehr viel Charme. Die Drehbuchautoren gaben ihm die Rolle des Hauptwidersachers, veränderten seinen Namen Pimentel in de la Prada wohl deswegen, weil de la Prada einfacher auszusprechen war.

Der Plot des Films bestand darin, daß Königin Christine von drei Männern belagert wurde. Das scheint den Tatsachen zu entsprechen, da es tatsächlich acht waren, die sich zu verschiedenen Zeitpunkten um sie bemühten, Christine aber von sich behauptete, daß sie in keinen von ihnen verliebt gewesen wäre. Allerdings entsprechen ihre Aussagen nicht immer der Wahrheit. Zweifellos hatte sie eine Reihe von Flirts, doch galt, wie gesagt, ihre tiefe Zuneigung Ebba Sparre. Sexuell frühreif, wechselweise angezogen und abgestoßen von beiden Geschlechtern, konnte sie doch beide Seiten genießen.

Der Höhepunkt des Filmes ist ihre erste Begegnung mit Don Antonio in einem Gasthof während eines Schneesturmes. Diese Szene gleicht exakt den ersten Einstellungen von *Love*, der ein unglaublicher Reinfall war. Christina lernt, als sie in Knabenkleidern durch den verschneiten Wald reitet, den Botschafter des Königs von Spanien, den hübschen, jungen Don Antonio kennen. Für eine Nacht muß sie mit ihm das Zimmer eines Gasthofes teilen. Sie hat es auf ihn abgesehen. Sie ist nervös, aufgeregt und etwas zu schön, um als Junge zu überzeugen. Sie verbrächte die Nacht gern am Feuer sitzend, Don Antonio würde die Nacht lieber mit ihr im Bett liegend verbringen. Wie die Nacht nun wirklich verbracht wird, wird nicht genau erklärt. Der Schneesturm hält an und macht sie zu Gefangenen. Sie müssen warten, bis er vorüber ist und die Straßen nach Stockholm wieder frei sind.

Krampfhaft wird die rauhe Stimmung beschrieben, die in dem

Gasthaus herrscht. Kellner gröhlen, servieren lärmend heißen Grog, gewöhnliche Frauenzimmer, denen man ansieht, daß sie Unheil stiften werden, treten auf. Von den niedrigen, verrauchten Balken hallen lautes Geschrei und wildes Gelächter wider. Viele Ganoven haben offensichtlich in diesem Gasthaus vor dem Sturm Schutz gesucht. Es wird dem Zuschauer das Gefühl von Tumult, Chaos und Gewalt vermittelt; Messer blitzen auf, private Fehden werden ausgetragen, und dann ganz plötzlich befinden sich der Knabe Christina und Don Antonio unerwartet in einem geräumigen, elegant möblierten Raum, und zwischen ihnen liegen diese langen und glückseligen Schweigepausen, die ersten Anzeichen zärtlicher Zuneigung. Wir fragen uns nicht, wie sie plötzlich in diese komfortable Ambiente geraten sind, noch dazu in einem ordinären Gasthaus, das von Soldaten und Huren wimmelt. Wozu dieser große Raum? Warum ist es so ruhig? Natürlich hat der Film seine eigenen Gesetze. Der große Raum entspricht ihrer Position als Königin und dem Ausmaß ihrer Liebesaffäre. Don Antonio weiß nicht, daß er der schwedischen Königin gegenübersteht. Sie ahnt nicht, daß er ein Gesandter ist, obwohl man ihn für einen spanischen Granden halten könnte, der unter der schwedischen Krone seinen Dienst tut.

Eines Morgens wacht Christina in einem wenig knabenhaften Morgenmantel auf. Wie in Trance wandelt sie durch das Schlafzimmer, berührt, liebkost Gegenstände, Vorhänge, Möbel und eine Schale mit saftigen Trauben. Sie befindet sich in einem Zustand höchster Glückseligkeit. Sie schwebt förmlich durch den Raum, verzaubert, fröhlich mit dem Lächeln der Wissenden auf den Lippen. Sie will sich jedes Details bewußt werden, das an ihrem Glück beteiligt ist. Als Don Antonio sie fragt, was sie tue, antwortet sie: »Ich atme diesen Raum ein!« In der Zwischenzeit setzt sie diesen Tanz fort, indem sie alle Dinge, die sie in ihrem Gedächtnis bewahren will für die Zeit, in der sie von Don Antonio getrennt ist, beim Namen nennt. Dieser langsame Tanz gehört zu den zauberhaftesten Einstellungen, die je in Hollywood gedreht wurden. Er hat wenig mit der eigentlichen Geschichte zu tun und gar nichts mit der Königin Christine von Schweden. Der Tanz beschreibt das Gefühl des Verliebtseins und schien eine spontane Idee der Garbo gewesen zu sein. Tatsächlich aber war er sorgfältig von Rouben Mamoulian, dem Regisseur, erarbeitet worden. »Der Tanz wurde mit einem Metronom, einem Taktmesser gemacht«, erklärte Mamoulian. »Dieser Tanz sollte reines Gefühl und Poesie ausdrücken.« Mit diesem Tanz überwand die Garbo jede Distanz zwischen ihr und ihrem Publikum.

Hollywood, das seine Existenz der glücklichen Entdeckung verdankte, daß fast jede Liebesgeschichte es wert ist, in einem Film erzählt zu werden, porträtierte seine Liebenden selten sehr phantasievoll. Am Ende eines Filmes fallen sie sich meistens selig in die Arme, und dann folgt die Abblende. Dieses Schema F wurde immer wieder angewandt, denn dahinter steckte die Absicht, die Nöte und Schwierigkeiten der Liebenden zu schildern, und nicht aber die Erfüllung ihrer Liebe. Die Filmbosse hielten an der Ansicht fest, daß es das Erregendste war, zu zeigen, wie sich die Liebenden immer näher kamen. Was danach kam, war der Phantasie der Zuschauer überlassen. Meist war es allerdings so, daß die Zuschauer ratlos und frustriert allein zurückblieben.

Mit diesem Tanz jedoch feiert die Garbo als vollkommene Frau ihren Spaß an der Liebe, an der Welt. Film vermag wie Musik höchste Freude und tiefstes Elend auszudrücken. Die Garbo brauchte weder ein Wort noch Musik, um dem Zuschauer ihre Glücksgefühle mitzuteilen.

So kann es geschehen, daß Passagen eines Tonfilmes lebendiger wirken, wenn der Ton abgeschaltet ist. Erinnern wir uns an das Gesicht von Paul Muni in seinem Film *Pasteur*. Die Würde, die sein Gesicht ausdrückt, ist atemberaubend. Er zeigt alle Merkmale eines Arztes. Er schlüpft sozusagen in die Haut von Pasteur, studierte Medizin, las jedes verfügbare Buch über Pasteur, erfand Beschäftigungen für seine Hände, ein ganz bestimmtes Nicken des Kopfes, gestaltete diese Person, rundete sie ab. Doch die Dialoge standen im krassen Gegensatz dazu. Er mußte Dinge sagen, die sich dieser französische Gelehrte nicht einmal im Traum hätte einfallen lassen. Der Film verdrehte das Leben Pasteurs bis zur Unkenntlichkeit. Ereignisse mußten erfunden werden, um aus Pasteur einen Helden und Kämpfer zu machen. Napoleon III. war ein Gegner Pasteurs; seine Höflinge werden als Dummköpfe beschrieben, die mit nichts anderem beschäftigt waren, als die Entdeckungen Pasteurs zu verunglimpfen. Am Schluß des Films, nachdem ein Leben voller Kampf gegen Autoritäten geschildert worden war, beruft ihn das Institut de France und bittet um Entschuldigung für all die Irrtümer, die von offizieller Seite begangen worden waren. Aber das entsprach überhaupt nicht den Tatsachen. Phantasievolle Fiktion kann Ereignisse zwar verändern, aber sie kann sie nicht tatsächlich ungeschehen machen. Ein der

Greta Garbo und John Gilbert in ›Königin Christine‹, 1933

Mit John Gilbert in ›Königin Christine‹, 1933

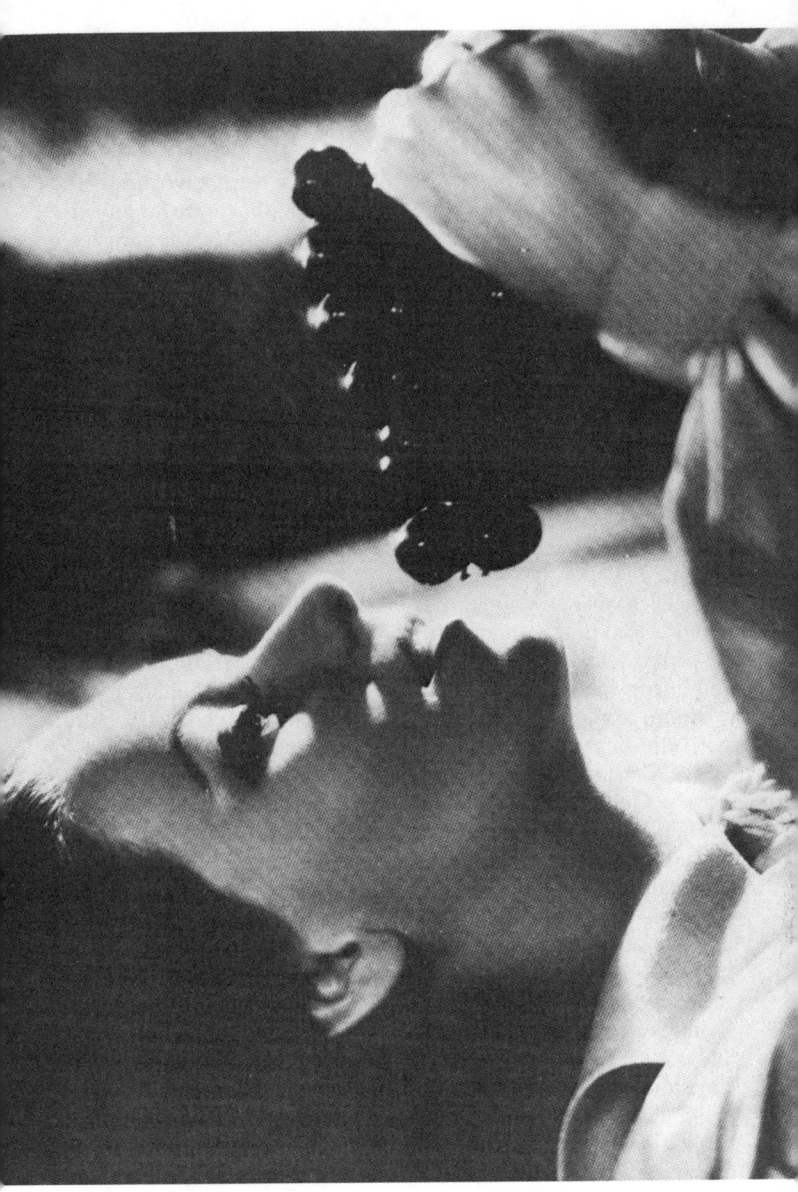

In ›Königin Christine‹, 1933

Realität nahes Bild wird nur dann vermittelt, wenn Pasteur sich in seinem Labor befindet oder an seinem Arbeitsplatz. Geben wir uns der ruhigen Betrachtung des Gesichts von Paul Mundi hin, können wir ohne weiteres Hinweise auf Pasteur entdecken.

Etwas Ähnliches passiert mit der Garbo. Ihr Schweigen drückt oft viel mehr aus als ihre Worte. Eine leichte Kopfbewegung, ein Augenaufschlag machen Worte überflüssig. Man legte ihr zuweilen Worte in den Mund, die eine Situation oder Atmosphäre zerstörten. Manchmal ließen sich die Autoren Sätze einfallen für sie, die weniger etwas mit ihrer Rolle, als vielmehr mit der Person Garbo zu tun hatten. Als sie sagte: »Ich glaube, daß eine Heirat eine ziemlich schockierende Angelegenheit ist. Ich kann mir nicht vorstellen, mit einem Mann im gleichen Zimmer zu schlafen«, versuchte offenbar der Autor, die bekannte Abneigung der Garbo gegenüber der Ehe ins Manuskript einzubringen. »Ich werde als Junggesellin sterben«, sagt Königin Christine, aber diese Worte gehören eigentlich der Garbo. »Eure Majestät wollen eine alte Jungfer bleiben?« fragt Lewis Stone sie, und wir hören ganz genau hin, weil wir wissen, daß die Garbo sich freiwillig dazu entschlossen hat.

Vielleicht war es aber ganz selbstverständlich, daß sich die Personen Garbo und Königin Christine zuweilen vermischten, denn die Garbo selbst war auch eine Herrscherin. Sie besaß die Würde und Zurückhaltung und lebte in der gleichen Einsamkeit. Der Versuchung, Königin Christine mit Hilfe der Garbo zu erklären, hatte man offensichtlich nicht widerstehen können.

S. N. Behrman nahm eine philosophische Haltung ein. Die literarische Genauigkeit wurde über Bord geworfen; eine imaginäre Königin Christine wurde erfunden. Die MGM forderte mindestens drei Liebesszenen, worunter eine sehr heftige zu sein hatte; Behrman schrieb sie. Behrman erklärte seine Methode und unterstrich die Gleichgültigkeit, mit der er der Geschichte gegenüberstand:

»Wir suchten uns einen historischen Hintergrund, vor dem wir alle Charaktere ausarbeiteten und Handlungen einbauten. Ich glaube, wenn man sich sogenannte dramatische Freiheiten gestattet, so ist dies natürlich und unausweichlich. Im Fall der Königin Christine ist so wenig bekannt über ihr Privatleben und über ihre persönlichen Neigungen, daß der Film möglicherweise der Wirklichkeit sehr nahe kommt. Das Wichtigste jedoch ist: Entsteht durch die Ausarbeitung des Charakters ein warmes, lebendiges

In ›Königin Christine‹, 1933

und menschliches Wesen? Wenn das so ist, ist das historische Stück ein Erfolg.«

Behrmans Worte können nicht ganz überzeugen, weil die Leute der MGM es ihm nicht leicht machten. Er schrieb das Manuskript unter großem Druck mehrmals neu: John Gilbert, der den Don Antonio mit dem Elan eines Elefanten spielte, blieb den Aufnahmen oftmals fern (er trank ziemlich viel, um sich für die Konfrontation mit der Garbo zu stärken), und die Direktoren der MGM beklagten sich bitterlich über die steigenden Kosten des Films, den sie niemals gemacht hätten, wenn die Garbo nicht so stark insistiert hätte. So enthält das Drehbuch sehr viele Ungereimtheiten, manche Ereignisse sind ohne Bezug und werden nicht zu Ende erzählt. Dazu gehört auch das fatale Duell zwischen Lord Magnus und dem spanischen Edelmann. Auch Christines Entschluß, abzudanken, trifft den Zuschauer unvermittelt und ist wenig überzeugend. Dennoch besitzt der Film einen ungewöhnlichen Glanz.

Cedric Gibbons, der langjährige Art-Direktor, suchte nach dem echten Thron der Königin und ließ ihn nachbauen. Dann machte er sich auf die Suche nach ihrem Reichsapfel, was sich als schwierig herausstellte, denn er war in Schweden nicht auffindbar. Schließlich fand er eine genaue Abbildung in der Huntington-Bibliothek von Pasadena, fünfzehn Meilen von den MGM-Studios entfernt. Rouben Mamoulian beabsichtigte, die Schauspieler durch die Kostüme nicht zu beengen und sie nicht mit Requisiten zu überladen. Doch Don Antonio wurde mit Kostümen ausgestattet, die nach den Gemälden von Velasquez angefertigt worden waren. Das wirkte alles ziemlich deplaciert und hatte etwas von Hollywood-Amateurmalerei. Weder die Garbo noch die Königin Christine benötigten derartige Requisiten. Der Film hätte sicherlich an Qualität gewonnen, hätte man auf etwas Pomp verzichtet.

Die Verantwortlichen waren sehr darauf bedacht, daß der Film die Wertschätzung der Historiker genoß. So wurde der Königspalast in Stockholm bis in einzelne Details wiedergegeben.

Die Garbo hatte bei dieser Produktion offenbar alle Fäden in der Hand. Vor allem wollte sie sich gegen Fehlbesetzungen absichern. Die MGM hätte gern Sir Laurence Olivier in der Rolle des Don Antonio gesehen, doch die Garbo widersprach sehr heftig. Auf Wunsch der MGM kam Olivier dennoch zu Probeaufnahmen nach Hollywood. Er spielte eine Liebesszene mit der Garbo und sah sich einer Frau gegenüber, die so eiskalt war, daß er sofort begriff, daß sie weder mit ihm spielen wollte noch konnte. Er war verletzt und verwirrt und fragte sich, was er ihr wohl getan hatte, daß sie ihn so beleidigte. Aber er hatte sie nicht beleidigt, sie sah in ihm nur nicht den Schauspieler, der den Don Antonio hätte spielen können. John Gilbert entsprach eher ihren Vorstellungen. Es war für sie kein Hindernis, daß er einst ihr Liebhaber gewesen war, inzwischen von seinem Ruhm einiges eingebüßt hatte und allzu oft einen über den Durst trank. Auf die Frage, warum sie während der Dreharbeiten zu *Flesh and The Devil* John Gilbert soviel Zuneigung gezeigt habe, antwortete sie: »Ich war so einsam – und ich konnte kein Englisch.«

Gilbert tat alles, was man von ihm verlangte. John Gilbert bekam bis zum Ende seiner Karriere eigentlich nur noch unerträgliche Rollen angeboten, mit der Ausnahme des Soldaten in *The Big Parade*. In *Königin Christine* war er beinahe unsichtbar. Er hatte Ähnlichkeit mit einer Marionette. Er posierte, sprach die Worte, die man ihm aufgetragen hatte und sah einem spanischen Granden nicht sehr ähnlich, vielmehr hätte man ihn für einen amerikanischen Gangster halten können, was durch das schwarze Ledergewand noch unterstützt wurde. Wie so viele andere Partner der Garbo, schien er zufällig ins Bild geraten zu sein und immer nach einer Entschuldigung zu suchen, um sich zu verabschieden. Er hatte nichts zu sagen, außer, daß er ihr von Liebe sprechen mußte, wobei er aber nicht überzeugte. Drei Jahre später starb John Gilbert an einer akuten Alkoholvergiftung.

Der eigentliche Held des Films war Rouben Mamoulian, der die Garbo die Rolle so spielen ließ, wie sie sich das vorstellte. Er zeigte Verständnis für ihre Stimmungen und Gefühle, verstand ihren Wunsch nach Respektierung ihres Privatlebens, stellte ihr keine indiskreten Fragen und verehrte sie als Schauspielerin und Frau. Es war ganz selbstverständlich, daß er sich in sie verliebte, aber auch unvermeidlich, daß diese Auffäre ein rasches Ende fand. Er nahm während der Dreharbeiten die Position ein, die einst Stiller innegehabt hatte. Er handelte als ihr künstlerisches Gewissen und setzte sich mit ihr über jede Einstellung genauestens auseinander. Er war hier weniger der Regisseur, als vielmehr ein sehr guter Freund. Auf diese Weise konnte er sie in ihren Vorstellungen noch bestärken. Für die letzte Szene, in der sie auf dem Schiff Schweden für immer verläßt und einer ungewissen Zukunft entgegen geht, riet er ihr, keinerlei Gemütsbewegungen, sondern so wenig Ausdruck und Beteiligung zu zeigen wie nur möglich. Sie setzte die Idee in die Tat um. Etwas Ähnliches tat sie auch am Schluß von

Anna Karenina. Aber in jenem Film bedeutete es ihre Niederlage, während in *Königin Christine* ihre Unbewegtheit den heldenhaften Sieg über sich selbst ausdrücken sollte.

Ihr nächster Film, *The Painted Veil* (Der bunte Schleier, 1934), der auf einer Geschichte von William Somerset Maugham beruhte, hatte gar nichts Heroisches. Die Regie hatte Richard Boleslawski übernommen. Der Film gehörte wieder zu diesen Katastrophen-Filmen, die die Karriere der Garbo kennzeichneten. Theoretisch hätte dieser Film mit China als Ort der Handlung und der Garbo in der Hauptrolle ein Erfolg werden können. Die Garbo hätte sehr gut in die Landschaft gepaßt, aber es sollte anders kommen. Das geheimnisvolle und blutige China, auf das sich die japanischen Truppen zubewegten, hätte Stoff für zahllose Geschichten gegeben. Aber dieser Film wurde der langweiligste überhaupt.

In *The Painted Veil* spielt die Garbo eine müßiggehende englische Ehefrau, die mit einem überarbeiteten Arzt in China verheiratet ist. Um der Langeweile zu entkommen, beginnt sie eine Affäre mit einem britischen Diplomaten, der von George Brent gespielt wird. Er ist ein außergewöhnlicher Liebhaber, und ihr Ehemann, gespielt von Herbert Marshall, ist ein ebenso außergewöhnlicher Ehemann. Der Ehemann erfährt von der Beziehung und straft sie, indem er darauf besteht, daß sie ihn in ein Krankenhaus in einer verseuchten Gegend begleitet, wo sie sich mehr denn je langweilt. Alsbald wird der Ehemann von einem Chinesen niedergestochen und schwer verletzt, weil der Arzt befohlen hatte, die Stadt niederzubrennen, um der Ausbreitung der Seuche Einhalt zu gebieten. Endlich hat sie nun eine Aufgabe, die sie ins Leben zurückführt. Sie pflegt ihren Mann gesund. Die knackige, weiße Schwesterntracht trägt sie im vollen Bewußtsein ihrer neuen Würde. Sie schaut heiter und lieblich aus, hat aber nichts anderes zu tun, als zu lächeln, sich über ihren Mann zu beugen und seine Verbände zu wechseln.

Im 18. Jahrhundert kamen die Chinoiserien auf, die Nachahmung chinesischer Formen, die oft unerträglich kitschig waren. In *The Painted Veil* ist voll davon. Wir sehen Pagoden, die es in China niemals gegeben hat, und wohnen Zeremonien bei, die nur ein Verrückter erfunden haben kann, nachdem er in betrunkenem Zustand das Neujahrsfest in Chinatown in San Francisco gesehen hatte. Es wird uns ungewöhnlich viel Kitsch zugemutet. Wir sehen eine riesige Freitreppe, einen riesigen goldenen Drachen und zahlreiche schöne chinesische Tanzmädchen, die später zusam-

In ›The Painted Veil‹ (Der bunte Schleier, 1934) von Richard Boleslawski

In ›Der bunte Schleier‹, 1934

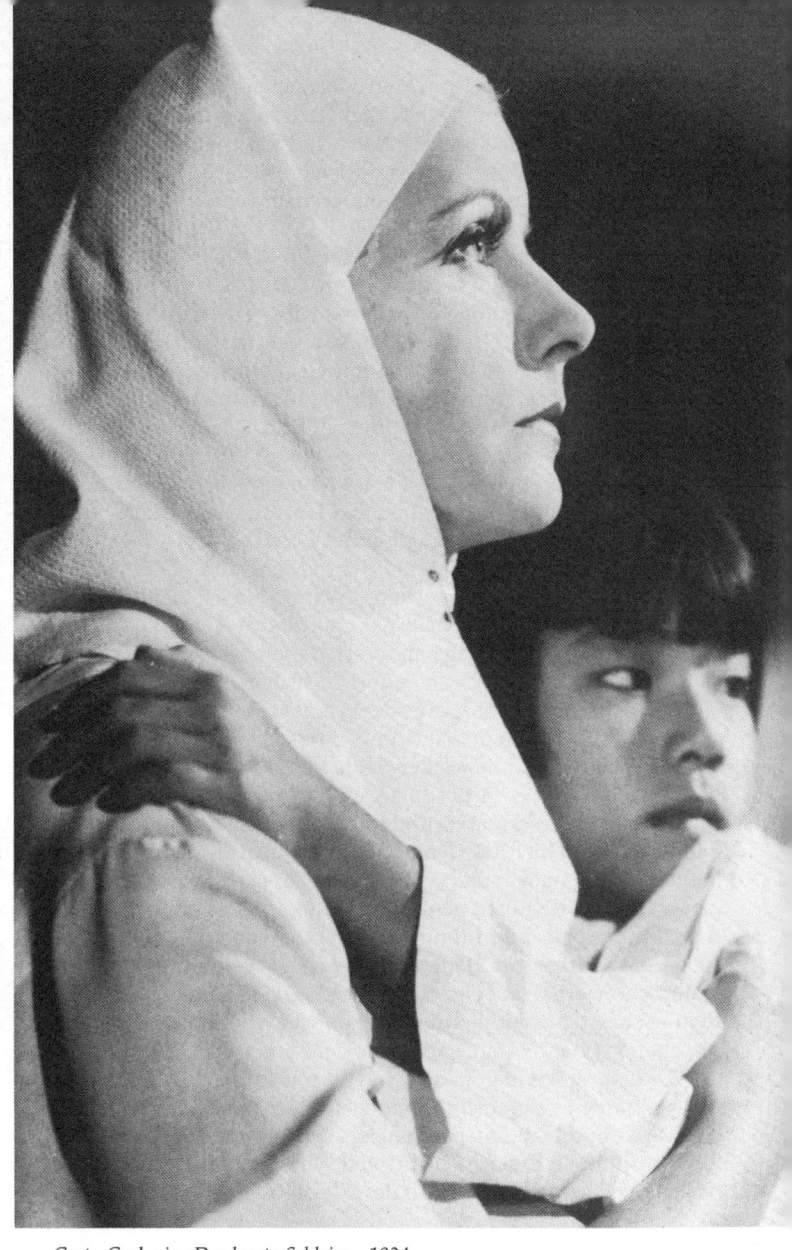

Greta Garbo in ›Der bunte Schleier‹, 1934

men mit dem Drachen im Feuer vergehen. Ein chinesischer Schicksalsgott mit grimmigem Gesicht ist dazu verurteilt, Recht zu sprechen. Recht wird gesprochen, und die Nightclub-Atmosphäre mit viel chinesischem Glamour lebt wieder auf. Eine Travestie chinesischer Rituale folgt der anderen und endet schließlich in einer sauren Liebesaffäre. »Ich liebe dich nicht. Niemals habe ich dich geliebt«, sagt sie zu ihrem Ehegatten, der sehr aufgeregt ist, weil sie nach Mei Tan Fu reisen werden, 300 Meilen ins Landinnere. Sie sucht Befriedigung in den Armen des Vizekonsuls. Er kann sie nicht trösten, weil seine Gedanken ganz woanders sind. Er kann sie weder als Frau noch als seine Geliebte gebrauchen, ohne seine Karriere zu gefährden. So kehrt sie zu ihrem angeschlagenen Ehemann zurück und wird mit einer Sänfte durch die endlose chinesische Weite getragen, die Kalifornien verdächtig ähnlich sieht. Als sie schließlich in Mei Tan Fu ankommen, werden gerade die ersten Toten aus der Stadt getragen. »Warum bin ich hier?« fragt sie verwirrt, und ihr Mann antwortet bitter: »Du bist hier, weil Townsend dich nicht zu diesem Preis haben wollte.« Die Aussage könnte der Wahrheit entsprechen. »Warum bin ich hier?« kommt aus vollem Herzen. Aber man hat den Eindruck, daß die Garbo nicht die geringste Ahnung hat, was in diesem Film eigentlich passiert und was sie in den Szenen dort zu suchen hat.

Sie spricht sogar chinesisch, aber in einem für uns unverständlichen Dialekt, ist nach dem letzten Schrei gekleidet und sieht einfach atemberaubend in weißer Seide aus. Sie kann dieser Rolle nichts geben, weil es nichts zu geben gibt. Bei diesem Film schien es, als wäre eine Verschwörung im Gange. Selten ging bei einem Film so vieles schief: Das Drehbuch war schlecht, der rote Faden hatte sich aufgelöst, die Charaktere waren ungenau und unglaubwürdig, die Kostüme der Garbo waren fehl am Platze, die Ausstattung eine Zumutung für den Zuschauer. Es schien, als sollte die Garbo zur Bedeutungslosigkeit verdammt werden. Kühl, schön, ernst, mit einem bleichen Gesicht, das die vollendete Reinheit zeigt, gleicht sie Kuan Yin, der chinesischen Gnadengöttin, aber das war das einzige Chinesische an ihr.

MGM war gezwungen, sich irgend etwas einfallen zu lassen. MGM konnte es sich nicht mehr leisten, eine Schauspielerin wie die Garbo in dieser unterprivilegierten Weise einzusetzen. Aber mit den Einfällen war es nicht weit her, denn auch die beiden nächsten Filme zählen nicht zu den Meisterwerken.

Anna Karenina

*Die Schönheit hat eine eigenartige Kraft, alle
Gefühle um neue Dimensionen zu bereichern – selbst die Gefühle des Schreckens.*

VAL LEWTON

Eines Abends im Spätsommer 1950 nahm mich der Produzent Val
Lewton zu einem Autokino außerhalb Hollywoods mit. Lewton,
der Schöpfer vieler Billig-Filme, die heute als kleine Klassiker gelten, war ein stattlicher Mann mit breiten, slawischen Gesichtszügen, brennenden Augen, kurzem, lockigem Haar und einem außerordentlich netten und freundlichen Wesen. Er hatte es geschafft, die Nervenkriege zu überleben, die unaufhörlich durch
die Studios toben. Er hatte es sogar geschafft, den Verrat von Leuten zu überleben, die ihm alles zu verdanken hatten. Und wenn er
mir an diesem Abend traurig zu sein schien, dann war das einfach
die natürliche Art von Traurigkeit, die einen oft nach einem langen, harten Arbeitstag im Studio befällt. Es war schon dunkel, in
der Luft lag ein Gewitter, und unser Besuch im Autokino galt einem Betty-Hutton-Musical, denn, so meinte Lewton: »Man kann
aus jedem blöden Film etwas lernen, und manchmal lernt man die
wichtigsten Dinge aus den blödesten Filmen.«

Wir sahen uns also eine halbe Stunde lang den Film an, dann
drehten wir den Ton ab, weil der Film unerträglich langweilig war,
und Lewton begann, über seine eigenen Filme und seine Holly-
wood-Erfahrungen zu reden. Auf der Leinwand tobte sich ein To-
huwabohu von Farben aus, aus den Lautsprechern unserer Nachbarn hörten wir schwach krächzende Fetzen des Soundtracks.
Lewton war ein guter Erzähler, aber in seinen Worten lag etwas
seltsam Endgültiges, so als sähe er keine Möglichkeit, sie noch
einmal zu wiederholen. Während der letzten Monate hatte er sich
verändert, und binnen eines halben Jahres sollte er einem Herzanfall erliegen.

»Ich weiß nicht, warum das Schreckliche mich immer fasziniert
hat«, sagte er. »Als Kind lebte ich in meiner eigenen Welt, einer
Welt voller Gespenster und Monster und schauriger Kreaturen.
Wenn ich aufsah, sah ich ganze Geschwader fürchterlicher grüner
Schlangen durch den Himmel schwimmen. In Wirklichkeit waren

Greta Garbo in ›Anna Karenina‹ (Anna Karenina, 1935) von Clarence Brown

es nur die Äste eines Baumes, aber für mich waren es Schlangen, und ich wußte, daß sie sich auf mich senken und mich verschlingen würden, erbarmungslos. Und dann rief mich meine Mutter zum Essen, und ich ging ins Haus, als wäre nichts gewesen. Aber das war natürlich nur eine fromme Lüge. Mein wirkliches Leben bestand darin, daß ich mich mehr oder weniger kaltblütig, mehr oder weniger mutig mit den absolut grauenhaften Dingen auseinandersetzte, die sich um mich herum abspielten.

Ich glaube, all das erwies sich als nützliche Lektion, als ich dann begann, für die RKO Horror-Filme zu machen. Ich wußte sehr viel über den Schrecken, weil ich selbst immer geschreckt worden bin. Und ganz besonders gut wußte ich, daß es oft die einfachsten Dinge sind, die den tiefsten Schrecken vermitteln – die Äste eines Baumes, ein Knoten in einem Stamm, ein Loch in einem Zaun, ein Stein auf dem Weg. Es gibt Steine, die einen auffordern, sie zu werfen und mit ihnen zu töten. Es gibt Risse im Holz, die die Pforten zu den Königreichen des Schreckens sind. Ich rede nicht vom Tod. Ich rede von dem Schrecken, der das Tempo des Lebens beschleunigt. Und von Schatten. Es gibt Schatten, die einen um Gnade winseln lassen.

Film war für mich immer ein Schattenspiel. Ich glaube, man kann aus Schatten eine Horror-Story machen. Stellen wir uns einmal ein Zimmer vor, in dem ein Mann sitzt und ein Buch liest, völlig entspannt. Seine Frau ist ins Kino gegangen, die Katze hat sich an seine Füße geschmiegt, die Pfeife liegt auf einem kleinen Tisch neben ihm. Es ist die friedlichste Szene, die man sich vorstellen kann. Plötzlich erscheint ein Schatten an der Wand – ein Schatten ohne feste Umrisse, hinter dem das Publikum alles mögliche vermuten kann. Allmählich wird den Leuten klar, daß es sich um den Schatten eines Panthers handelt, der sich langsam auf den lesenden Mann zubewegt. Der Schatten springt auf den Mann zu. Der Mann hebt die Hand, um die Klauen des Panthers abzuwehren. Die Lampe wird umgestoßen. Es ist fast finster. Wir bilden uns ein, daß wir das, was da vor sich geht, in jedem Detail erleben. Der Panther hat sich an der Kehle des Mannes festgebissen, er hält ihn in seinen Klauen und zerreißt ihn. Das Publikum ist erschreckt, weil man ihm die Freiheit gelassen hat, sich zu erschrecken; es hat nichts gesehen und sich alles vorgestellt. Dann sehen wir eine Hand, die nach der umgefallenen Lampe greift. Wir entdecken, daß überhaupt nichts passiert ist, außer daß die Katze auf den Tisch gesprungen ist und die Lampe umgeworfen hat. Das

Publikum atmet erleichtert auf. Aber das nächste Mal wird es nicht erleichtert aufatmen, weil wir alles so arrangieren können, daß die Schatten viel realer und viel bedrohlicher sind. So bauen wir eine Welt aus Schatten, in der jeder einzelne Schatten bedrohlicher als der letzte ist.

In dem Film *Cat People* sieht man nur ein einziges Mal einen schwarzen Panther: wenn die Heldin einen Panther in seinem Käfig im Central-Park-Zoo besucht. Aber was wir immer wieder in dem Film sehen, ist der Schatten eines Panthers; stets schleicht er sich an, stets ist er gegenwärtig. Das Publikum sieht diesen Schatten selbst dann, wenn er gar nicht da ist. Es gibt in diesem Film eine Sequenz in einer Schwimmhalle. Das Mädchen schwimmt in dem Bassin, nichts könnte friedlicher, entspannter, normaler sein. Dann kommt der Schatten des Panthers, sein Fauchen hallt über das Schwimmbecken, und sofort haben wir ein Crescendo des Schreckens. Dieses ganz einfache Schwimmbecken erfüllt zu unserer eigenen Überraschung das Publikum mit tieferem Schrecken als irgendeine andere Szene. Eigentlich hätte uns das nicht überraschen sollen. Die Weite, die Offenheit, das ganz Normale der Schwimmhalle – das war ein Milieu, in dem man am allerwenigsten einen schwarzen Panther erwartet hätte.

Während des Drehens dieses Films entdeckten wir etwas, was für uns eine völlig unerwartete Überraschung war. Wir wollten in einer Szene, in der die Heldin über einen langen Balkon geht, wobei sie sich von dem Panther verfolgt glaubt, durchgehend eine starke Atmosphäre der Angst schaffen. Aus purem Zufall stand mitten auf dem Balkon eine riesige Blumenschale. Erst später wurde uns klar, daß es diese Blumenschale war, die unser Problem gelöst hatte; das Publikum nahm die Blumen in all ihrer Schönheit wahr und war vorübergehend abgelenkt, aber nur halbwegs abgelenkt; die Blumen waren das Medium, das alle anderen Gefühle verstärkte und in eine bestimmte Richtung trieb. So lernten wir, daß die Schönheit eine eigenartige Kraft hat, alle Gefühle um neue Dimensionen zu bereichern – selbst die Gefühle des Schreckens.«

Val Lewton bekannte, diese Entdeckung habe ihn doch ein bißchen überrascht. Das Seltsame an der ganzen Sache ist, daß das fragliche Objekt der Schönheit nicht unbedingt etwas mit der Geschichte zu tun haben muß: Ein chinesisches Gemälde oder eine afrikanische Skulptur hätten den gleichen Zweck erfüllt. Lewton arbeitete mit diesem Effekt auch in seinen späteren Filmen, am

In ›Anna Karenina‹, 1935 mit Maureen O'Sullivan

ausgiebigsten in *Bedlam*, einem Film, dessen Schauplatz das Hospital of St. Mary of Bethlehem im London des 18. Jahrhunderts ist. Es erwies sich als vielfältig anwendbare Regel, daß Schönheit alle Empfindungen vertieft. Ein einziges, schier zufällig ausgewähltes Objekt, konnte, falls es wirklich von atemberaubender Schönheit war und dem Publikum Zeit genug gelassen wurde, um diese Schönheit wahrzunehmen, in eine Szene eingefügt werden zum Zwecke der Intensivierung oder gar Überhöhung dieser Szene.

Die Film-Theoretiker waren sich immer darüber einig, daß die Emotion des Publikums von der Bewegung des Films getragen wird, und daß der Film sich von anderen Künsten dadurch unterscheidet, daß er sich unaufhaltsam und unaufhörlich in Bewegung befindet. Die Blumenschale war indes nicht in Bewegung, die Kamera verhielt vor ihr, die Blumen bewegten sich nicht, aber durch die Blumen bewegte sich die von ihrer Schönheit getragene Empfindung.

Val Lewtons Theorie über die forcierende Kraft der Schönheit wirft ein sehr erhellendes Licht auf die Rolle der Garbo im Film. All diese denkwürdigen Großaufnahmen erinnern an die Blumenschale. Sie sind Schönheit an sich und haben sehr wenig zu tun mit dem Ablauf einer Geschichte. Die Schönheit der Garbo verleiht einer unwahrscheinlichen Geschichte Kraft, läßt sie wahrscheinlich werden, gibt dem Dimensionslosen eine Dimension und macht das Unerträgliche erträglich. Sie ist das einzige Reale auf der Leinwand, und die Realität gibt all dem Unrealen darum herum Umriß und Form.

Val Lewton hat manchmal mit dem Gedanken gespielt, eine Ästhetik des Films zu schreiben, eine Untersuchung der geheimnisvollen Dinge, die sich im Film und in keiner anderen Form sonst bewerkstelligen lassen. Er war aber zugleich zu praktisch und zu unsystematisch, um sich einer längeren theoretischen Diskussion zu widmen. In dem langen Monolog im Autokino versuchte er, eine auf seine eigene Erfahrungen gestützte Ästhetik zu skizzieren.

Die Entdeckung des Blumenschalen-Phänomens fand 1942 statt. Etwas sehr Ähnliches passierte aber schon sieben Jahre früher bei den Dreharbeiten zu *Anna Karenina*. Lewton war zu dieser Zeit Produktions-Assistent von David Selznick, der sich damit plagte, einen richtigen Schluß für den Film zu finden. Eine gewisse Konzeption stand fest: Einstellungen des Zuges, des Rauchs, der Räder, der Kolben; das Gesicht der Garbo, von

In ›Anna Karenina‹, 1935 mit Fredric March

Rauchfetzen umweht, von den Lichtern des Zugs umspielt; die Musik sollte dann anschwellen, um ihre Gefühle zu illustrieren, dann sollte der Rauch wegtreiben und nur noch Stille sein. Ihr Selbstmord unter den Rädern des Zugs sollte um so realer werden, als er sich in der Vorstellung des Zuschauers und nicht vor seinen Augen abspielte. Auf all das hatten sich der Produzent, der Regisseur und der Drehbuchautor bereits geeinigt. Aber wie es im einzelnen gemacht werden sollte, war noch völlig unklar. Bis Val Lewton meinte, es sei doch gar nicht nötig, die Garbo durchgehend zu drehen, wie sie da auf dem Bahnsteig steht; man brauchte statt dessen nichts, als ein einziges Bild zu verlängern und immer wieder zu wiederholen. Auf diesem einen Bild ist die Garbo völlig ausdruckslos. Das Publikum sieht die widerstrebenden Empfindungen auf ihrem Gesicht und den plötzlichen Entschluß, sich vor den Zug zu werfen. Diese ganze Skala der Gefühle sehen wir auf einem Bild, das so tot ist wie ein Standfoto, ohne einen Wechsel des Ausdrucks, ohne das Zucken eines Lids, ohne die geringste Bewegung von Augen und Mund. Durch eine ungeheuerliche spezifisch filmische Erfindung ist sie bereits in Todesstrenge fixiert, noch bevor sie gestorben ist. Ihr Tod auf der Leinwand ist um so herzzerbrechender, um so unausweichlicher, weil er nur durch ein einziges Bild suggeriert wird, in dem das Publikum viele Bilder und viele Empfindungen zu sehen glaubt.

Anna Karenina ist einer der ganz wenigen Garbo-Filme, in denen wir durchgehend eine wirkliche Bedrohung spüren. Das kommt zweifellos daher, daß wir von vornherein wissen, daß sie verloren ist. (Auch Mata Hari ist von vornherein verloren, aber da war die ganze Story so unglaubwürdig, daß das Gefühl des Verlorenseins nie vermittelt werden kann.) Der Film stellte deshalb gewaltige Anforderungen an die Drehbuchautoren Clemence Dane, Salka Viertel und N.S.Behrman. Sie zeigten sich entschlossen, einen Film zu schreiben, der einer Garbo wert wäre und, wenn möglich, einem Tolstoi keine Schande tat. Das Gefühl tragischer Vorbestimmung wird in mancherlei Weise vermittelt – durch die vielen Einstellungen von Eisenbahnen, Winterbilder voller Schatten, bedrückende Treppenaufgänge, durch die Isoliertheit und Einsamkeit der Anna Karenina, die von der Kamera noch betont werden und ohnehin im Spiel der Garbo impliziert sind. Der Film handelt vom Schicksal einer verlorenen Frau und vom Vollzug dieses Schicksals; deshalb konzentriert sich der Film auf die Liebesgeschichte dieser Frau und vernachlässigt die Affären der Kitty

In ›Anna Karenina‹, 1935

Oblonsky, die in der Roman-Vorlage kaum eine größere Rolle spielen. Schließlich sollte der Film seiner Titeldarstellerin gehören, also hauptsächlich aus ihrer Bravour-Leistung bestehen mit möglichst wenig Ablenkungen durch die Partner.

Diese Partner waren, wie meist in Garbo-Filmen, schlecht gewählt. Besonders ungeeignet für seine Rolle war Frederic March, der Darsteller von Annas Liebhaber Wronsky, vor allem deshalb, weil man überhaupt nicht begreift, was Anna an diesem Mann finden kann. Steif und leidenschaftslos wandelt er durch den Film. March hatte sich ohnehin gegen die Rolle gewehrt, weil er es über war, Kostümfilme zu drehen; außerdem war er überzeugt, daß *Anna Karenina* ein Mißerfolg würde. Kurz zuvor war Tolstois *Auferstehung* mit Anna Sten in der Hauptrolle verfilmt worden und total durchgefallen. Schließlich scheute March auch die Komplikationen, die dadurch entstanden, daß er als Vertrags-Star der 20th Century-Fox für diesen Film an Selznick ausgeliehen werden mußte. Er ging ohne Enthusiasmus an diese Aufgabe, und auf der Leinwand kann man sehen, daß er sich diesen Mangel an Enthusiasmus bis Drehschluß bewahrt hat.

Basil Rathbone ist als Alexej Karenin gleichermaßen hölzern und langweilig. Er tritt oft in einem Morgenmantel auf, und dann vermißt man nur noch den berühmten Hut, und der Sherlock Holmes, den Rathbone in vielen Filmen gespielt hat, wäre wieder komplett. In einer Kritik hieß es dann, man habe den Eindruck, als gehe eine Art elektrisches Summens von ihm aus, wie von einem Eisschrank; aber Elektrizität war jedenfalls nicht in ihm. War March unmöglich in seiner Rolle, weil er als Liebhaber der Garbo absolut kein Interesse an ihr zu haben scheint, so ist Rathbone unerträglich, weil er einen Mann, den man sich als eine gewaltige russische Herrscherfigur vorstellen soll, mit typisch englischer Umständlichkeit ausstattet. Basil Rathbones größter Fehler ist hier, daß er Basil Rathbone blieb und keinerlei Zugang zum Innen- wie Außenleben eines hohen russischen Beamten fand. Derart von inkompetenten Partnern im Stich gelassen, mußte die Garbo, was freilich nichts Neues für sie war, den Gatten wie den Liebhaber sozusagen in ihrem eigenen Spiel mitspielen. Ohne die Hilfe der Figuren, denen ihre Empfindungen galten, mußte sie deutlich machen, warum Anna Karenina ihren Mann nur verachten und ihren Liebhaber nur lieben kann. Keiner von beiden ist ihrer wert, deshalb muß die Garbo uns suggerieren, daß sie beiden auf die eine oder die andere Weise tief verbunden ist. Sie muß in unserer

In ›Anna Karenina‹, 1935 mit Freddie Bartholomew

Imagination die wirklichen Menschen erwecken, die ihre Partner nur andeuten. Das ist ihr gelungen, und zwar auf souveräne Weise. Frederic March und Basil Rathbone lösen sich in nichts auf, an ihre Stelle treten die Figuren, die von der Imagination und dem Spiel der Garbo beschworen werden.

Der Philosoph Sören Kierkegaard war ein eifriger Theaterbesucher und immer wieder aufs neue fasziniert von der eigentümlichen Kraft des Schauspielers, Dinge zu suggerieren, die dem nackten Auge völlig unsichtbar sind und nur vom Auge der Imagination wahrnehmbar. Im Königstadter Theater in Kopenhagen gefiel ihm besonders ein Komiker namens Beckmann, der im abgerissenen Gewand eines Kesselflickers auf die Bühne geschlurft kam. Er kommt in ein Dorf und verwickelt sofort alle möglichen Leute in Gespräche. Man sieht die Leute aus ihren Häusern kommen: alte Männer, Frauen, Kinder, lustige Bauernburschen, junge Bräute. Er hat einen Gruß und eine Geschichte für jeden, lacht mit ihnen, klopft ihnen auf die Schulter, geht seiner Kesselflicker-Arbeit nach, macht sehr würdig dem Bürgermeister eine Aufwartung und spielt mit einer Horde Kinder. Und diese ganzen Partner sind überhaupt nicht auf der Bühne, genausowenig wie die Dekoration eines Dorfes: es gibt nichts außer der nackten Bühne und dem Schauspieler, der sein Publikum total im Griff hat. Das hat nichts mit Hypnose zu tun. Es hat auch nichts mit Zauberkunststücken zu tun. Durch einen reinen Akt der Imagination bringt Beckmann ein ganzes Dorf auf die Bühne.

Und genauso ist es mit der Garbo in *Anna Karenina*. Sie beschwört Erscheinungen, die von sich aus auf der Leinwand keine Präsenz haben: einen gradlinigen, entschlossenen und pathologisch eifersüchtigen Ehemann, einen flammenden Romeo als Liebhaber. Ihre Schönheit macht diese Figuren möglich und unvermeidbar. Die Kamera beteiligt sich an diesem Illusionsakt, indem sie die Schönheit der Garbo betont und verherrlicht, aber der Illusionist ist sie selbst. Diese Kunst praktizierte sie so wenig selbstgefällig, daß ihre Kunst völlig kunstlos erscheint. Sie ist die Blumenschale, die nicht nur alle Empfindungen vertieft, sondern dazu noch neue Empfindungen schafft, eine Welle der Empfindungen nach der anderen. Sie hätte die Rolle der Anna Karenina auch gänzlich ohne Partner spielen können. Wie Beckmann hätte sie sich auf die leere Bühne stellen und Wronsky wie Karenin durch einen Akt der Imagination zum Leben erwecken können. Zieht man in Rechnung, wie inkompetent sie von Frederic March und Basil Rathbone bedient wird, wünscht man sich fast, sie hätte das wirklich gemacht.

Es waren aber nicht nur die beiden männlichen Hauptdarsteller, die den rechten Eifer vermissen ließen. Auch David Selznick, der Produzent, ging ohne Enthusiasmus ans Werk. Er war von den Einspielergebnissen von *Königin Christine* und *The Painted Veil* enttäuscht und entschloß sich in letzter Minute, das Projekt *Anna Karenina* abzublasen und durch die Verfilmung eines volkstümlichen Romans zu ersetzen, *Dark Victory* von Jock Whitney. In Palm Springs erhielt Greta Garbo einen langen Brief, in dem Selznick ihr die vielen Gründe aufzählte, die seiner Ansicht nach *Anna Karenina* nur zu einem Mißerfolg machen konnten. Zugleich setzte er ihr auseinander, warum *Dark Victory* der Stoff sei, aus dem man endlich den langerhofften Erfolg machen könnte. George Cukor hatte sich schon von Selznick überzeugen lassen. Philipp Barry wurde ersucht, das Drehbuch zu *Dark Victory* zu schreiben, das neue Projekt schien sich mühelos anzulassen. Salka Viertel, mit der Garbo eng befreundet, ließ sich bewegen, ihr *Dark Victory* nahezubringen. Und Selznick gab seiner Hoffnung Ausdruck, sie möge einsehen, wie ratsam es sei, das »schwere russische Drama« mit »all seinen Fallen, sieht man es einmal vom Gesichtspunkt Ihrer Millionen von Verehrern aus, aufzugeben.« An Dringlichkeit ließ es der Produzent nicht fehlen. »Ich hoffe sehr«, schrieb er abschließend, »daß Sie uns nicht zwingen werden, mit *Anna Karenina* weiterzumachen.«

Die Garbo nahm das Flehen zur Kenntnis und beschied es abschlägig. Was sie über *Dark Victory* hörte, gefiel ihr nicht. Sie hatte sich *Anna Karenina* bereits völlig hingegeben, da gab es nichts mehr zu überlegen. Ihr Vertrag sicherte ihr das Recht zu, einen Stoff zu verweigern, der ihr mißfiel; dagegen war die Produktion machtlos. Nach etlichen Verschiebungen ging *Anna Karenina* vor die Kamera.

Clemence Dane, Salka Viertel und N.S.Behrman waren erfahrende Drehbuch-Autoren, und unter normalen Umständen hätten sie mit Sicherheit ein sehr gutes Szenario geliefert. Sie standen aber unter dem schrecklichen Druck, in kürzester Zeit das Buch abzuliefern, und keiner von ihnen ließ sich gerne drängen. Das Buch ist seltsam unausgeglichen und verrät überdeutlich einen Arbeitsprozeß, bei dem drei Leute an einem Buch schreiben, während fünf oder sechs Leute ständig an dem entstehenden Buch herumnörgeln, seine Dramaturgie umstrukturieren und ständig

In ›Anna Karenina‹, 1935

Änderungen verlangen, weil sie fürchten, dies oder jenes könne für die Zensurbehörde, das Hays Office, zu explizit oder für das Publikum zu implizit sein. Durch solche Manipulationen wurde der Rhythmus des Films völlig zuschanden gemacht. Clarence Brown, in dem Selznick einen »meisterhaften Regisseur« sah, wurde mit der Regie betraut, was sich als Fehlgriff erwies. Selznick bestand auch auf der aufdringlichen pseudo-russischen Atmosphäre und mächtigen Totalen von Fest- und Tanz-Gelagen. Und von Freddie Bartholomew war er so überzeugt, daß er ständig neue Szenen für den Jungen schreiben ließ. Freddie Bartholomew war nicht so hölzern wie Frederic March, dafür war er ein altkluges Ungeheuer von seltener Schmalzigkeit. Daß er die Garbo als Mutter haben könnte, wäre beleidigend für sie. Selznick indessen war besonders stolz auf die von ihm expreß gewünschten Szenen zwischen Anna und ihrem Sohn, von denen bei Tolstoi natürlich nichts zu finden ist. Vielleicht hat er geahnt, daß weder Basil Rathbone noch Frederic March eine Liebesszene mit der Garbo spielen konnten, und daß man ihr deshalb die Verehrung eines Kindes zuordnen müsse. In *Love* hatte Philippe de Lacy den Sohn der Garbo in einer kurzen Szene perfekt gespielt. Von Freddie Bartholomew erwartete man, er würde das noch viel besser können. Er bewährte sich aber überhaupt nicht und brachte es fertig, viele Szenen des Films zu ruinieren.

Trotz des unzureichenden Drehbuchs und der unausgeglichenen, manchmal geradezu grotesk schwerfälligen Regie von Clarence Brown war die Garbo anscheinend ohne die geringsten Schwierigkeiten in der Lage, eine glaubwürdige Anna zu spielen. Sie ging dermaßen in der Rolle auf, daß sie Anna wurde, und angesichts dieser Leistung werden wir nicht nur von ihrer Schönheit geblendet, sondern auch von der stillen Kraft der Tragödie, die von ihr ausgeht, betäubt. Sie ist eine Kreatur, die von Flammen verzehrt wird, und obwohl wir die Flammen nicht sehen, sehen wir doch ihre Schatten, wie sie auf dem Gesicht der Garbo flackern. Sie ist in der Lage, ganz einfache Dinge zu sagen und ihnen eine unwägbare Bedeutung zu geben, für die diese Worte fast zu leicht scheinen. Ihre Stimme steigt und fällt mit ihren Emotionen, während Wronsky und Karenin in einem flachen, monotonen Ton reden, so als würden sie Episoden eines längst vergessenen Fußball-Spiels rezitieren. Auf dem Sound-Track brüllen russische Chöre, die Leinwand ist gefüllt mit Offizieren in weißen Uniformen, aber der einzige Mensch, der wirklich russisch wirkt, ist die Garbo.

Die offensichtlichen Mängel des Films berühren die Garbo kaum. Ihre Leistung ist fast makellos. In ernster Gelassenheit geht sie ihrem Schicksal entgegen. »Ich sehe Schmerzen. Ich fühle Tränen«, sagt sie im Film. »Warum?« wird sie gefragt. »Weil ich so glücklich bin.« Das sind nicht die Worte von Tolstois Anna. Der Dichter sah seine Heldin sehr viel irdischer, in einem Augenblick von Leidenschaft in Haß, von Zuneigung in Gleichgültigkeit umschlagend. Die Garbo vermittelt diese Schwankungen mit Ökonomie und superber Finesse: Ihre schweren Lider sind halb gesenkt, sie wirft ihrem Liebhaber einen verstohlenen Blick zu: Alles ist gesagt. Wronsky sagt ihr, daß er sie liebt, und das ist nur schal und leer verglichen mit ihren brennenden Augen. Was in dem Garbo-Porträt Annas fehlt, sind ihr zunehmendes Interesse und ihr wachsendes Verständnis für praktische Dinge. Wronsky betätigt sich auf seinen Gütern als Ingenieur und Forstmann, als Zahlmeister und Getreide-Experte. Wer nur die Anna der Leinwand kennt, kann sich nicht vorstellen, daß diese Frau ihre Tage damit verbringt, wissenschaftliche Werke zu lesen, um ihrem Liebhaber nützlicher sein zu können. Im Roman ist Anna fast eine Art Blaustrumpf, eine gutinformierte moderne Frau, durchaus in der Lage, intelligente Diskussionsbeiträge zu einer Menge praktischer Fragen zu liefern. Sie ist praktisch und sensibel, deshalb ist ihre Leidenschaft für Wronsky so unfaßbar, selbst für Tolstoi, der in ihr eine Frau von schnell wechselnden Launen sah, die aber in ihrem wahren Wesen stets nüchtern und ruhig bleibt. Ihren Selbstmord begeht sie im Roman fast mit einer ruhigen Logik, so als ginge es um die Lösung eines mathematischen Problems.

Die Garbo brachte etwas in den Film ein, was dem Roman völlig fehlte – eine Art von leidenschaftlichem Heroismus. Sie hat stets heroisch gewirkt. Sie hätte eine kämpferische Heilige spielen können, eine Kriegsgöttin, die große Jägerin Artemis oder die Jeanne d' Arc. Sie verfügte über die göttliche Zärtlichkeit und die flammende Hingabe, die jedes Hindernis auf ihrem Weg überwindet. Schon deshalb war die Wahl von Basil Rathbone und Frederic March so außerordentlich unangemessen. Sie ließen sich nicht verbrennen, sie weigerten sich sogar, auf einen großen Brand zu reagieren. Der Garbosche Heroismus war an ihnen verloren und verschenkt.

Der Dialog der Filmfassung von *Anna Karenina* ist nicht inspiriert (»Liebe ist nicht alles«, sagt Wronsky, »ich bin der Liebe müde«), aber das ist kein großer Schaden. Was die Garbo sagt und was die anderen ihr entgegnen, ist schier immateriell, denn sie trägt das ganze Geschehen auf ihren Schultern. Wir sehen, wie sie mit weit offenen Augen ihrem Schicksal entgegengeht, die Präsenz anderer Figuren fast nicht wahrnehmend, allein in der Weite Rußlands, und fast scheint es uns, als verkörpere sie nicht allein Anna Karenina, sondern die ganze vergängliche Schönheit der Welt. In unserer Erinnerung scheint der Film sich von ihr abzulösen, und wir sehen nur noch die Großaufnahme ihres Gesichts, so angefüllt vom Leuchten der Reinheit, daß wir uns noch in einem Vierteljahrhundert an jede Einzelheit dieses Gesichtes erinnern. In *Königin Christine* war sie so jung gewesen, jetzt hat sie Reife. Es scheint, als habe sie die Gabe gehabt, ihr Alter nach Belieben zu ändern, ein Proteus, der die Formen seiner Schönheit wandelt wie er will. In ihrem nächsten Film wird sie eine Kurtisane sein, die jung stirbt; und sie wird die Zerbrechlichkeit der Jugend und die Leidenschaft ihres Fiebers in der wunderbarsten unter all ihren Leistungen porträtieren.

Anna Karenina bleibt ein schwacher Film, ungeschickt inszeniert, von inkompetenten Darstellern gespielt. Trotzdem ist es ein Meisterwerk, denn trotz all dieser Malaisen gelingt es der Garbo, eine völlig glaubwürdige, schöne und begehrenswerte Anna Karenina zu spielen.

Die Kameliendame

Bedeckt ihr Gesicht Ich bin geblendet Sie starb jung.

JOHN WEBSTER,
The Duchess of Malfi

Als Alexandre Dumas den Roman und dann das Bühnenstück *Die Kameliendame* schrieb, malte er das Porträt einer Frau, die er gut kannte, sie war seine Geliebte gewesen. Sie war eine der ungekrönten Königinnen der Pariser Gesellschaft, berühmt wegen ihrer Schönheit, ihres Witzes, ihres Mutes, der Zahl ihrer Liebhaber und der Unmengen Geldes, die durch ihre Hände gingen. Man sagte ihr eine geheimnisvolle Kraft nach; sie konnte einen Raum so unauffällig betreten, wie sie wollte, und sofort ruhten die Blicke aller Männer auf ihr. Man sagte auch, sie sei eine magische Persönlichkeit, die Menschen mit einem Blick verhexte und alternden Herren eine neue Jugend verlieh. Ihr Symbol war die weiße Kamelie, eine Blüte mit Blättern, die sie an ihrem Busen trug.

Ihr bürgerlicher Name war Alphonsine Plessis; sie wurde 1824 als Tochter des Marin Plessis und der Marie Deshayes geboren. Marin war ein moralisch und finanziell völlig heruntergekommener Lebemann, Marie stammte mütterlicherseits vom niederen Adel der Normandie ab. Marin verließ seine Frau, nachdem sie ihm zwei Töchter geschenkt hatte, und Alphonsine wuchs in großer Armut auf. Mit etwa vierzehn Jahren kam sie nach Paris, wo sie zunächst in einer Schneiderei arbeitete. Mit sechzehn wurde sie die Geliebte eines Restaurant-Wirts im Palais Royal. Ihre Schönheit wurde zum Gesprächsthema der besseren Zirkel. Es war keine gewöhnliche Schönheit, vielmehr eine Schönheit, von der Beunruhigung ausging. Sie hatte sehr große, mandelförmige, ungewöhnlich glänzende Augen, eine lange klassische Nase, sanft geschwungene Lippen und ein markantes Kinn, das bei jeder anderen Frau zu markant und zu kräftig gewirkt hätten. Ihre Haut war weiß und rosa und schien durchsichtig. Sie hatte eine schlanke Taille, einen Schwanenhals, und sie trug ihr Haar in Ringellocken, die bis auf ihre Schultern fielen und ihr Gesicht umrahmten. Sie glich mehr einer Prinzessin als einem normannischen Landmädchen. Es war ein Hauch des Außergewöhnlichen

Marie Duplessis, La dame aux camélias

um sie, und es schien stets, als habe sie gerade einen magischen, nur ihr allein gehörenden Ort verlassen, um auf den Straßen von Paris zu wandeln.

Bald änderte Alphonsine Plessis ihren Namen. Alphonsine klang sehr bourgeois, und Plessis war ein Dutzendname. Sie nannte sich nun Marie Duplessis, dieser Name schien auf eine adlige Herkunft zu verweisen. Ihr Geliebter, der Restaurateur, erwirkte die Genehmigung, ihr eine kleine Wohnung in der Rue de l'Arcade nahe dem Palais Royal einzurichten. Dort wohnte sie indessen nicht lange. Der neunzehnjährige Antoine Agenor, Duc de Guiche, hatte gerade seinen Abschied von der Armee genommen. Im Besitz eines bedeutenden Vermögens und fest entschlossen, der regierende Dandy und Abgott der schönsten Frauen seiner Zeit zu werden, entführte er Marie ihrem Wirt, schenkte ihr ein neues, sehr viel aufwendigeres Apartment, sonnte sich in seiner Opernloge in ihrer Gesellschaft und kümmerte sich um ihre Bildung. Sie lernte niemals richtig zu schreiben, aber sie konnte bald lesen und hielt sich viel auf ihre Bibliothek zugute, bestückt mit den Werken von Rabelais, Cervantes, Molière, Hugo und Scott. Offensichtlich las sie die Bücher auch tatsächlich, denn sie war imstande, ausgiebig und sensibel über sie zu reden. Sie führte einen Salon, der die adligen Freunde des Duc de Guiche und nicht wenig Prominente der literarischen Szene als seine Gäste sah. Sie wurde verehrt, geliebt und gefeiert. Sie lebte verschwenderisch. Sie hatte einen exquisiten Geschmack. Sie duldete keinen Klatsch und keine Intrigen, war stets glänzender Laune, und nicht einmal ihre wachsenden Schulden irritierten sie. Der Duc de Gramont war als Vater des jungen Duc de Guiche nicht sehr von ihr angetan und fürchtete, sie werde seinen Sohn ruinieren. Antoine Agenor wurde deshalb auf eine längere Italienreise geschickt. Marie Duplessis wurde die Geliebte des alternden Comte de Stackelberg, eines früheren russischen Botschafters, der ihr eine Wohnung auf dem Boulevard de la Madeleine schenkte. Was Antoine Agenor angeht, der schließlich eine stämmige Schottin heiratete und eine Karriere im Auswärtigen Dienst unter Napoleon einschlug, so kann man sagen, daß es für das Heil seines Landes besser gewesen wäre, wäre er ein Dandy und der Geliebte der Marie Duplessis geblieben, denn als französischer Außenminister machte er sich am Ausbruch des deutsch-französischen Kriegs von 1870 mitschuldig.

Marie Duplessis lebte weiterhin mit dem Comte de Stackelberg und so viel weiteren Liebhabern, wie es ihr paßte. Unter ihren Favoriten war Alexandre Dumas, der Sohn des berühmteren Alexandre Dumas d. Ä. Dieser junge Mann war zwanzig Jahre alt, arm, elegant, talentiert und sterblich verliebt in Marie. Manchmal trafen sie sich heimlich, dann wiederum machten sie aus ihrer Verbindung geradezu ein öffentliches Spektakel, indem sie sich zusammen in einer Loge des Théâtre des Variétés oder in einem der meistbesuchten Restaurants sehen ließen; anschließend gingen sie auf jeden Fall immer in die Wohnung auf dem Boulevard de la Madeleine, wo die weißen Vasen mit Kamelien gefüllt waren, wo ledergebundene Bücher im Kerzenlicht schimmerten und wo ein prächtiges, mit vergoldeten Faunen und Bacchanten verziertes Bett zu berauschenden Nächten einlud. »Sie ist eine der wenigen Kurtisanen, die ein Herz haben«, schrieb er. Sie war aber auch sehr teuer, und es gab Zeiten, da er sie sich nicht leisten konnte. »Was ist los?« schrieb sie einmal, als sie ihn vergeblich erwartet hatte. »Warum höre ich nichts von Dir? Warum bist Du nicht offen zu mir? Ich hoffe, Du wirst mir schreiben. Und ich hoffe, ich darf Dich zärtlich küssen, als Deine Geliebte oder als Deine Freundin, ganz wie Du willst. Wie immer Du Dich entscheiden wirst, ich bin immer Deine ergebene – Marie.«

Die Liaison dauerte elf Monate. Zu Mitternacht des 30. August 1845 brach Alexandre Dumas mit Marie Duplessis. »Laß uns beide vergessen«, schrieb er. »Bitte vergiß meinen Namen, der Dir nicht viel bedeuten kann, und ich werde das Glück vergessen, das für mich nicht mehr möglich ist. Tausend Gedanken.« Doch obwohl er sich von ihr löste, blieb er ihr auf immer verbunden.

Andere Liebhaber folgten. Franz Liszt verliebte sich für kurze Zeit in sie und spielte mit dem Gedanken, mit ihr gemeinsam eine Orientreise zu unternehmen. Der Comte de Perregaux nahm sie mit nach London und heiratete sie standesamtlich; diese Ehe scheint aber in Frankreich keine Gültigkeit gehabt zu haben. Marie litt an Schwindsucht. Ihre Wangen röteten sich hektisch, sie hatte Fieberanfälle und spuckte Blut. Sie machte Badekuren in Deutschland und trank fünf Flaschen Milch am Tag, trotzdem verfiel sie zusehends. Sie kehrte in ihre Pariser Wohnung zurück, verkaufte ihre Juwelen Stück für Stück und betete oft vor ihrem kostbaren, mit Samt ausgeschlagenen und mit zwei goldenen Madonnen geschmückten *prie-dieu*. Manchmal sah sie lange aus ihrem Fenster, in einen roten Kaschmirschal gehüllt, und sah zu, wie unten auf dem Boulevard de la Madeleine die elegante Welt promenierte. Sie war jetzt bleich und abgezehrt, ihre Wangen waren eingefallen, sie sah wie ihr eigenes Gespenst aus. Es war Winter, vom Himmel fiel ein kalter Regen, die Schwindsucht wurde immer schlimmer und fesselte sie schließlich ans Bett. Sie starb am 3. Februar 1847, auf dem Höhepunkt des Karnevals, als ganz Paris auf den Straßen tanzte. Sie hatte ein erfülltes Leben hinter sich, hatte rund eine halbe Million Goldfranken in ihrem Leben ausgegeben und Dutzende von Liebhabern gehabt. Sie wurde zweiundzwanzig Jahre alt.

Marie Duplessis, schon zu ihren Lebzeiten als La Dame aux Camélias bekannt, wurde zur Legende. Sie wurde zur Heldin von Balladen. Die sie gekannt hatten, verewigten sie in ihren Memoiren (wenn sie sich das leisten konnten), ihr Porträt wurde auf Gravuren festgehalten, mit nackten Schultern, in einem weißen Kleid, eine Hermelinstola lässig über den Arm drapiert, mit einer großen Kamelie am Busen. Auf dem Kopf trug sie eine kleine Krone, und um ihre Lippen spielte das Lächeln der reinsten Güte. Sie war vielleicht die schönste Frau ihrer Zeit.

Zur Zeit ihres Todes hielt Alexandre Dumas sich in Algerien auf, und es dauerte einige Zeit, bis er von ihrem Ableben erfuhr. Er kehrte nach Paris zurück und suchte immer wieder die Plätze auf, an denen er mit ihr gewesen war. Dann schrieb er seinen Roman *La Dame aux Camélias,* der sofort ein Riesenerfolg wurde. Dem Roman folgte ein gleichermaßen erfolgreiches Bühnenstück. Er änderte Namen und variierte Situationen, auch machte er sie frommer, als sie in Wirklichkeit gewesen war, aber er beschrieb seine Heldin mit all den besonderen Qualitäten, die sie ausgezeichnet hatten. Ihre Schönheit, ihr erfrischendes Temperament, ihre Freundlichkeit, ihre Herzensgüte, ihr Geschmack an wilden Festen – all das wird im Roman getreulich wiedergegeben. Da viele ihrer Liebhaber noch am Leben waren, schien es Dumas angeraten, seine Heldin Marguerite Gautier zu nennen. Aber an ihrem Charakter änderte er nichts. Es ist ein erstaunlicher Roman und ein gleichermaßen erstaunliches Bühnenstück, und da Dumas über jemanden schrieb, den er gekannt und wirklich geliebt hatte, hat sein Werk eine Frische und eine Zärtlichkeit, die uns bewegen. Die Marguerite Gautier, die sich zu Tode hustet, weiß wie ein Laken, aber wunderschön, gehört zu den großen Figuren der Fiktion, weil sie wie alle großen fiktiven Figuren nach einem lebendigen Modell kreiert wurde.

Für die Garbo war die Kameliendame eine wunderbare Rolle.

Auch sie war eine große Schönheit, die aus den niederen Schichten aufgestiegen war, sie war berühmt und verehrt und besaß jene »Güte des Herzens«, die Franz Liszt wie Alexandre Dumas in Marie Duplessis entdeckt hatten. Sie hatten sogar eine gewisse physische Ähnlichkeit, und die kehlige Stimme der Garbo war das richtige Organ für die typische Heiserkeit einer Schwindsüchtigen. Sie hatte keine Schwierigkeit, in diese Rolle zu schlüpfen. Für eine ganze Generation von Kinogängern wurde sie *die* Kameliendame, und es schien ganz unmöglich, daß irgend jemand sonst diese Rolle spielen könnte.

Natürlich ging bei den Dreharbeiten alles schief, was überhaupt schiefgehen konnte. Das Drehbuch von Zoë Atkins war banal. Die Dekorationen von Cedric Gibbson waren grotesk überladen. Gibbson hatte einmal gesagt, es sei falsch, bei der Gestaltung von Filmbauten dauernd nach minutiöser Authentizität zu schielen; viel besser sei es, die Atmosphäre einer Zeit mit einigen richtig gewählten Requisiten anzudeuten. Hier aber ergab er sich einer wahren Orgie von Requisiten: riesige Leuchter, geschnitzte Stühle, Mahagoni-Tische, Himmelbetten, monumentale Treppenhäuser und ein Wust von Tapisserie. Marguerite Gautiers Wohnung wirkt wie eine Flucht aus einem Palast. Die Dekorationen wurden dermaßen mit Trödel und Krimskrams vollgestopft, daß man fast an eine Verschwörung mit dem Ziel, jegliche Aufmerksamkeit von der Garbo abzulenken, glauben mochte. Die Kostüme, in die Gilbert Adrian sie steckte, waren so schwer, daß es nötig wurde, beim Drehen Eiskühler aufzustellen; die Garbo hätte leicht in Ohnmacht fallen können. Die Kostüme, die sie da trägt, haben mit den Kostümen von 1840 wenig gemein. Auch sie sind grotesk überladen. Das konnte indessen der Garbo nichts anhaben. Sie wurde zu Marguerite Gautier und bewegte sich souverän durch den ganzen Unfug verirrter Filmausstatterei, sie beherrscht den Film.

Mit ihrem Regisseur George Cukor hatte sie Glück. Cukor inszenierte mit leichter Hand, ließ sie ihren eigenen Instinkten folgen und ging oft auf ihre Vorschläge ein. In einer Theaterszene wandelt Marguerite Gautier durch das Foyer, um die Aufmerksamkeit der vielen Herren im Zylinder auf sich zu ziehen; denn eine Kurtisane muß sich ständig verkaufen. Cukor wollte, daß die Garbo langsam geht, damit die Männeraugen Zeit haben, sich auf ihr auszuruhen. Die Garbo ging statt dessen mit schnellen, entschlossenen Schritten, weil sie weiß, daß eine schöne Frau nicht herumschlendern muß, um die Aufmerksamkeit der Männer zu finden. Eine Prostituierte mag langsam von einem Laternenpfahl zum nächsten wandeln, eine schöne Kurtisane schreitet schnell und leichtfüßig dahin und vergönnt den Männern nur einen flüchtigen Blick. Die Garbo hatte über die Implikationen dieser Szene schärfer nachgedacht als ihr Regisseur.

Cukor, einer der intelligentesten Hollywood-Regisseure, erkannte die schauspielerischen Möglichkeiten der Garbo und war mehr bemüht, sie zu entfalten als zu lenken. Wenn man die Garbo als Hauptdarstellerin eines solchen Films hat, bedeutet Regie nicht mehr viel. In den ersten Drehwochen kam einmal Irving Thalberg, der Produktionschef der MGM, in die Ateliers und bemerkte, daß mit seinem Star etwas völlig Neues vor sich ging. »Ja, sehen Sie denn das nicht«, sagte er, »sie ist völlig offen und ungeschützt!« Zum erstenmal hatte die Garbo die Barrikaden, hinter denen sie sich stets verschanzt hatte, verlassen. Zum erstenmal hatte sie nicht das Gefühl, auf der Hut sein zu müssen. Sie genoß ihre Arbeit, sie ging in ihrer Rolle völlig auf, und nie war sie schöner gewesen. Nur wenige Tage nach seinem Atelierbesuch starb Thalberg plötzlich, erst 37jährig. Mit seinem Tod am 14. September 1936 fiel ein düsterer Schatten über das Studio. Ironischerweise war diese Stimmung für die Atmosphäre, in der *Die Kameliendame* entstand, nur förderlich.

Vor ihr hatten sowohl Sarah Bernhardt wie Eleonora Duse die Rolle der Marguerite Gautier gespielt, und die Garbo fühlte also mit gutem Recht, sie sei in guter Gesellschaft. Von der Bühnen-Interpretation der Bernhardt existiert noch ein kurzer Dokumentarfilm. Sie wedelt heftig mit den Armen, stampft unter kräftigem Einsatz ihres einen gesunden Beines auf der Bühne herum und schleudert wilde Blicke gen Himmel, wann immer sie den Eindruck vermitteln will, es sei ihr schon wieder Unrecht widerfahren. Wahrscheinlich ist die Rolle schon bei der Uraufführung 1854 mit gleicher intensiver Leidenschaftlichkeit gespielt worden. Die Garbo ging die Rolle nun mit einem raffinierten Understatement an; je mehr sie wegnahm, um so intensiver wirkte sie. Wenn das Schicksal sie mit vernichtenden Schlägen straft, zieht sie sich lautlos in sich selbst zurück, versinkt in einem erschütternden Schweigen. Wenn der Vater von Armand Duval sie bittet, seinen Sohn freizulassen, willigt sie wortlos ein und legt ihren ganzen Schmerz und Schrecken über die Trennung in eine stumme Bewegung; langsam sinkt sie auf ihre Knie und breitet ihre Arme über einen Tisch. Die Szene wird von ihr fast wie ein langsamer Tanz,

Robert Taylor in ›Camille‹ (Die Kameliendame, 1937) von George Cukor

wie eine Pavane, gespielt, und sie ist um so wirkungsvoller, weil diese Reaktion uns völlig unvorbereitet trifft. Dem Regisseur Cukor ging es nicht anders. Er hatte die Garbo nur gebeten, auf ihrem Gesicht Verzweiflung zu zeigen. Statt dessen übergab sie ihren ganzen Körper einer Verzweiflung, die so schrecklich war, daß sie jegliche Kraft aus allen Muskeln zog.

Lionel Barrymore, der Armands Vater spielte, war ihr kein sehr hilfreicher Partner. Er spricht, als habe er vor dem Rotarier-Club zu reden. Ähnlich wurde sie von den Ausstattern im Stich gelassen: Die Szene mit Armands Vater spielt in einer im Atelier aufgebauten Hütte, die offensichtlich von Leuten entworfen und eingerichtet wurde, die noch nie in ihrem Leben eine Hütte gesehen haben. Ohne eine inspirierende Atmosphäre und ohne einen Partner, der seiner Rolle gewachsen wäre, mußte die Garbo diese Szene ganz allein tragen. Robert Taylor, so übertrieben geschminkt, daß er wie ein männliches Mannequin oder ein Bild auf einer Schokoladenschachtel wirkt, war ein Liebhaber ohne jede Substanz. Der einzige Schauspieler des Films, der neben der Garbo völlig glaubwürdig wirkt, ist Henry Daniell, der Darsteller des eiskalten Barons de Varville. Wahrscheinlich ist Daniell überhaupt der einzige Garbo-Partner, der ihr wirklich gewachsen war.

Henry Daniell war ein ausgezeichneter Schauspieler, der zudem den Vorteil hatte, daß er stets wie aus einer anderen Zeit wirkte; der klassische Kostüm-Schauspieler. Sein Gesicht, seine Gesten, sein Gang, die Selbstverständlichkeit, mit der er die umständlichsten Kostüme trägt, selbst seine Art, gefährliche Betonungen in ein Schweigen zu legen, suggerieren den Eindruck eines Aristokraten. Er hätte perfekt einen Stutzer des Regency-Milieus oder einen Louis XIV. spielen können, er wäre auch ein glaubwürdiger Cäsar gewesen. Er war ein Schauspieler, der seine beträchtlichen Gaben völlig unter Kontrolle hatte, und er schlüpfte mit souveräner Leichtigkeit in die Haut des Barons de Varville. Was man ihm auf der Leinwand nicht anmerkt, ist die Tatsache, daß allein die Aussicht, neben der Garbo zu spielen, ihn grenzenlos nervös machte und mit fürchterlichem Lampenfieber erfüllte. Besonders ängstlich sah er einer von Cukor neuerfundenen Szene entgegen, in der der Baron unerwartet nachts in die Wohnung der Marguerite Gautier zurückkehrt, die ihren Liebhaber Armand Duval gerade noch schnell verschwinden lassen kann. Es war von vornherein eine schwierige Szene für Daniell. Noch schwieriger wurde sie durch den Einfall, die Garbo solle sich ans Piano setzen und für den Baron spielen, und während des Klavierspiels sollten beide einfach in hysterisches Lachen ausbrechen, zum Zeichen dafür, daß jeder von beiden hinter die Geheimnisse des anderen gekommen war, was sich eben nur noch in diesem Lachen äußern konnte. Bevor die Szene gedreht wurde, sprach Daniell die Garbo an und fragte sie, was sie von dieser Szene hielte. Sie antwortete, es sei eine schwierige Szene, und was er denn seinerseits davon hielte.

»Ich glaube, es ist eine gute Szene«, sagte er. »Aber sie macht mir Sorgen. Wissen Sie – das Lachen fällt mir nicht leicht.«

»Mir auch nicht«, antwortete die Garbo.

Die Szene gelang dann beiden sehr gut: Das plötzliche Ausbrechen unnatürlichen Gelächters kam ganz natürlich, und da beide sich in ihrem Spiel glänzend ergänzten, liegt über dem Ganzen eine ganz seltsame, seltene Art von Intimität. Die einzige andere Szene eines Garbo-Films, in der eine ähnliche Art von Intimität wirksam wird, ist die berühmte Szene in *Königin Christine*, in der die Garbo und John Gilbert allein in einem großen Raum sind und sie auf eine sehr leichte und angenehme Art mit ihm spielt, während sie Weintrauben ißt. Hier wird etwas von der gleichen Elektrizität erzeugt, die durch die Szenen mit Henry Daniell fließt.

In ihrem Spiel war immer ein Element der Distanz, der intellektuellen Kühle. Sie war immer eine Statue von sehr sicherem Selbstverständnis, über alles Banale erhaben, sehr bewußt der Tatsache, daß sie auf einem Pedestal steht. Teilweise kam das von ihrer Unsicherheit, dem Gefühl, daß sie ein Fremder in einem Land ist, dem sie nie zugehören wird. Aber natürlich hatte auch ihre Ausbildung an der Königlichen Schauspiel-Akademie in Stockholm damit zu tun, wo den Schülern beigebracht wurde, sich als Wesen zu betrachten, die die bürgerliche Welt hinter sich gelassen und sich völlig einer Kunst geweiht haben. Die Schauspielerin, die dieser Schule entstammt, betritt die Bühne, als käme sie nicht aus ihrer Garderobe, sondern aus einer anderen Welt. Mit der realen Welt hat sie kaum etwas zu schaffen. Sie ist eine Halbgöttin. Und das ist genau der Grund, warum die Weintraubenszene in *Königin Christine* und die eigenartige Lachszene in *Die Kameliendame* eine so starke Wirkung haben: Aus der Halbgöttin wird plötzlich eine Frau.

George Cukor hat die Garbo bei der Arbeit aufmerksam beobachtet und ist zu interessanten Erkenntnissen gelangt. Er war fasziniert von ihrer königlichen Haltung, ihrer Gestalt, ihrem Talent

Henry Daniell und Greta Garbo in ›Die Kameliendame‹, 1937

Greta Garbo in ›Die Kameliendame‹, 1937

Robert Taylor und Greta Garbo in ›Die Kameliendame‹, 1937

zu einer sehr intensiven und zugleich entspannten Konzentration. Sie war nie daran interessiert, die Probestreifen zu sehen und das irritierte Cukor, der erwartet hatte, als engagierte Schauspielerin würde sie versuchen, aus ihren Fehlern zu lernen. Als er sie fragte, warum sie die Proben nicht sehen wolle, antwortete sie: »Ich habe eine bestimmte Vorstellung von dem, was ich leisten möchte, und jedesmal, wenn ich die Resultate sehe, bleiben sie so weit hinter meinen Vorstellungen zurück, daß es mich deprimiert.« Das erklärt ihre Scheu vor der Konfrontation mit ihrer Leistung aber nur zum Teil. Sie lebte ihre Rolle, dachte viel über sie nach, erfand ihre eigene Art, einen Part zu spielen, und das tägliche Ansehen der Streifen hätte sie nur abgelenkt, es hätte ihr konzentriertes Studium der Rolle gestört. Sie war entschlossen, ihre Energie um keinen Preis der Welt zu verschleudern. Sie stand niemals im Atelier herum, wenn die Szene ausgeleuchtet wurde und der Regisseur sich mit dem Drehbuchautor auseinandersetzte. Sie ging ihrer Wege, zog sich zu dem für sie abgeschirmten Platz zurück, nahm eventuell ein Sonnenbad und entspannte sich völlig. Sie hatte die besten Manieren der Welt, erzählte Witze, verkehrte freundschaftlich mit den Beleuchtern, wußte immer genau, was sie wollte, und sie lachte oft. Aber bei all dem war sie auf ihre ganz eigene Weise distanziert, so, als sei sie vom Rest der Welt durch eine unsichtbare Glaswand getrennt. »Sie war sehr nett und konnte sehr komisch sein, und ich glaube, sie war ziemlich glücklich«, meinte Cukor. Da sie die Rolle der Marguerite Gautier lebte, spielte die Frage des Glücklichseins kaum eine Rolle. Sie sah sich als Frau, deren Schicksal es ist, sehr jung zu sterben. Sie versenkte sich in diese Rolle, verlor sich in ihr und war allem anderen gegenüber von einer großartigen Indifferenz. Sie wurde Marguerite Gautier und, noch wichtiger: Sie wurde Marie Duplessis, denn sie las alles, was sie über diese berauschende Person finden konnte. In der Tat spielte sie eher die Marie Duplessis als die von Dumas beschriebene Figur. Aus Gründen, die nur er selber kennt, läßt Dumas seine Heldin ihre Sünden bereuen. Marie Duplessis empfand zwar auch Reue, aber nur sehr wenig. Sie genoß das Leben viel zu sehr, um an der Reue, an der es nicht viel zu genießen gibt, Geschmack zu haben.

Was Cukor mit einer Mischung aus Staunen und Bewunderung registrierte, war die instinktive Sicherheit, mit der die Garbo die wunderbarsten Lösungen zu den Problemen ihrer Rolle fand. In der Szene des Kartenspiels gibt es einen heiklen Augenblick: Sie

läßt ihren Fächer fallen, und der Baron befiehlt ihr, ihn wieder auf-
zuheben. Es ist ein Augenblick frostiger, stiller Feindseligkeiten,
der aber ganz leicht und flüssig gespielt werden sollte. Die Garbo
bückte sich nicht, sie opferte nicht ihre Würde, sie ließ keinen
Bruch im Fluß ihrer Bewegungen zu. Sie lehnte sich in einer wun-
derschönen Bewegung zur Seite, so als führe sie eine Phase eines
Tanzes aus, nahm den Fächer auf, schwankte kaum merklich und
spielte dann weiter, als sei nichts geschehen. Es war nur eine ganz
kleine Szene, aber für Cukor war es die reine Magie.

Jules Janin, ein bedeutender französischer Literatur- und Thea-
terkritiker, der später Mitglied der Académie Française wurde, hat
einmal erzählt, wie er Marie Duplessis zum ersten Mal begegnete.
Er saß mit Franz Liszt im Prominenten-Foyer eines der Theater an
den Boulevards. Das Foyer war schlecht beleuchtet und voll lär-
mender Menschen. Es waren lauter Leute vom Fach, Kritiker, Autoren, Dramaturgen, Musiker und andere Theaterleute, die sich
da die Zeit bis zum Anfang des nächsten Aktes vertrieben. Zur
größten Überraschung von jedermann betrat plötzlich eine königliche Erscheinung das Foyer. Draußen war Winter, der Boden war
schmutzig, in den Kaminen brannte Feuer. Die Erscheinung wandelte durch den Schmutz geradewegs auf den Tisch zu, an dem,
nahe einem Kamin, Liszt und Janin saßen. Sie setzte sich neben
Liszt und flüsterte ihm zu, sie habe ihn einmal spielen hören, und
das habe sie in die schönsten Träume versenkt. Der Beschließer
klopfte dreimal mit seinem Stab auf den Boden, zum Zeichen, daß
der Vorhang gleich über dem nächsten Akt aufgehe. Alle außer
Liszt, Janin und die Fremde begaben sich ins Parterre. Liszt, förmlich geblendet durch die wahrhaft königliche Erscheinung der
jungen Frau, fragte sich, ob er ihr vielleicht schon einmal in London oder im Stadthaus der Duchess of Sutherland begegnet sei.
Janin konnte sich noch Jahre später an jedes Detail ihres Kostüms
erinnern: an ihre Handschuhe, an ihr mit kostbarer Seide besetz-
tes Taschentuch, ihre Seidenstrümpfe, ihre Unterröcke, und er erinnerte sich auch, daß sie eine riesige Perle trug, würdig einer Kaiserin. Wer aber war diese Frau? Sie selbst verriet es nicht. War sie
eine Gräfin? Eine Prinzessin? Sie hatte eine exquisite Art, sich auszudrücken, und umgab sich mit einem Hauch von Hoheit, als sei
sie eine Dame von Hof. Liszt war verzaubert, Janin war neugierig.
Sie verplauderten den ganzen dritten Akt und waren sehr glücklich miteinander, dann verschwand die Frau, wie sie gekommen
war.

Ein Jahr später sah Janin sie in der Oper wieder. Jetzt war sie bereits berühmt, und auch Janin kannte ihren Namen. Ihr schönes, schwarzes, in Ringellocken gelegtes Haar war mit Diamanten und Blumen geschmückt; die Arme und der halbe Busen waren unbedeckt; sie trug ein weißes Kleid, einen scharlachroten Umhang und eine Halskette mit Smaragden. Der Umhang war mit Hermelin besetzt, und das Kleid hatte offensichtlich ein Vermögen gekostet. Sie schien nicht besonders glücklich, gelangweilt von ihrem derzeitigen Liebhaber, gleichgültig ihren Verehrern gegenüber. Janin fragte sich, ob sie wohl die Rolle genieße, die sie da spielte. Er mußte an die Worte der Ninon de l'Enclos denken, einer Freundin des Prince de Condé und der Madame de Maintenon, die da gesagt hatte: »Hätte man mir früher gesagt, welches Leben ich einmal führen würde, ich wäre vor Scham und Schrecken gestorben.«

Das dritte und letzte Mal sah Janin sie bei der festlichen Einweihung der Eisenbahnstrecke Paris–Brüssel. In dem riesigen Brüsseler Bahnhof hatte sich eine Menge von französischen, belgischen, holländischen, spanischen und deutschen Würdenträgern eingefunden. Könige und Königinnen waren gekommen, es war keiner zugegen, der nicht irgend etwas Besonderes war. Die Bahnhofshalle war zu dem Anlaß mit einer Menge von Bäumen, Blumen und Fahnen in einen festlichen Garten verwandelt worden. Es war eine der glänzendsten Veranstaltungen der Zeit. Plötzlich erschien Marie Duplessis, bleich, glänzend, bereits eine Sterbende. Offensichtlich hatte niemand sie eingeladen. Ihre Schönheit war ihre Eintrittskarte. Bald entließ sie ihren Begleiter, fand unter der Menge von Tänzern einen, der ihr zusagte, und begann, sich im Walzer zu wiegen. »Sie tanzte wunderbar, weder zu schnell noch zu gemächlich, traumwandlerisch einem inneren Kompaß folgend, nie aus dem Rhythmus fallend, und die Erde mit ihren leichten Füßen kaum berührend.«

Dies ist genau die Qualität, die die Garbo dem Film gegeben hat. Noch nie sah man jemanden so königlich auf der Leinwand spielen. In *Die Kameliendame*, ihrem Meisterwerk, dominiert sie durch ihre bloße Präsenz, durch den Glanz ihres Da-Seins. Es wird unmöglich, zu glauben, sie sei Marguerite Gautier, eine an Schwindsucht sterbende Kurtisane. Hier haben wir die Garbo, die das Spiel spielt, eine Kurtisane zu sein, und die dieses Spiel so gut spielt, daß wir manchmal glauben, sie glaube, eine Rolle zu spielen, während wir doch in Wirklichkeit wissen, daß sich uns endlich die eigentliche Garbo enthüllt. Kenner, die ihre Filme minutiös studiert haben, verweisen darauf, daß bestimmte Gesten in *Die Kameliendame* an bestimmte Gesten in *Gösta Berling* erinnern, und erinnern ferner daran, daß sie in *Die Kameliendame* majestätischer ist, als sie es in *Königin Christine* je war. Sie hatte endlich die letzten Höhen erreicht, und die Welt fragte sich, ob sie dergleichen je wieder leisten würde.

Ein Teil des Verdienstes dafür geht an George Cukor, weil er sie als Schauspielerin respektierte und ihr ihren Willen ließ, und auch an Gilbert Adrian, nicht wegen der Kleider, die er für sie entwarf, sondern weil er darauf beharrte, daß sie echte Diamanten und Smaragde trug; denn die perfekte Schönheit schmückt sich nur mit echten Perlen. Adrian hatte auch darauf bestanden, daß sie am Anfang des Films Ringellocken trägt und daß die Locken dann, wenn ihr Leben sich dem Ende zuneigt, immer weniger werden und ihr Haar in klassischer Strenge zurückfrisiert wird. Er hüllte sie in schwere, schwarze Umhänge (als spiele sie in einem Melodram), sprenkelte ihr weißes Chiffonkleid mit Silbersternen, als sei sie eine Tänzerin, und schmückte ihre Taille mit phantastischen großen schwarzen Schleifen – ein etwas zu dramatischer Hinweis auf ein böses Ende. Vor Drehbeginn erzählte Adrian, er würde sie für die ersten Phasen des Films ganz in Weiß kleiden, dann zu allen möglichen Grautönen übergehen und sie zum Schluß in das Schwarz der Trauer kleiden. Glücklicherweise wurde er diesem törichten Konzept untreu. Dafür übertrieb er aber das Kostümieren derart, daß man den Eindruck hat, die Kleider beanspruchten mehr Aufmerksamkeit als ihre Trägerin, was einen bei einem ehrgeizigen Kostümemacher nicht wundert. Aber welcher Zuschauer läßt sich von solchem Ehrgeiz irreleiten und dazu verführen, die Garderoben der Garbo statt sie selbst zu bewundern.

Die Kameliendame hat die Magie der Perfektion, weil das Spiel der Garbo in jedem Augenblick perfekt ist. Von dem Spiel ihrer Partner kann man das nicht sagen. Als Armands Vater klappert Lionel Barrymore wie ein Nußknacker durch den Film. Robert Taylor kommt einem wie ein Wachsmannequin in einem Kaufhaus-Schaufenster vor. Als Nanine, die Krankenschwester, verbreitet Jessie Ralph neckische Hysterie. Dagegen ist Laura Hope Crews glänzend als Prudence, und Henry Daniell spielt seinen unmöglichen Part mit intelligenter Leichtigkeit. Insgesamt werden die Fehlleistungen durch die Qualitäten des Films wettgemacht, und sein wunderbarer Höhepunkt ist die Sterbeszene. Es gab zwei Konzeptionen für die Sterbeszene, die auch beide gedreht wurden. In der einen verabschiedet sich Marguerite Gautier mit einem längeren Monolog von der Welt, in der anderen stirbt sie schweigend. Das wortreiche Sterben wurde dann glücklicherweise verworfen, die Kameliendame der Garbo erleidet einen letzten Hustenanfall, ein Zittern geht durch ihren Körper, sie ist erlöst. Aber in dieses Husten und dieses letzte Erzittern legte sie ihre ganze Kunst, ihr ganzes Empfinden und große Würde.

Ist *Die Kameliendame* durchgehend sehr glaubwürdig, so gibt es an *Conquest* (Maria Walewska, 1937) überhaupt nichts Glaubwürdiges. Schon in der Vorbereitungsphase der Produktion lief alles schief. Zum Teil lag das an dem Drehbuch, an dem sich mindestens fünf, möglicherweise aber bis zu zwanzig Autoren versuchten. Die Namen der fünf Zulieferanten kennen wir, weil sie im Vorspann des Films festgehalten sind: »Drehbuch von Samuel Hoffenstein, Salka Viertel und S. N. Behrman nach dem Roman ›Pani Walewska‹ von Waclaw Gasiorowski und einer Dramatisierung von Helen Jerome.« Zu viele Köche kochten an diesem Brei, und zu viele unmögliche Konzeptionen wurden durch noch schlimmere Konzeptionsänderungen noch unmöglicher gemacht. Charles Boyer war kein sehr glaubwürdiger Napoleon, und man traute ihm eine Marie Walewska als Geliebte überhaupt nicht zu. Ganz abgesehen davon war die Unterstellung, dieser Napoleon habe mit der historischen Persönlichkeit gleichen Namens etwas zu tun, die reine Unverschämtheit.

Zum großen Teil lag das an dem Regisseur Clarence Brown, der hier eine sehr schwerfällige Inszenierung liefert und überhaupt kein Gespür für die napoleonische Ära hat. Ebenso verhängnisvoll wirkte es sich aus, daß William Daniels, der Kameramann fast aller Garbo-Filme, diesmal nicht zur Verfügung stand. Besonders ungeschickt stellte sich das Besetzungsbüro an, das die bemerkenswerte Mutter Napoleons mit Dame May Whitty und den Sohn aus der Verbindung von Napoleon und der Gräfin Walewska mit Scotty Beckett besetzte, was die voraussehbare Konsequenz hatte, daß beide Rollen in die Nähe von Parodien gerieten. In *Die Kameliendame* hatte es ein paar katastrophale Fehlbesetzungen gegeben, aber die Kraft und der Glanz der Garbo hatten das vergessen lassen. In *Maria Walewska* lassen sich die durch Fehlbesetzungen bewirkten Defekte nicht übersehen.

Theoretisch hätte *Maria Walewska* so erfolgreich werden müssen

Robert Taylor und Greta Garbo in ›Die Kameliendame‹, 1937

Rex o'Mallay und Greta Garbo in ›Die Kameliendame‹, 1937

wie *Die Kameliendame* und *Königin Christine*. Alle drei Filme handeln von historischen Figuren, die in eine hoffnungslose Liebe verstrickt werden. Wie die Kameliendame und die Königin Christine war die wahre Marie Walewska eine sympathische, kühne und phantasievolle Frau. Sie war unbeschreiblich schön, und Napoleon betete sie an; sie hatte einen Sohn von ihm, wurde von ihm verlassen, besuchte ihn auf Elba, und sein Schatten lag über ihrem ganzen weiteren Leben. Selbst ihre Tücken wurden durch ihre Tugenden geheiligt. Sie beteiligte sich an zahlreichen Intrigen, die sämtlich dem noblen Zweck galten, ihrer polnischen Heimat die Freiheit zu erhalten. Der Film gibt ihr keine Gelegenheit, ihre Größe zu zeigen. Napoleon brüllt sie wie ein wütender Stier an, fühlt sich nicht genug von ihr geliebt und sagt das auch ständig, plappert endlos über seine Pflichten und ermangelt gänzlich der majestätischen Größe. Finger bewegen sich über Landkarten von Mitteleuropa, überblenden in Schlachtfelder, die wiederum in Kanonen und Rauch überblenden und schließlich auf das Bild des ungeduldigen, unwirschen Napoleon, der in seinem Zelt herumstolziert und auf Siegesmeldungen wartet. Er gestikuliert zu stark und ohne Unterlaß. Der wahre Napoleon gestikulierte sehr wenig und machte gar dem Schauspieler Talma den Vorwurf, er spiele einen Kaiser in einem Corneille-Drama zu gestenreich, denn ein wahrer Kaiser sei sich wohl bewußt, daß er mit einem Fingerschnippen ganze Heerscharen in die Schlacht und ganze Scharen von Widersachern an den Galgen schicken könne. Als Napoleon war Boyer eine Katastrophe, er vermehrte einfach die Reihe der schattenhaften, unwirklichen und unwürdigen Liebhaber, mit denen die Garbo geschlagen war. Den Drehbuchautoren ging die Phantasie ab. Sie klammerten sich an Geschichtsbücher, Daten, Schlachten, glanzvolle Empfänge in prächtigen Palästen, Orgien und Soldaten. Marie sagt zu ihrem einzigen Bruder Paul: »Ich liebe den Kaiser. Deshalb bin ich hier. Das verstehst du doch, oder?« Napoleons Mutter sagt zu Marie: »Mein Sohn ist nicht nur ein Kaiser, er ist auch ein Mann.« Vom polnischen Adel dazu ausersehen, sich Napoleon um das Wohl des Vaterlandes willen hinzugeben, sagt Marie: »Soll das bedeuten, daß ich Ihrer Meinung nach siegen kann, wo die polnischen Legionen verloren haben?« Es war eindeutig das schlechteste unter allen ihren Drehbüchern, was um so deutlicher wurde, als es dem besten unter allen ihren Drehbüchern folgte. In einer einzigen Szene kommt Leben in das Buch, in der Begegnung zwischen der alten Gräfin Pelagia und Napoleon.

Die Gräfin wird von Maria Ouspenskaja gespielt, die vom Moskauer Künstler-Theater kam, einer ausgezeichneten Darstellerin von außerordentlicher Präsenz. Obwohl sie geradezu winzig war, wirkte sie neben jedem Partner wie eine Titanin. Die Gräfin Pelagia hat ihr Gedächtnis verloren und keine Ahnung, wer Napoleon ist. »Wer sind Sie, junger Mann?« fragt sie. »Ich bin Napoleon.« »Was für ein Napoleon?« »Bonaparte.« Sie besteht darauf, daß er Karten mit ihr spielt, und zwar um Geld, denn da er behauptet, ein Kaiser zu sein, kann er es sich wohl auch leisten, um Geld zu spielen. Natürlich spielt Napoleon falsch. Und natürlich merkt das die Gräfin sofort. Sie wirft ihre Karten auf den Tisch und sagt: »Sie sind nichts weiter als ein falsch spielender Korporal!«

Aber wenn auch *Maria Walewska* als Film wenig bemerkenswert ist, so hat er doch einen großen Verdienst. Er hat viele Großaufnahmen der Garbo. Wie sie da durch die napoleonischen Kriege wandelt, erscheint sie uns träumend verloren im Zentrum eines sinnlosen Dramas. Der Zuschauer folgt ihr von einer Großaufnahme zur nächsten. Die Unterstellung, sie sei Marie Walewska, hat keinen Schimmer der Glaubwürdigkeit, sie scheint vielmehr immer noch *Die Kameliendame* zu sein, die sich unseligerweise in die Arme eines noch größeren, noch fetteren Baron de Varville verirrt hat. Die Kameliendame gleitet, in kostbare Pelze gehüllt, in einem Pferdeschlitten durch einen Schneesturm. Die Garbo ist immer dann am schönsten, wenn sie sich vom Hintergrund des Schnees und der nordischen Wälder abhebt. Dann poltert wieder Napoleon herein und jammert zum hundertsten Male über die Bürden seines hohen Amtes, und obwohl er sich unübersehbar in der Mitte der Leinwand aufpflanzt, scheint er sehr klein zu sein, und seine Stimme scheint von weither zu kommen.

Die Kameliendame hatte gezeigt, welche Höhe die Garbo als Schauspielerin erklimmen kann. *Maria Walewska* zeigt uns nur, was wir längst wissen: daß die Garbo eine Frau von kühner Schönheit war und mit jedem Jahr schöner wurde. Ihre Schönheit hat etwas derart Dramatisches, daß es uns leichtfällt, uns vorzustellen, daß man ihr ganz alleine die Leinwand überläßt. *Maria Walewska* wäre vielleicht ein besserer Film, würde die Garbo einfach mit Hilfe von Landkarten oder Schlachtenszenen erzählen, was ihr in Frankreich und Polen zugestoßen ist. Sie würde »Napoleon« flüstern, und wir würden ihn sehen, einfach weil sie ihn herbeibeschworen hat. Sie würde von ihrem Kind sprechen, und in unserer Imagination würde das Kind als ein wirkliches Kind erscheinen, und so bliebe uns der Anblick des lieblichen, ringellockigen Ungeheuers erspart, das uns der Film präsentiert. Sie hatte den Hokuspokus, mit dem Hollywood sie umgab, nicht nötig. Am allerwenigsten brauchte sie riesige Marmorpaläste, nie endende Ballszenen und Paraden. Alles, was sie brauchte, war die Freiheit, schön zu sein, Geschichten zu erzählen und ihre Kraft als Schauspielerin zu beweisen.

Auf das kläglichste Material angewiesen, spielte die Garbo mit ihrer bekannten Brillanz, und manchmal überzeugt sie uns sogar davon, daß sie die wahre Marie Walewska ist und Napoleon der wahre Napoleon. Aber niemals mehr als für Sekunden. In unserer Erinnerung lebt der Film fort wegen der Großaufnahmen, die immer aufregend sind, auch wenn sie uns schon vertraut sind, und wegen des Ausdrucks des Mitleids auf ihrem Gesicht, wenn sie Napoleons Ende erlebt.

Ihre schauspielerische Potenz hat keine Einbuße erlitten, sie ist das Opfer eines ärmlichen Drehbuchs. Das Versprechen aber blieb – das Versprechen noch größerer Rollen als *Die Kameliendame* und *Anna Karenina*, eine ganze Galaxie glänzender Rollen. Sie wußte nicht und konnte nicht einmal ahnen, daß das Ende ihrer Karriere als Schauspielerin schon nahe war.

In ›Conquest‹ (Maria Walewska , 1937) von Clarence Brown

Greta Garbo in ›Maria Walewska‹, 1937

In ›Maria Walewska‹, 1937 mit Charles Boyer

Ninotschka

Genossen! Völker der Welt! Die Revolution
marschiert . . . aber noch nicht gleich, bitte
– wartet noch, wartet – laßt uns glücklich
sein . . .

Aus Ninotschka

Als in den letzten Monaten des Jahres 1939 *Ninotschka* gedreht
wurde, wäre kein Mensch auf den Gedanken gekommen, die Karriere der Garbo könne schon bald ein abruptes Ende finden. Sie
war auf der Höhe ihres Ruhms. Sie wurde von Millionen geliebt
und verehrt, ihr Name gehörte der ganzen Welt. Sie war jetzt vier-
unddreißig Jahre alt, und nichts schien zwanzig weiteren Jahren
Filmkarriere entgegenzustehen. In manchen Szenen von *Ni-*
notschka sieht sie wie achtzehn aus, und niemals sieht sie in diesem
Film älter aus als fünfundzwanzig. Sie war gesund, einigermaßen
glücklich, und das einzige, was sie ernstlich beunruhigte, war die
Kriegsstimmung in Europa und die Angst, Deutschland könne
Schweden besetzen. In ihren Filmen erhielt sie immer dankbarere
Rollen. Sie war auf dem Kamm der Woge.

Bei *Ninotschka* hatte sie zum erstenmal ein Drehbuch, das ihren
Talenten entsprach. Wie es schien, würde sie nie mehr in die Ver-
legenheit kommen, so idiotische Dialoge wie in *Maria Walenska* zu
sprechen. *Ninotschka* war ein Film ohne Fußangeln, ohne Unsin-
nigkeiten, ohne Vulgarität. Sie mußte nicht gegen ihre wahre Natur anspielen, und sie mußte endlich nicht mehr den Vamp spielen, die *femme fatale*, eine Stereotype. Ihre Schauspielerei wurde
wahrhaftiger, weil man sie von ihren Ketten befreit hatte.

Ninotschka, ihr Schwanengesang, gehört zu einer neuen, erfri-
schenden Schule des Films. Es ist eine Satire, hemmungslos komisch, völlig unglaubwürdig. Unter anderem ist es eine Satire auf
die Garbo selbst oder vielmehr auf ihre Legende, die Legende von
der kühlen Frau aus dem Norden, gegen die Ehe immun, herb und
in sich selbst ruhend. Der Film ist voller Heiterkeit, formell auf
Hochglanz gebracht, eine kultivierte Komödie, die kein Anliegen
hat außer der frohen Botschaft, daß Liebe und gutes Essen die
wichtigsten Ingredienzien des Lebens sind. Der Film verlacht das
Zarenreich, die Sowjetunion und die Demokratien. In einer be-

In ›Ninotchka‹ (Ninotschka, 1939) mit Felix Bressart, Sig Rumann, Alexander Granach (von links) von Ernst Lubitsch

sonders absurden und herrlichen Sequenz lacht die Garbo hemmungslos und stürzt von einem Lachanfall in den nächsten. Der Hauptslogan des Films hieß »Garbo lacht!!!«, die Garbo lacht! – so, als sei dies ein neuer, bislang unentdeckt gebliebener Aspekt ihrer Persönlichkeit, dem staunenden Publikum nun erstmals enthüllt. Die Premiere des Films fand am 3. November 1939 statt, als der Zweite Weltkrieg schon zwei Monate alt war und die Welt nicht mehr viel zu lachen hatte.

Trotzdem kam der Film genau zur richtigen Zeit heraus und erfüllte einen guten Zweck. Seine Fröhlichkeit war herzerwärmend, sein totaler Mangel an Prätention hatte etwas Erleichterndes. *Ninotschka* war der genau auskalkulierte Versuch, für die Dauer von 110 Minuten alle Ängste zu bannen und alle trüben Gedanken zu verscheuchen, und er wird dieser Aufgabe in unübertrefflicher Weise gerecht. Die Welt von *Ninotschka* hat wenig mit der Welt der Realitäten zu tun, was nicht sein geringster Verdienst ist. Ernst Lubitsch, der Regisseur des Films, war ein Meister der Kunst, die Fäden der Komödie so leicht und mühelos zu stricken, daß völlig schwerelose Gebilde daraus entstanden. Und es sind genau die Leichtigkeit und Luftigkeit, die den Film zu einem so ungetrübten Genuß machen.

Das Drehbuch entstammt den gemeinsamen Bemühungen der Herren Charles Brackett, Billy Wilder und Walter Reisch. Solche Gemeinschaftsarbeiten zeigen oft, zumindest bei Garbo-Filmen, die schlimmsten Ergebnisse. Das Drehbuch zu *Ninotschka* vermittelt indessen den Eindruck, ein einziger Mann habe es an einem einzigen Wochenende geschrieben, und zwar in einem Champagner-Keller.

Schon die Rollen-Namen sind die Produkte wilder Phantasie. Die Garbo spielt eine gewisse Ninotschka Yakuschowa, aber während Ninotschka als akzeptables Diminutiv für Nina noch hingehen mag, ist Yakuschowa überhaupt kein russischer Name, und wenn er überhaupt russische Ursprünge hat, kann er nur von dem Wort yak abgeleitet sein, was Yak heißt. Eine ähnlich irrwitzige Erfindung ist der Name der Großherzogin Swana; diesen Namen gibt es im Russischen überhaupt nicht. Der von Melvyn Douglas gespielte Liebhaber Ninotschkas heißt Graf Léon d'Algout, möglicherweise ein Nachfahre der berühmteren Countess Marie d'Agoult, einer Liebe von Franz Liszt; eine Erklärung für die Verdrehung ihres aristokratischen Namens bleiben die Autoren uns freilich schuldig. Iranoff, Bulianoff und Kopalsky, die drei Komiker, die das sowjetische Regime ausschickt, um die Juwelen der Großherzogin aufzuspüren, haben Namen, die russisch klingen, aber es nicht sind. Von Anbeginn werden wir also gewarnt, daß wir es hier mit einer Phantasie über einen nichtexistenten Staat namens Sowjetunion zu tun haben. Das macht aber gar nichts, da der Großteil der Handlung in einem nichtexistenten Paris stattfindet. Daß dieses Paris ein reines Traumland ist, wird auch mit dem ersten Bild des Films klargestellt: es zeigt den Place de la Concorde, darüber liegt die Schrift

»Dieser Film spielt in Paris, in jenen wunderbaren Tagen, als eine Sirene noch eine Brünette und nicht eine Alarmanlage war – und als es noch nicht wegen eines Luftangriffs geschah, wenn ein Franzose das Licht ausdrehte.«

Diese eingeblendete Schrift liefert die einzige besinnliche Note des Films, der alsbald mit der angemessenen Verve beginnt, wenn Iranoff, Bulianoff und Kopalsky sich durch die Drehtür des ultra-eleganten Hotels Clarence schleudern. Das bestimmt gleich den Ton und das Tempo des Films. Wir werden konfrontiert mit drei Komikern, die auf Raubzug und Konspiration aus sind, und sich zwar als Mitglieder der russischen Handelskammer vorstellen, aber kaum verbergen können, daß ihre wahre Herkunft die Slapstick-Burlesken der Mack-Sennett-Ära sind. Sie scheinen zu allem entschlossen, und wir nehmen es ihnen ohne weiteres ab, daß sie bei der nächstbesten Gelegenheit das Hotel Clarence in seine Bestandteile zerlegen werden. Ohne Umschweife beziehen sie die Fürsten-Suite, die einzige noch verfügbare Suite des Hotels, die solchen erlauchten Gästen angemessen erscheint. Bulianoff fragt sich zwar, was Lenin wohl sagen würde, könnte er sehen, in welchem Luxus sich die Genossen breitmachen, aber Kopalsky weiß die richtige Antwort: »Bist du nicht der unerschrockene Bulianoff, der auf den Barrikaden gekämpft hat?! Und jetzt hast du Angst vor einem Zimmer mit Bad? Würde Lenin noch leben, so würde er sagen: ›Genosse Bulianoff, nur einmal im Leben kommst du nach Paris!‹« Bulianoff gibt sich geschlagen. (›Wer bin ich, daß ich Lenin widersprechen könnte?‹), und findet sich mit der noblen Herberge ab.

Die drei Clowns entstammen den Mack-Sennett-Burlesken, doch ist in ihre Ahnenreihe auch fremdes Blut geraten. Melchior Langyl, der die Orginal-Story zu *Ninotschka* geschrieben hat, Billy Wilder, der Hauptautor des Drehbuchs, und der Regisseur Ernst Lubitsch sind sämtlich Mitteleuropäer mit einem ausgeprägt jüdischen Witz. Billy Wilder kommt aus Österreich, er hat in Berlin Drehbücher geschrieben und in Frankreich Filme inszeniert, bevor er nach Hollywood kam. Was seine drei Clowns von den Keystone Copy unterscheidet, ist ihre stärkere Explosivkraft, die daher rührt, daß sie an ihre Verrücktheiten glauben. Ihr Wahn explodiert nach innen. Wirklich glücklich sind sie nur, wenn sie am Rande des Abgrunds tanzen. Ihre Bestimmung auf Erden ist es, jedermann, die Garbo eingeschlossen, in den magischen Zirkel ihres Wahns zu ziehen.

Die Großherzogin Swana, gespielt von Ina Claire, wird als eine Romanoff ausgegeben, entbehrt aber gänzlich der Romanoff-Würde. Ihre Herkunft duftet stark nach Illegitimität. Als Dame von Adel ist sie nicht sehr überzeugend, ihre Liebesaffäre mit dem Grafen Léon d'Algout ist ziemlich lauwarm, und beide scheinen einer Noêl-Coward-Komödie entsprungen. Sie liefern die Pizzicato-Effekte, das Zischen der Lunte, bevor die ganze Ladung in die Luft geht. Sie sind entschieden gediegen, während die drei Komiker in einer Welt leben, wo Gediegenheit das letzte wäre, was man zum Überleben braucht.

Und nun betritt die Garbo die Bildfläche, als Spezialbeauftragte der sowjetischen Regierung, ausgestattet mit allen Vollmachten, um Zucht und Ordnung in das Leben der drei Hallodris zu bringen und die Probleme, die die von den Sowjets konfiszierten Juwelen der Großherzogin darstellen, dank der rigorosen Anwendung gesunder kommunistischer Prinzipien zu lösen. Da sie die Garbo ist, trifft sie mit dem Zug ein, geheimnisvoll in Rauchschwaden gehüllt aus dem Waggon auf den überfüllten Bahnsteig tretend, einem erhabenen Mysterium vergleichbar, und in der Tat ist sie so mysteriös und erhaben, daß Iranoff, Bulianoff und Kopalsky in ihr zunächst gar nicht die Generalbevollmächtigte des Kremls erkennen. Man kann ihnen das kaum verdenken, erinnert sie in ihren strengen Kleidern doch eher an eine versteinerte Schullehrerin. Als ein Träger ihr das Gepäck abnehmen will, zeigt sie sich so unerfahren in westlicher Lebensart, daß sie ihn fragt, warum er seine Hilfe anbiete. »Das ist meine Arbeit«, sagt der Träger. »Das ist keine Arbeit«, erwidert sie, »das ist soziale Ungerechtigkeit.« Dann fragt Bulianoff, etwas irritiert von ihrem dominierenden Gehabe, wie es denn daheim in Moskau gehe. Sie antwortet: »Sehr gut. Die letzten Massen-Prozesse waren ein großer Erfolg. Es gibt immer weniger Russen.«

Als Schullehrerin und Generalbevollmächtigte ist die Garbo

herrlich überzeugend. Sie geht jedes Problem ohne Umschweife an, zieht messerscharfe logische Schlüsse und weiß auf jede Frage die passende marxistische Antwort. Beim Anblick eines absurd geformten Gegenstandes in einer Hotel-Vitrine fragt sie, was denn das sei. Sie bekommt zur Antwort, es sei ein Hut, und kommentiert: »Wie kann eine Zivilisation überleben, die den Frauen gestattet, sich dergleichen Dinge auf den Kopf zu setzen? Unsere Zeit kommt, Genossen!« Und als sie durch den größten aller Zufälle am Place de la Concorde dem Graf Léon d'Algout begegnet und auf ihre zurückhaltende Frage nach dem Weg zum Eiffelturm das ganze Vokabular männlicher Annäherungsversuche zur Antwort bekommt, mokiert sie sich: »Ich habe schon von der Arroganz der Männer in der kapitalistischen Gesellschaft gehört. Sie glauben, sie könnten sich so etwas dank ihrer überlegenen Kaufkraft leisten. Ihre Spezies wird bald ausgestorben sein.«

Lubitsch liebte schnelle Schnitte, jähe Tempowechsel und den rasanten Austausch von pointiertem Dialog. Er verabscheute Dialoge, die den Zusammenhang der Handlung erklären, und komplexe Gefühle. In *Ninotschka* gibt es keine komplexen Gefühle, jede Figur gehört zu einem etablierten Typus, der ganze Film ist so adrett verschnürt wie eine schleifengeschmückte Hutschachtel. Daß die Dekoration absurd und verschwenderisch ist und die Hutschachtel kostbarer als der Hut, und daß der Hintergrund des Ganzen den reinsten Kitsch darstellt, all das ist völlig belanglos. Was zählt, ist allein, daß es Lubitsch gelingt, der Garbo eine Freiheit zu verschaffen, die sie nie zuvor hatte. Fasziniert erleben wir mit, wie sie Hals über Kopf in ihre Liebesgeschichte mit Melvyn Douglas stolpert. Zwar glauben wir nicht wirklich, daß sie sich in Douglas ernstlich verlieben könnte, aber auch das ist ohne Belang. Wir verfolgen eine Scharade, die mit kultiviertem Witz gespielt wird, und weder die Garbo noch Douglas machen sich Illusionen über die wahre Natur dieser Scharade. Aus der bevollmächtigten Schullehrerin wird eine liebende Frau, glücklich erblühend, unberechenbar fröhlich, und selbst daß wir nicht ganz glauben können, daß Douglas der ihr vorbestimmte Mann ist, ist vorhersehbar – auch an ihre früheren Männer haben wir nie glauben können. Wieder einmal ist die Garbo der ganze Film, und alles andere nur Dekoration.

Aber diesmal ist zum erstenmal die Dekoration ihres Gegenstandes würdig. Die luxuriösen Hotelräume geben den perfekten Hintergrund für die Scharade ab. Ein mythisches Paris flutet vorbei. Manchmal dürfen wir einen Brocken authentisches Französisch aufschnappen. Wir sehen französische Taxis, die Lichter des Eiffelturms, und ständig werden wir daran erinnert, daß wir uns nicht in Hollywood befinden, sondern in einem mythischen Königreich namens Frankreich. Aber all das trägt nur zu dem für das Spiel notwendigen Klima der Konfusion bei und beansprucht nie mehr Glaubwürdigkeit für sich als die Tafel auf der elisabethanischen Bühne, die da behauptet »Wir befinden uns in Agincourt.«

In den früheren Garbo-Filmen war die Ausstattung immer total unglaubwürdig. Die Hütte in *Susan Lenox,* der Palast und die Hütte in *Königin Christine,* der gewaltige Treppenaufgang in *Anna Karenina* – alle diese Dekorationen erweckten den Eindruck, als seien sie von inkompetenten Studio-Arbeitern zusammengehauen worden. War man in einer Szene nicht von der Präsenz der Garbo gefesselt, so ließ man das Auge über diese ganzen gemalten Wände und schauerlichen Hintersetzer gleiten, und dann hatte man manchmal das Gefühl, das Ganze könne im nächsten Augenblick ächzend in sich zusammenfallen, was vielleicht auch das Beste gewesen wäre. In *Ninotschka* wie in *Grand Hotel* wirken die Dekorationen auf merkwürdige Art substantiell. Von der Vorstellung eines Luxushotels erwarten wir nicht notwendigerweise Substanz, es genügt, wenn alles so dekorativ und so irrelevant ist wie Marzipanfiguren auf einer Hochzeitstorte. Und gerade, weil wir gar nicht auf Substanz und Authentizität aus sind, nehmen wir das Ganze, wie es ist, sind zufrieden mit dem, was uns geboten wird, und finden es ganz in Ordnung. Das Hotel Clarence, ein imaginäres Hotel in einer imaginären Stadt, gewinnt so eine Art von Monumentalität.

Lubitsch fühlte sich in Luxushotels zu Hause, er hat einen großen Teil seines Lebens in Ihnen verbracht. Er liebte sie und haßte sie, war fasziniert und gelangweilt von ihnen. Er wußte ganz genau, wie der Betrieb in diesen großen Häusern funktioniert und hatte vor ihrem Management nicht mehr Respekt als ein Spengler vor einem Wasserhahn. Und weil er in diesen Hotels so heimisch war, bereitete es ihm keine Mühe, seine Figuren durch die endlosen Korridore zu manövrieren, und weil er genau wußte, wie das Hotelleben aus der Perspektive des Hotelpersonals aussieht, zeigt er uns seine Figuren manchmal aus der Perspektive von Kellnern und Zimmermädchen. Wenn zum Beispiel Iranoff, Bulianoff und Kopalsky ihre Erfolge mit einer rauschenden Party in ihrer Suite feiern, zeigt Lubitsch uns nie diese drei Männer. Statt dessen zeigt

In ›Ninotschka‹, 1939 mit Melvyn Douglas

er uns zwei Ober, die einen mit gargantuanischen Speisen beladenen Wagen heranrollen: Sie verhalten vor der Tür der Suite, sie klopfen, die Tür öffnet sich, wir hören, wie sie mit Begeisterungs-Ausrufen begrüßt werden. Wenig später schwingt das Zigaretten-Mädchen durch den Korridor, auch sie klopft, auch sie wird mit wildem Gebrüll begrüßt. Nun kommen die Ober mit dem leeren Wagen aus der Suite, sehr aufgedreht folgt ihnen das Zigaretten-Mädchen, und nun folgt eine schnelle Überblendung. Im nächsten Bild sehen wir wieder unser Zigaretten-Mädchen auftauchen, diesmal begleitet von zwei anderen Mädchen. Alle drei verschwinden in der Suite, und nun wächst das begeisterte Brüllen von drinnen zum Fortissimo an. Iranoff, Bulianoff und Kopalsky sind um so gegenwärtiger, als sie unsichtbar bleiben.

Lubitsch war ein Meister der leichten Hand. Er demonstriert einem in aller Unschuld und Deutlichkeit, daß er absolut nichts im Ärmel versteckt hat, dann zieht er drei Tauben, zwanzig Meter bunten Chiffon, sechzehn Fahnen und vier Luftballons hervor. Und das macht er mit so entwaffnender Eleganz, daß niemand ihm böse sein kann. Noch weitaus aufregender war es, als er Douglas und die Garbo aus dem Ärmel zog.

Jeder Zauberkünstler weiß, daß zu seinem Erfolg atemberaubende Geschwindigkeit und eine nie abreißende Flut taschenspielerischer Ablenkungsmanöver gehören. Und so geht das auch in *Ninotschka*. Der Zuschauer wird hier überwältigt von einem Phänomen, das zuvor noch in keinem Garbo-Film zu bemerken war: Die Handlung bewegt sich mit dem Tempo eines Expreß-Zugs voran. *Die Kameliendame* und *Anna Karenina* bewegten sich gemächlich wie Pferdekutschen, und selbst *Königin Christine* fällt manchmal in Schritt-Tempo. In *Ninotschka* erleben wir es zum erstenmal, daß alles der Auflösung entgegeneilt, obwohl jeder weiß, daß diese Auflösung nur chaotisch sein kann. Der Schauplatz dieser Auflösung ist ein vollkommen unglaubliches Konstantinopel, wo Iranoff, Bulianoff und Kopalsky ein Restaurant eröffnet haben, angeblich aus patriotischen Gründen. Außerdem ermöglicht ihnen das Etablissement, ein Rendezvous zwischen Ninotschka und Graf Léon d'Algout zustande zu bringen. Dieses Restaurant ist die reine Traumkulisse, zusammengeflickt aus bemalten Wänden und einer Rückprojektion von Konstantinopel. Das tut dem Vergnügen überhaupt keinen Abbruch. Der Film ist so rapide und mit solcher Sicherheit diesem Ziel entgegengebraust, daß uns überhaupt nichts mehr interessiert außer der Frage, ob Ninotschka und ihr Graf sich nun endlich kriegen. Würde der Film auf dem Gipfel eines im Südpazifik treibenden Eisberges enden, dann würde uns das auch nicht wundern, wenn wir nur mit den beiden glücklich werden.

Ninotschka hat Tempo, Eleganz, Gradlinigkeit und einen schlafwandlerischen Witz. Als Kommentar über die Sowjetunion, die gerade ein Blutbad von nie zuvor gesehenen Proportionen hinter sich gebracht hatte, gibt der Film überhaupt keinen Sinn. Er stellt keine Fragen, gibt keine Anworten, weiß keine Lösungen. Dafür berührt er eines der unergründlichsten Mysterien des Lebens – die kindliche Freude, die irgendwo im Herzen des Universums liegt. In den düsteren Dissonanzen von Beethovens posthumen Quartetten tauchen manchmal Töne wie aus einem Kinderlied auf. Ähnlich wächst in *Ninotschka* aus der Welt der überladenen Boudoirs, der glitzenden Spiegel, der schweren Teppiche und der erbarmungslosen Künstlichkeit der Handlung der Geist der reinen Komödie hervor und läßt sich in Liedern von innerster Heiterkeit vernehmen. Der Witz der Komödie ist hier weniger verbal als lyrisch, er liegt beschlossen in der Art, in der diese Versammlung von Clowns über die Bühne tanzt und springt.

Aber auch der schlafwandlerische Wortwitz wirkt oft bezaubernd und ist in seiner Absurdität den absurden Figuren völlig angemessen. Hier zum Beispiel der berühmte Dialog, in dem der Graf erklärt, daß er als altmodischer Bourgeois unmöglich Ninotschkas Theorie akzeptieren kann, daß die Liebe ein rein chemisches Phänomen ist:

NINOTSCHKA: Ich komme selbst aus dem Kleinbürgertum. Mein Vater und meine Mutter wollten, daß ich zu Hause bleibe und auf unserem Bauernhof helfe, aber ich habe mich für das Bajonett entschieden.

LEON (verwirrt): Für das Bajonett? Im Ernst?

NINOTSCHKA: Ich wurde vor Warschau verwundet.

LEON: Verwundet? Wo?

NINOTSCHKA: Ich war Sergeant in der Dritten Kavallerie-Brigade. Möchten Sie die Narbe sehen?

LEON: Sehr gerne.

NINOTSCHKA (zieht den Ärmel hoch und zeigt die Narbe): Von einem polnischen Lanzenreiter. Ich war damals sechzehn.

LEON: Arme Ninotschka. Arme, arme Ninotschka.

NINOTSCHKA: Mich brauchen Sie nicht zu bedauern. Bedauern Sie den Polen. Ich lebe ja schließlich noch.

In ›Ninotschka‹, 1939 mit Melvyn Douglas

So ist Ninotschka – überwältigend vital! Wie sie die letzte Zeile voller Überzeugung bringt und dabei so tut, als lasse sie das wie eine beiläufige Bemerkung fallen, zeigt, wie perfekt die Garbo die Kunst der Komödie beherrscht. Sie liebte die Rolle und spielte sich in ihr völlig aus. Es war für sie eine neue, ungeheuer belebende Erfahrung. Dabei gehörten ihr beileibe nicht alle Pointen, denn auch ihre Partner kommen voll auf ihre Kosten. Hier der Graf, wie er über die Mysterien der Liebe grübelt:

LEON: Warum umkreisen die Schlangen, die kältesten aller Tiere, sich unaufhörlich? Warum fliegen Motten Hunderte von Meilen, um ihren Partner zu finden? Warum öffnen die Blüten sehnsüchtig ihre Kelche? O Ninotschka, Ninotschka, fühlst du nicht auch manchmal die Symptome der göttlichen Leidenschaft? Eine glühende Wärme auf deinen Handflächen? Eine seltsame Schwere in deinen Gliedern? Ein Brennen auf den Lippen, das nicht Durst ist, sondern etwas, unendlich quälender, unendlich aufregender ist als Durst?
NINOTSCHKA: Du redest sehr aufregend.
LEON (küßt sie): War das aufregend?
NINOTSCHKA: Nein, das war beruhigend. Noch mal.

Der Witz der Komödie hat eine gerissene Art, mit Worten umzugehen; die Worte »noch mal« sind hier zugleich komisch, völlig fehl am Platz und zugleich völlig angemessen. Die Liebe nimmt ihren Wahnsinnskurs durch die seltsamen Abenteuer um die Juwelen der Großherzogin Swana. Ninotschka besucht ein sehr einfaches Restaurant und bestellt sich in ihrer puritanischen Art rohe Karotten und Rote Beete. Der Graf folgt ihr, setzt sich neben sie, tut so, als verkehre er immer in diesem Arme-Leute-Lokal, grüßt die Arbeiter an den anderen Tischen und ist hochbefriedigt, als sie zurückgrüßen. Er versucht, Ninotschka zum Lachen zu bringen und erzählt ihr einen dummen Witz nach dem anderen, ohne ihren Panzer auch nur ankratzen zu können. Als er endlich verzweifelt aufsteht, um zu einem anderen Tisch zu gehen, stolpert er und fällt hin. Und jetzt bricht Ninotschka in ein ungeheueres Gelächter aus.

Es ist einer der berühmtesten Augenblicke dieses Films, und nur ein besonders geschulter Blick kann erkennen, daß ihr Lachen mit ihren Mundbewegungen nicht ganz synchron ist. Das kommt daher, daß die Garbo ohne weiteres imstande war, die Mimik des

In ›Ninotschka‹, 1939 mit Alexander Cranach

großen Gelächters zu bringen, aber sie war völlig außerstande, laut herauszulachen. Eine andere mußte für sie lachen, der Ton wurde aufs Bild synchronisiert. Laut und brüllend lachen konnte sie also nicht, aber dafür konnte sie sehr gewinnend lächeln, wie man ebenfalls in *Ninotschka* sehen kann.

Sie genoß die Dialoge, die man für sie geschrieben hatte. Der Graf bietet ihr an, sie mit Swanas Tiara zur Großherzogin des Volkes zu krönen. »Ist das auch wirklich der Wunsch der arbeitenden Massen?« fragt sie. Er antwortet, daß die Massen absolut auf ihrer Krönung bestehen, und Ninotschka sagt: »Ich danke dir, Léon. Ich danke euch, Massen.« Sie läßt sich krönen und wendet sich dann den unsichtbaren versammelten Massen zu, um ihre von Champagner vorgeschriebene Kronrede zu halten: »Genossen! Völker der Erde! Die Revolution marschiert, die Kriege werden über uns hinwegbrausen, Bomben werden fallen, die Zivilisation wird zuschanden werden – aber nicht gleich, bitte! – wartet! wartet! – laßt uns glücklich sein – schenkt uns diesen Augenblick!« Die Rede der Ninotschka Yakuschowa, »einer kleinen Speiche im großen Rad der Revolution«, ist zumindest sensibler als viele Reden, die wirkliche Diktatoren gehalten haben. Sie wird zu Bett getragen, die Tiara immer noch auf ihrem Kopf, und sie lächelt glücklich. »So glücklich und so müde«, murmelt sie, die Arme um den Hals des Barons geschlungen. Hier hört Ninotschka auf, eine Sozial-Komödie zu sein. Hier löst sich die Garbo von einer Rolle, um in eine andere zu schlüpfen. Die Verwandlung des Kommisars ist vollendet. Man mag Melvyn Douglas, der die Garbo auf seinen Armen zu Bett trägt, für den beneidenswertesten aller Männer halten, man darf aber auch nicht übersehen, daß er der einzige Schauspieler war, der sie überzeugend auf seinen Armen tragen konnte.

Lubitsch hatte die Angewohnheit, jeden Morgen die Schauspieler um sich zu versammeln und mit ihnen ihre Rollen durchzugehen. Als Regisseur, der zugleich sein eigener Produzent war, gebot er über eine außergewöhnliche Portion Autorität. Aber aus wohlerwogenen Gründen spielte er diese Autorität nie aus. Die Garbo, Douglas und Ina Claire waren ungewöhnlich intelligente Schauspieler. Sie wußten in jedem Augenblick, was sie zu tun hatten und brauchten kaum jemand, der sie führte. Die Rollen, die sie mit scheinbarer Leichtigkeit bewältigen, sind in Wirklichkeit ungeheuer schwierig. Douglas stand vor einer fast unmöglichen Aufgabe, er hatte das Tempo jeder Szene zu bestimmen, er hatte die Garbo zu führen, aber zugleich hatte er den Eindruck zu er-

Greta Garbo (oben Mitte) unter Komsomolzinnen in ›Ninotschka‹, 1939

wecken, daß er sich ihr unterwirft, daß er nur den Rahmen zu ihr abgibt. Er mußte sie mit den Fragen füttern, die ihre so komisch wirkenden ausweichenden Antworten provozieren. Während des ganzen Films ist er wie ein wärmendes Feuer, daß sie zum Leben erweckt. »Magst du mich wenigstens ein kleines bißchen?« fragt er sie, und sie antwortet: »Sie sind mir nicht völlig widerlich.« Auch die Garbo hat hier keine leichte Aufgabe zu bewältigen. Ihre Worte müssen zugleich mit einer gewissen Leichtigkeit und mit einem hehren Ernst kommen, mit einem schwachen Hauch von Resignation und Amüsement. Würde sie die Dialoge zu emphatisch angehen oder durchblicken lassen, daß sie auf den nächsten Satz ein Lachen erwartet, so wäre alles verloren. Ina Claire, die besser ist als Herzogin und bis in die Fingerspitzen voll abenteuerlichem Humor steckt, verfügt souverän über alle Schattierungen der Komik. Sie gibt ihren Anspruch auf die Juwelen auf, wenn sie den Graf dafür zurückbekommt. Auch so etwas ist sehr schwer zu spielen, aber der Claire gelang das wunderbar. Die leichteste Aufgabe hatte vielleicht Lubitsch. Er hatte das beste Drehbuch, das er sich wünschen konnte, und brauchte jetzt nur noch die Schauspieler auf den Zenit ihres Könnens zu geleiten.

Ninotschka ist ein Triumph brillanten, eleganten Witzes. Der Film hat sogar eine Aussage, die Botschaft nämlich, die die beschwipste Ninotschka an ihre imaginären Untertanen richtet. Der Film hat allerdings auch zwei sehr schwache Stellen. In einer absurden Szene spricht Ninotschka das kleine Lenin-Bild an, das auf ihrem Nachttisch steht; »Lächle doch mal, kleiner Vater«, sagt sie, und prompt grinst der strenge Lenin. Die andere Schwäche des Films liegt in seinem hastigen und uneleganten Ende mit seinem kuriosen Konstantinopel-Kolorit. Konstantinopel hätte etwas Besseres verdient, und die Darsteller, die sich bis dahin mit Eleganz und Distinktion ihrer Aufgabe gewidmet haben, ebenfalls. In seiner Hast, Ninotschka und den Grafen endlich unter einen Hut zu bringen, geht Lubitsch gegen die kunstvoll akkumulierte Logik seiner Geschichte vor. In dieser Hinsicht übertrifft er noch die Komödienautoren der Restaurationszeit, die er immer aufmerksam studiert hat. In allen Restaurationskomödien werden die Beziehungen zwischen den Figuren allmählich so heillos verwirrt, daß das Durcheinander in den letzten fünf Minuten nur mit einer an den Haaren herbeigezogenen Lösung geschlichtet werden kann. Mit *Ninotschka* ging es ähnlich.

Die MGM war über den Erfolg von *Ninotschka* so glücklich, daß sie beschloß, gleich noch eine Gesellschaftskomödie mit der Garbo und Douglas zu machen. Der Film hieß *Two-Faced Woman* (die Frau mit den zwei Gesichtern, 1941) die Vorlage lieferte ein Bühnenstück von Ludwig Fulda (der sein Bestes freilich mit der deutschen Adaption des *Cyrano de Bergerac* gegeben hat.) George Cukor, der *Die Kameliendame* gemacht hatte, wurde für die Regie verpflichtet. Er konnte sich nicht für den Titel, das Drehbuch, die Handlung und das Thema erwärmen und nahm das Ganze als eine ungeliebte Pflichtübung auf sich. Aus *Ninotschka* hatte die MGM den Schluß gezogen, daß die Garbo komisch sein kann. Was also konnte komischer sein, als sie in einer Doppelrolle zu präsentieren? In der Werbung für *Ninotschka* hatte man sie als die »lively lady«, die temperamentvolle Dame, verkauft, jetzt sollte sie doppelt temperamentvoll sein. Cukor hatte den Film kaum begonnen, da wurde ihm klar, daß er sich auf ein wahres Katastrophen-Unternehmen eingelassen hatte, auf einen derart grob zusammengehauenen, ständig wiederkäuenden, völlig inkohärenten Film, daß es für alle Beteiligten besser gewesen wäre, sie hätten einfach Schluß gemacht und wären spazieren gegangen.

Two-Faced Woman ist nicht einfach eine schlichte Katastrophe, es ist ein monumentales Debakel. Vom Start weg lief alles schief. Die Atmosphäre im Atelier war ausgesprochen trübsinnig. Die Schauspieler taten ihr Bestes, weil sie brave Profis waren und sich gelegentlich sogar der vagen Hoffnung hingaben, die enorme Dümmlichkeit des Films könne durch spritzige Darstellerleistungen etwas erträglicher gemacht werden, schließlich und endlich aber überhaupt nur deshalb, weil die Maschinerie nun einmal lief und durch nichts in der Welt mehr zu stoppen war. Bei den Dreharbeiten zu *Die Kameliendame* und noch mehr bei *Ninotschka* war die Stimmung im Atelier geradezu euphorisch gewesen. Damals war allen Beteiligten klar, daß sie an Filmen voll Intelligenz und Phantasie arbeiteten, die jeglichen Einsatz wert waren, egal, ob es sich in der Kasse niederschlagen würde oder nicht. *Two-Faced Woman* war weder intelligent noch phantasievoll und nicht der geringsten Mühe wert, und das wußte auch jeder.

Einen Großteil der Schuld trugen die Publicity-Leute der Produktion. Nach dem Studium des angeblich geistsprühenden Drehbuchs hatten sie sich die Meinung gebildet, der einzige Zweck des Films sei es, der Welt eine völlig neue Garbo zu präsentieren: Garbo, die reine Komödiantin, die Meisterin der locker hingestreuten Pointen, die völlig neue Frau, witzig, aber auch

Greta Garbo und Melvyn Douglas in ›Two-faced Woman‹ (Die Frau mit den zwei Gesichtern, 1941) von George Cukor

sinnlich, und überhaupt nicht mehr erhaben. Als Zugabe gibt es die Garbo, die Frau mit dem sportlichen Körper, denn als Karin Blake ist sie eine Sportlerin, während sie als Karins Zwillingsschwester das elegante und verwöhnte Luxusweibchen ist. Als Sportlerin sieht man sie nixengleich schwimmen und als kühne Meisterin des Skilaufs.

Als Frau von Welt zieht sie die Männer an wie das Licht die Motten, einen gegen den anderen kaltblütig ausspielend und als echter Vamp ihnen das Blut bis zum letzten Tropfen aussaugend. Den Publicity-Leuten machte dieser Film viel Spaß. Aber sie waren auch die einzigen, die *Two-Faced Woman* lustig fanden.

George Cukor, der ursprünglich als Dialogregisseur nach Hollywood gekommen war und den Stummfilm-Schauspielern das Sprechen beigebracht hatte, galt normalerweise als geselliger Plauderer, der es vor allem genoß, mit den Schauspielern die Rollen zu diskutieren. Diesmal reduzierte er alle Gespräche bis auf das Notwendigste und gab sich dem Inszenieren mit lustloser Routine hin. Normalerweise hatte er auch viel Verständnis für den Schauspieler, wenn dieser über bestimmte Szenen im Drehbuch unglücklich war, und er zeigte sich dann immer bereit, diese Szenen beim Drehen nach den Vorstellungen der Darsteller zu ändern. Er kannte seine Schauspieler, hatte Vertrauen zu ihnen und respektierte die Tatsache, daß sie ihren Beruf beherrschten. Bei *Two-Faced Woman* war die Garbo sehr unglücklich über eine Szene, in der sie im Swimming-Pool eines Hotels schwimmt und dann aus dem Wasser steigt. Die Szene ist völlig sinnlos, hat absolut nichts mit der Handlung zu tun und wurde von dem Drehbuchautoren nur erfunden, um einen Vorwand zu liefern, die Garbo halbnackt zu zeigen. Die Garbo hatte also durchaus recht, als sie gegen die Szene protestierte. Sie wußte, daß sie keine Badeschönheit war, und sie wußte auch, daß die Szene völlig unnötig war. Sie bat Cukor, die Szene zu streichen. Cukor sagte: »Das bleibt drin.« Sie fügte sich seinem Befehl, aber an ihrem Ausdruck in der Szene selbst kann man deutlich sehen, wie sehr sie diese Sache innerlich verletzt und gekränkt hat. Langsam wuchs der Verdacht in ihr, die MGM betreibe aus irgendeinem rätselhaften Grund eine Konspiration mit dem Ziel, sie zu zerstören. Sie war mehr als nur gekränkt und verletzt, der ganze Film machte ihr den Eindruck, als sei man dabei, sie auf den Müll zu kippen.

Cukors oberflächliche Art und Melvyn Douglas' offensichtlicher Abscheu vor manchen Szenen irritierten sie. Der Film besteht fast zur Hälfte aus Dialogszenen zwischen der Garbo und Douglas, und für die Wirkung des Films war es ganz besonders wichtig, daß der Zuschauer spürt, wie die beiden ihre Konversationen genießen. Melvyn Douglas spielt Larry Blake, einen New Yorker Zeitschriften-Verleger, der bei einem Winterurlaub die Skilehrerin Karin kennenlernt, sich in sie verliebt und heiratet. Er haßt das Skilaufen, sie liebt es, und dieser schwerwiegende Antagonismus gibt dann das Thema zu dem üblichen neckischen Streiten zwischen den Liebesleuten. »Da lang mußt du klettern!« befiehlt sie. »Beine mehr spreizen!« Er fragt sie, zu welchem Zweck sie denn so mühsam mit den Skiern den Berg hochsteigen. »Um wieder runterzufahren«, sagt sie in bester Ninotschka-Logik. Er ist des Schnees bald überdrüssig und kehrt zu seinen New Yorker Geschäften zurück. Sie bleibt in ihrem Wintersportort und bringt den Urlaubern Skifahren bei – aber nur solange, bis sie hört, daß ihr Mann in New York in die Arme seiner früheren Geliebten, der geduldigen Griselda, zurückgefunden hat. Karin hüllt sich in mondäne Gewänder, setzt sich eine smarte Perücke aufs Haupt und fährt als ihre eigene Zwillingsschwester nach New York. Larry verliebt sich in den Zwilling und kehrt mit ihm zu Karins Skihütte zurück, wo er erklärt, er habe dieses Spiel sofort durchschaut, und glücklich vereint gehen sie wieder auf die Piste. Larry stürzt in ein Loch, und als sie ihn lachend herauszieht, sagt er: »Ich bin gar nicht Larry. Ich bin sein Zwillingsbruder!« Vorhang.

Der Film wurde am 31. Dezember 1941, kurz nach dem japanischen Angriff auf Pearl Harbor, im New Yorker Capitol-Theater uraufgeführt und von den Kritikern sofort verrissen. Manchmal sieht man ihn noch in den Nachtprogrammen des Fernsehens und kann dann feststellen, daß er nichts von seiner Faszination als einer der schrecklichsten Hollywood-Filme verloren hat. Seine wesentliche Pointe serviert er schon in den ersten fünf Minuten. Im folgenden wird diese eine Pointe endlos wiederholt. Der ganze Film hat keine Struktur, keine Textur, und nur augenblicksweise zeigt sich uns die Garbo in ihrer ganzen Schönheit. Die große Verführungsszene scheint aus einem Horrorfilm zu stammen und wirkt so, als trieben die Zombies es mit den Lebenden. Douglas küßt die Garbo vierzehnmal. Er war zu beneiden, aber er hätte eine glücklichere Garbo verdient gehabt. Wahrscheinlich hatte sie recht, als sie argwöhnte, es sei eine Konspiration zu ihrer Zerstörung im Gange. *Two-Faced Woman* erwies sich als eine ironische Koda zu einem Leben voller Erfüllungen. Sie machte nie wieder einen Film.

Der Vorhang fällt

Nach *Two-Faced-Woman* war die Karriere der Filmschauspielerin Garbo zu Ende. Sie trat seither weder auf der Bühne noch in einem Film auf, gab keine Interviews, gab keine Erklärungen ihrer Absichten ab und zog sich aus Hollywood zurück. Aber das plötzliche Ende ihrer Karriere war nicht ihr Werk. Sie kannte ihre Talente und war nicht bereit, sie so leicht aufzugeben. Was geschah, war unerwartet und überraschend. Obwohl sie die berühmteste Schauspielerin war und ihr Handwerk meisterhaft beherrschte und darum zu den meistgefragtesten Schauspielerinnen gehörte, war sie nicht in der Lage, einen Film zu finden, der ihr entsprach. Hunderte von Themen wurden ihr angeboten. Doch wenn sie sie näher betrachtete, schrumpften sie in sich zusammen und wurden unannehmbar. Sie machte sich auf die Suche nach einer Rolle, konnte aber keine finden.

Es war eine schwierige Situation, es schien, als liefen die Rollen vor ihr davon und als lösten sich die Stücke in nichts auf, sobald sie sich für sie interessierte. Schließlich waren es zehn oder fünfzehn Projekte, die sie näher in Betracht gezogen hatte, aber alle wurden wieder aufgegeben aus irgendwelchen nichtigen Gründen. *Sapho* von Alphonse Daudet war ernsthaft erwogen worden mit Montgomery Clift in der Rolle des romantischen Liebhabers und Jean Gaussin, der hoffnungslos verliebt ist in Fanny Legrand, der Frau von Welt, die schon eine Reihe von Liebhabern ruinierte. Es war eine gute Geschichte, aber es wurde nichts daraus, vielleicht weil Fanny Legrand Marguerite Gautier ähnelte, nur bürgerlicher war und aggressiver. *Inspiration*, den sie mit Robert Montgomery gemacht hatte, basierte auf der Geschichte von Daudet, die allerdings kaum wiederzuerkennen war. Es hätte sich gelohnt, genauer und werkgetreuer zu arbeiten. Aber auch dieses Projekt wurde fallen gelassen aus einem Grund, an den sich niemand mehr erinnert.

Daphne du Mauriers Roman *Meine Cousine Rachel* wurde in Erwägung gezogen. Cukor war von der Vorlage so begeistert, daß er extra eine Reise nach Cornwall unternahm, um die Autorin dieses Romans kennenzulernen. Aber auch das wurde nicht realisiert, weil die Garbo sich vielleicht nicht als cornische Frau sah. Das nächste war *George Sand,* was sie hervorragend mit Laurence Olivier gespielt haben könnte; die Idee verlief im Sande. Darauf sollte *The Paradine Case* folgen mit seiner todbringenden Heroine, die aber eher halbverrückt war. Eine Zeitlang zog die MGM das in Erwägung, aber dann war es beinahe über Nacht vergessen. Die RKO, die die Rechte an dem Stoff *I Remember Mama* besaß, deutete der MGM an, daß sie Cukor und die Garbo gern für diesen Film ausleihen würde. Alles, was die Garbo darauf erwiderte, war »Keine Mörderinnen, keine Mamas.« Diese Reaktion kam per Telegramm.

Es ist möglich, daß *I Remember Mama* nicht als ernsthaftes Angebot gemeint war. Es schien sich um eine lächerliche Anspielung zu handeln. Keine dieser Rollen war der Garbo angemessen. Sie war eher interessiert an einer Bearbeitung von Balsacs *Die Herzogin von Langeais*, einem Roman über das Leben einer anderen großen Schönheit, der Marquise Henriette de Castries. Sie war Balsacs Geliebte, während er in Aix-en-Provence war. Sie spielte mit ihm wie die Katze mit der Maus, aber im Roman drehte er den Spieß um, beschrieb sie als eine kaltherzige Frau, die von ihrem Liebhaber verschmäht wurde, gebrandmarkt war und ins Kloster gehen mußte. Der klassische Roman eines rachsüchtigen Liebhabers, geschrieben mit einer beinahe pathologischen Grausamkeit, dramatisch genug, um von der Garbo gespielt zu werden. Walter Wanger war der Produzent, Max Ophüls der Regisseur, und James Mason sollte den Liebhaber spielen. Sie hatten sich für einen neuen Titel entschieden: *Friends and Lovers.* Die Verhandlungen zogen sich über mehrere Monate hin, die Garbo unterschrieb den ausgehandelten Vertrag über eine Vorauszahlung von 50000 Dollar, die Kostüme wurden von James Wong Howe entworfen, und die Garbo reiste nach Italien, um die Orte des Geschehens zu besichtigen. Dann, ganz plötzlich, wurde das Projekt wieder verworfen mit der Erklärung, daß Walter Wanger kein Geld hätte. Das waren Gerüchte, heftige Streitereien, plötzliche Temperamentsausbrüche folgten, aber die tatsächlichen Gründe für das Scheitern des Projektes sind nie an die Öffentlichkeit gedrungen. In der Aufregung und dem Durcheinander gingen die einzigen Farbsequenzen, die je von der Garbo gemacht worden waren, verloren. Heute sind sie sicher auf irgendeinem Speicher in Italien vermodert.

1949 war die Garbo zu dem unumstößlichen Entschluß gekommen, nie wieder einen Film zu drehen. Es war nicht so, daß sie keine Filme mehr machen wollte. Es war nur ganz einfach so, daß das Filmemachen im Grunde unmöglich geworden war. Früher lagen alle Entscheidungen in den Händen der MGM. Die Garbo hatte das Recht, diesen Entscheidungen zu widersprechen, aber sie hatte von diesem Recht selten Gebrauch gemacht, und sie hatte selten Rollen vorgeschlagen, die sie gern gespielt hätte.

Sie hatte es stets vermißt, geführt und richtig beraten zu werden. So war sie ohne jeden Ehrgeiz, vielleicht deshalb, weil Ehrgeiz widersinnig ausgesehen hätte für jemanden, der so lange Zeit weltberühmt war. Warum dieses Streben? Warum dieser Kampf? Sie hatte diese Fragen nur an sich selbst zu stellen, um die Antwort zu wissen. Die Tage ihres langen Kampfes mit dem Film, die mit Mauritz Stiller begonnen und mit George Cukor geendet hatten, waren vorüber. Sie war nun frei, ihr Leben so zu verbringen, wie sie es wollte.

Reich, berühmt und bewundert war sie in der beneidenswerten Situation, ihre Freiheit genießen zu können, und doch war sie nicht zu beneiden, da sie nicht wußte, was sie mit der Zeit und der geschenkten Freiheit anfangen sollte. Sie befand sich in der Situation eines Pensionärs, der sein Lebtag gearbeitet hatte: wie die Leere dieser Tage ausfüllen? Sie war scheu, haßte es, neue Bekanntschaften zu machen, zeigte keinerlei Interesse für ein soziales Engagement, las sehr selten eine Zeitung und war schlecht vorbereitet auf ein Leben voller Müßiggang.

Es fehlte ihr beinahe jedes politische Bewußtsein. Und doch hatte sie zweimal die Gelegenheit, zu zeigen, daß sie in der Lage war, politisch zu denken. Als ihr 1938 mitgeteilt wurde, daß Hitler *Die Kameliendame* sechsmal gesehen hatte und sie unbedingt persönlich treffen wollte, spielte sie mit dem Gedanken eine eventuelle Einladung nach Deutschland anzunehmen, um ihn mit einer unter dem Kleid verborgenen Pistole umzubringen und so die Welt von dem größten aller Übel zu befreien. Es wurde zwar nichts daraus, aber zweifellos hat sie darüber sehr ernsthaft nachgedacht.

Im folgenden Jahr fand der Spanische Bürgerkrieg sein grauenhaftes Ende. Die Garbo haßte die Faschisten Francos leidenschaftlich. Der Dichter Edwin Rolfe, einer der Überlebenden der Lincoln-Brigade, die auf der Seite der Republikaner gekämpft hatte, beschrieb seine Überraschung, als er nach Hollywood zurückkehrte und entdeckte, daß die Garbo darauf bestand, allen Überlebenden der Brigade, die Kalifornien erreichten, Kleider und Geld zu schenken. Das war ihre spektakulärste politische Handlung. Sie entfernte sich immer mehr von der Politik, und es wurde immer stiller um sie.

Dieser Rückzug war merkwürdig, aber sie hatte ihn für sich beschlossen und für gut befunden.

Nach Beendigung ihrer Karriere empfand sie nur noch die Nachteile des Ruhmes. Da es sie in Erschrecken versetzte, erkannt zu werden, trug sie alle möglichen Verkleidungen, verbarg sich hinter dunklen Brillen und zahllosen falschen Namen. Dennoch wurde sie von ihren Verehrern erkannt. Diejenigen, die sie kannten, waren nicht überrascht, wenn sich eine Miss Harriet Brown am Telefon meldete. Manchmal sagte sie geistesabwesend: »Als ich ein kleiner Junge war . . .« Das war vor sehr langer Zeit. Sie war älter geworden, aber sie alterte so unmerklich ruhig wie ein Segelschiff, das sich sehr friedlich und ohne Schlingern in ruhigen Wassern fortbewegt. Sie hatte die Heimsuchungen Hollywoods ohne Skrupel hinter sich gelassen. Zu Beginn ihrer Karriere war sie die junge und schöne Gräfin Elisabeth Bohna und am Ende ihrer Karriere war sie die junge und schöne Ninotschka. Das Rad hatte eine volle Umdrehung gemacht, und in diesem Augenblick endete ihr Leben als Künstlerin, und sie bedauerte es nicht.

Ihr Ziel war es, eine große Schauspielerin zu werden, und sie hatte ihre größten Erfolge am Anfang und am Ende ihrer Karriere. Und es war ihr Bestreben, ihre eigene Legende ernstzunehmen. Sie war bescheiden in bezug auf ihre große Begabung. In diesem schändlichen und korrupten Zeitalter, mit Dikatoren und tobenden Armeen, kam die Garbo wie eine Gnade zu uns und erinnerte uns daran, daß in dieser Welt die vollkommene Schönheit, die wir alle suchten, noch existierte. In unserer Vorstellung schien sie wie eine Göttin unter uns zu wandeln, und wir sahen in ihrer Schönheit das Versprechen für einen kaum zu erhoffenden Frieden.

Genauso wie in dem Gesicht von Buddha, das in Indien und im ganzen Fernen Osten in Stein und Bronze gemeißelt ist, werden wir uns eines großen Friedens, der gleichzeitig Kraft bedeutet, bewußt. Die Heiterkeit des Buddhabildes verbirgt Blitz und Donner, den Untergang von Königreichen und die Schaffung von Welten. Buddha meditiert nicht nur, er gibt sich kühnem Überschwang hin, obwohl seine Augen halb geschlossen, seine Hände im Schoß gefaltet sind und er sanft lächelt. Und wenn er schön gestaltet ist, so nur dann, um ihn für uns verständlicher zu machen. Es gibt tatsächlich sanfte kambodschanische Statuen Buddha, die eine erstaunliche Ähnlichkeit mit der Garbo haben. Lebendig:

kräftig, sehr friedlich und mit der gleichen Energie, die ihr Gesicht ausstrahlt.

Zukünftige Generationen werden uns beneiden, daß wir sie zu ihrer Zeit gesehen haben, auch sie werden sich über die Mysterien, die sie umgeben, Gedanken machen – diese Mysterien, die an dem Tag beschworen wurden, als das vergessene Genie Mauritz Stiller aus dem Elend seiner heimgesuchten Kindheit heraus die Vorstellung einer Göttin gebar, die so schön war, so unfaßbar schön, daß er sie Garbo nannte.

Greta Garbo starb am 15. April 1990 in New York.

Filmographie

Die Abkürzungen bedeuten:

A	Ausstattung	P	Produktion (Produzent)
B	Buch	R	Regie
D	Darsteller	S	Schnitt
Dial	Dialoge	T	Ton
K	Kamera	UA	Uraufführung
Ko	Kostüme	Zw	Zwischentitel
M	Musik		

Die Stummfilme

1. Luffar-Petter

Schweden 1922. PRB: Erik A. Petschler. K: Norberg. D: Erik A. Petschler
(Feuerwehrhauptmann Erik Silverjälm/Max August Petterson alias Luffar-
Petter), GRETA GUSTAFSSON (Greta Nordberg), Helmer Larsson (Artillerie-
hauptmann), Fredrik Olsson (Polizeioffizier), Tyra Ryman (Tyra), Gucken
Cederborg (Frau des Bürgermeisters). UA: 26.12.1922.

2. Gösta Berlings Saga (Gösta Berling)

Schweden 1924. 165 Minuten. P: Svensk Filmindustri. R: Mauritz Stiller. B:
Mauritz Stiller, Ragnar Hyltén-Cavallius (nach dem Roman von Selma Lager-
löf). K: J. Julius Jaenzon. A: Villiem Bryde. D: Lars Hanson (Gösta Berling),
Gerda Lundeqvist-Dalstrom (Margareta Samszelius), Otto Elg-Lundberg
(Major Samszelius), Sixten Malmerfeldt (Melchior Sinclaire), GRETA GARBO
(Elisabeth Dohna), Karin Swanström (Gustafva Sinclaire), Jenny Hasselqvist
(Marianne Sinclaire), Ellen Hartmann-Cederström (Märta Dohna), Mona
Mårtensson (Ebba Dohna), Torsten Hammarén (Henrik Dohna). UA:
10.3.1924.

3. Die freudlose Gasse

Deutschland 1925. 139 Minuten (24 B/s); 110 Minuten (Tonfassung). P: So-
far Film. R: Georg Wilhelm Pabst. B: Willi Haas (nach dem Roman von Hugo

Bettauer). K: Guido Seeber, Curt Oertel, Robert Lach. A: Sohnie und Otto Erdmann. D: Werner Krauss (Der Fleischer), Jaro Fürth (Hofrat Franz Rumfort), Asta Nielsen (Maria Lachner), GRETA GARBO (Greta Rumfort), Valeska Gert (Frau Greifer), Einar Hanson (Leutnant Davy), Agnes Esterhazy (Regina Rosenow), Loni Nest (Rosa Rumfort), Henry Stuart (Egon Stirner), Robert Garrison (Don Alfonzo Canez), Tamara Tolstoi (Lia Leid). UA: 18.5.1925.

4. The Torrent

USA 1926. 75 Minuten (24 B/s). P: MGM (Hunt Stromberg). R: Monta Bell. B: Dorothy Farnum (nach dem Roman »Entre naranjos« von Vicente Blasco-Ibáñez). K: William Daniels. S: Frank Sullivan. D: Ricardo Cortez (Don Rafael Brull), GRETA GARBO (Leonora), Gertrude Olmstead (Remedios), Edward Connelly (Pedro Moreno), Lucien Littlefield (Cupido), Martha Mattox (Doña Bernardo Brull), Lucy Beaumont (Don Andreas), Tully Marshall (Doña Pepa), Mack Swain (Don Matias), Arthur Edmund Carewe (Salvatti), Lillia Leighton (Isabel). UA: 21.2.1926.

5. The Temptress (Totentanz der Liebe)

USA 1926. 95 Minuten. P: MGM. R: Fred Niblo, Mauritz Stiller. B: Dorothy Farnum (nach dem Roman »La tierra de todos« von Vicente Blasco-Ibáñez). Zw: Marion Ainslee. K: Tony Gaudio. S: Lloyd Nosler. D: Antonio Moreno (Manuel Robledo), GRETA GARBO (Elena), Roy d'Arcy (Manos Duros), Marc McDermott (Monsieur Fontenoy), Lionel Barrymore (Canterac), Virginia Brown Faire (Celinda), Armand Kaliz (Marquis von Torre Blanca), Alys Murrell (Josephine), Tom Dugan (Jeronimo). UA: 10.10.1926.

6. Flesh and the Devil (Es war)

USA 1926. 109 Minuten. P: MGM (Clarence Brown). R: Clarence Brown. B: Benjamin Glazer, Hans Kraly (nach dem Roman »Es war« von Hermann Sudermann). K: William Daniels. A: Cedric Gibbons. S: Lloyd Nosler. D: John Gilbert (Leo von Sellinthin), GRETA GARBO (Felicitas van Kletzingk), Lars Hanson (Ulrich van Kletzingk), Barbara Kent (Hertha Prochvitz), William Orlamond (Onkel Kutowski), George Fawcett (Pastor Breckenburg), Eugenie Besserer (Leos Mutter), Marc McDermott (Graf von Rhaden), Marcelle Corday (Minna). UA: 9.1.1927.

7. Love (Anna Karenina)

USA 1927. 82 Minuten (24 B/s). P: MGM (Edmund Goulding). R: Edmund Goulding, Dimitri Buchoweitzki. B: Frances Marion, Lorna Moon (nach dem Roman »Anna Karenina« von Leo Tolstoi). Zw: Marion Ainslee, Ruth Cummings. K: William Daniels. A: Cedric Gibbons, Alexander Toluboff. S: Hugh Wynn. D: GRETA GARBO (Anna Karenina), John Gilbert (Vronski), George Fawcett (Großherzog), Emily Fitzroy (Großherzogin), Brandon Hurst (Karenin), Philippe de Lacy (Serescha). UA: 29.11.1927.

8. The Divine Woman (Das göttliche Weib)

USA 1927. ca. 95 Minuten (24 B/s). P: MGM (Victor Sjöström). R: Victor Sjöström. B: Dorothy Farnum (nach dem Theaterstück »Starlight« von Gladys Unger). Zw: John Colton. K: Oliver T. Marsh. A: Cedric Gibbons. S: Conrad A. Nervig. D: GRETA GARBO (Marianne), Lars Hanson (Lucien), Lowell Sherman (M. Legrande), Polly Moran (Mme. Pigonier), Dorothy Cummings (Mme. Zizi Rouck), John Mack Brown (Jean Lery), Cesare Gravina (Gigi), Paulette Duval (Paulette). UA: 14.1.1928.

9. The Mysterious Lady (Der Krieg im Dunkel)

USA 1928. 84 Minuten (24 B/s). P: MGM. R: Fred Niblo. B: Bess Meredyth (nach dem Roman »Krieg im Dunkel« von Ludwig Wolff). Zw: Marion Ainslee, Ruth Cummings. K: William Daniels. S: Margaret Booth. D: GRETA GARBO (Tania), Conrad Nagel (Captain Karl von Heinersdorff), Gustav von Seyffertitz (General Alexandroff), Edward Connelly (Colonel von Raden), Albert Pollet (Max), Richard Alexander (Adjutant). UA: 4.8.1928.

10. A Woman of Affairs (Herrin der Liebe)

USA 1928. 90 Minuten (24 B/s). P: MGM. R: Clarence Brown. B: Bess Meredyth (nach dem Roman »The Green Hat« von Michael Arlen). K: William Daniels. A: Cedric Gibbons. S: Hugh Wynn. D: GRETA GARBO (Diana Merrick), John Gilbert (Neville), Lewis Stone (Hugh), John Mack Brown (David), Douglas Fairbanks jr. (Geoffrey Merrick), Hobart Bosworth (Sir Montague), Dorothy Sebastian (Constance). UA: 19.1.1929.

11. Wild Orchids (Wilde Orchideen)

USA 1929. 100 Minuten. P: MGM. R: Sidney Franklin. B: Hans Kraly, Richard Schayer, Willis Goldbeck (nach der Story »Hunt« von John Coltron). K: William Daniels. S: Conrad A. Nervig. D: GRETA GARBO (Lillie Sterling), Lewis Stone (John Sterling), Nils Asther (Prinz de Gace). UA: 30.3.1929.

12. The Single Standard (Unsichtbare Fesseln)

USA 1929. 73 Minuten. P: MGM. R: John S. Robertson. B: Josephine Lovett (nach dem Roman von Adela Rogers St. Johns). Zw: Marion Ainslee. K: Oliver T. Marsh. A: Cedric Gibbons. S: Blanche Sewell. D: GRETA GARBO (Arden Stuart), Nils Asther (Packy Cannon), John Mack Brown (Tommy Hewlett), Dorothy Sebastian (Mercedes), Lane Chandler (Ding Stuart), Robert Castle (Anthony Kendall), Mahlon Hamilton (Mr. Glendenning), Kathlyn Williams (Mrs. Glendenning), Zeffie Tilbury (Mrs. Handley), Joel McCrea (Blythe). UA: 27.7.1929.

13. The Kiss (Der Kuß)

USA 1929. 65 Minuten (24 B/s). P: MGM. R: Jacques Feyder. B: Hans Kraly, George M. Saville, Jacques Feyder. Zw: Marion Ainslee. K: William Daniels. A: Cedric Gibbons. S: Ben Lewis. D: GRETA GARBO (Madame Irene Guarry), Conrad Nagel (André), Anders Randolf (Monsieur Guarry), Holmes Herbert (Lassalle), Lew Ayres (Pierre), George Davis (Durant). UA: 15.11.1929.

Die Tonfilme

14. Anna Christie

USA 1930. 74 Minuten. P: MGM. R: Clarence Brown. B: Frances Marion (nach dem Theaterstück von Eugene O'Neill). K: William Daniels. A: Cedric Gibbons. S: Hugh Wynn. T: Douglas Shearer. D: GRETA GARBO (Anna Christie), Charles Bickford (Matt Burke), Marie Dressler (Marthy), James T. Mack (Johnny, der Priester), Lee Phelps (Larry), George F. Marion (Chris). UA: 4.3.1930.

14a. Anna Christie (deutsche Fassung)

Deutschland 1930. 82 Minuten. P: MGM. R: Jacques Feyder. B. Frances Marion, Salka Viertel. D: GRETA GARBO (Anna Christie), Theo Shall (Chris), Hans Junkerman (Matt Burke), Salka Viertel (Marthy).

15. Romance (Romanze)

USA 1930. 76 Minuten. P: MGM. R: Clarence Brown. B: Bess Meredyth, Edwin Justus Mayer (nach dem Theaterstück »Signore Cavallini« von Edward Sheldon). K: William Daniels. A: Cedric Gibbons. Ko: Adrian. S: Hugh Wynn, Leslie F. Wilder. D: GRETA GARBO (Rita Cavallini), Lewis Stone (Cornelius van Tuyl), Gavin Gordon (Tom Armstrong), Elliott Nugent (Harry), Florence Lake (Susan van Tuyl), Clara Blandick (Miss Armstrong), Henry Armetta (Beppo), Mathilde Hammond (Vannunci), Rina de Liguoro (Nina). UA: 22.8.1930.

16. Inspiration (Yvonne)

USA 1931. 74 Minuten. P: MGM. R: Clarence Brown. B: Gene Markey (nach dem Roman »Sapho« von Alphonse Daudet). K: William Daniels. A: Cedric Gibbons. Ko: Adrian. S: Conrad A. Nervig. D: GRETA GARBO (Yvonne), Robert Montgomery (André), Lewis Stone (Delval), Marjorie Rambeau (Lulu), Judith Vosselli (Odette), Beryl Mercer (Marthe), John Miljan (Coutant), Edwin Maxwell (Julian Montell), Oscar Apfel (Vignaud), Joan Marsh (Madeleine), Zelda Sears (Paulina), Karen Morley (Liane), Gwenn Lee (Gaby), Paul MacAllister (Jouvet). UA: 6.2.1931.

17. Susan Lenox: Her Fall and Rise (Helgas Fall und Aufstieg/Susan Lenox)

USA 1931. 76 Minuten. P: MGM (Paul Bern). R: Robert Z. Leonard, King Vidor. B: Wanda Turchock (nach dem Roman von David Graham Phillips). Dial: Zelda Sears, Edith Fitzgerald, Leon Gordon. K: William Daniels. Ko: Adrian. S: Margaret Booth. D: GRETA GARBO (Susan Lenox), Clark Gable (Rodney), Jean Hersholt (Ohlin), John Miljan (Burlingham), Alan Hale (Mondstrum), Hale Hamilton (Mike Kelly), Hilda Vaughn (Astrid), Russell Simpson (Doctor), Cecil Cunningham (Madame Panoramia), Ian Keith (Robert Lane), Theodor von Eltz (Herr Kemper), Marjorie King (Vera), Helene Millard (Mrs. Rodney Spencer). UA: 16.10.1931.

18. Mata Hari (Mata Hari)

USA 1931. 92 Minuten. P: MGM. R: George Fitzmaurice. B: Benjamin Glazer, Leo Birinski. Dial: Doris Anderson, Gilbert Emery. K: William Daniels. A: Cedric Gibbons. Ko: Adrian. S: Frank Sullivan. D: GRETA GARBO (Mata Hari), Ramon Novarro (Leutnant Alexis Rosanoff), Lionel Barrymore (General Shubin), Lewis Stone (Adriani), C. Henry Gordon (Dubois), Karen Morley (Carlotta), Alec B. Francis (Caros), Blanche Frederici (Schwester Angelika), Edmund Breese (Wächter), Helen Kerome Eddy (Hermona Genoveva). UA: 31.12.1931.

19. Grand Hotel (Menschen im Hotel)

USA 1932. 115 Minuten. P: MGM (Irving Thalberg). R: Edmund Goulding. B: William A. Drake (nach dem Theaterstück von Vicki Baum). K: William Daniels. M: Herbert Stothart. A: Cedric Gibbons. Ko: Adrian. S: Blanche Sewell. T: Douglas Shearer. D: GRETA GARBO (Grusinskaja), John Barrymore (Baron von Gaigern), Joan Crawford (Flämmchen), Wallace Beery (Preysing), Lionel Barrymore (Otto Kringelein), Lewis Stone (Dr. Otternschlag), Jean Hersholt (Senf), Robert McWade (Meierheim), Purnell B. Pratt (Zinnowitz),

Ferdinand Gottschalk (Pimenov), Rafaela Ottiano (Suzette), Morgan Wallace (Chauffeur), Tully Marshall (Gerstenkorn). UA: 12.4.1932.

20. As You Desire Me (Wie du mich wünschst)

USA 1932. 71 Minuten. P: MGM (George Fitzmaurice). R: George Fitzmaurice. B: Gene Markey (nach dem Theaterstück »Come tu me vuoi« von Luigi Pirandello). K: William Daniels. M: Herbert Stothart. A: Cedric Gibbons. Ko: Adrian. S: George Hively. D: GRETA GARBO (Maria/Zara), Melvyn Douglas (Graf Bruno Varelli), Erich von Stroheim (Carl Salter), Owen Moore (Tony Boffie), Hedda Hopper (Madame Mantari), Rafaela Ottiano (Lena), Warburton Gamble (Baron), Albert Conti (Captain), William Ricciardi (Pietro), Roland Varno (Albert). UA: 2.6.1932.

21. Queen Christina (Königin Christina)

USA 1933. 101 Minuten. P: MGM (Walter Wanger). R: Rouben Mamoulian. B: Salka Viertel, H. M. Harwood, Margaret F. Levine. Dial: S. N. Behrman. K: William Daniels. M: Herbert Stothart. A: Alexander Toluboff, Edwin B. Willis. Ko: Adrian. S: Blanche Sewell. T: Douglas Shearer. D: GRETA GARBO (Königin Christina), John Gilbert (Don Antonio de la Prada), Ian Keith (Magnus), Lewis Stone (Kanzler Oxenstierna), Elizabeth Young (Ebba Sparre), C. Aubrey Smith (Aage), Reginald Owen (Prinz Charles), Georges Renevent (franz. Botschafter), David Torrence (Erzbischof), Gustav von Seyffertitz (General), Ferdinand Munier (Gastwirt), Cora Sue Collins (Christina als Kind). UA: 26.12.1933.

22. The Painted Veil (Der bunte Schleier)

USA 1934. 84 Minuten. P: MGM (Hunt Stromberg). R: Richard Boleslawski. B: John Meehan, Salka Viertel, Edith Fitzgerald (nach dem Roman von W. Somerset Maugham). K: William Daniels. M: Herbert Stothart. A: Cedric Gibbons, Alexander Toluboff, Edwin B. Willis. Ko: Adrian. S: Hugh Wynn. T: Douglas Shearer. D: GRETA GARBO (Katrin Fane), Herbert Marshall (Walter Fane), George Brent (Jack Townsend), Warner Oland (General Yu), Jean Hersholt (Herr Koerber), Beulah Bondi (Frau Koerber), Katherine Alexander (Mrs. Townsend), Cecilia Parker (Olga), Soo Yong (Amah), Forrester Harvey (Waddington). UA: 7.12.1934.

23. Anna Karenina (Anna Karenina)

USA 1935. 95 Minuten. P: MGM (David O. Selznick). R: Clarence Brown. B: Clemence Dane, Salka Viertel (nach dem Roman von Leo Tolstoi). Dial: S. N. Behrman. K: William Daniels. M: Herbert Strothart. A: Cedric Gibbons,

Fredric Hope, Edwin B. Willis. Ko: Adrian. S: Robert J. Kern. T: Douglas Shearer. D: GRETA GARBO (Anna Karenina), Fredric March (Vronski), Freddie Bartholomew (Sergei), Maureen O'Sullivan (Kitty), May Robson (Gräfin Vronski), Basil Rathbone (Karenin), Reginald Owen (Stiva), Reginald Denny (Yashvin), Phoebe Foster (Dolly), Gyles Isham (Levin), Buster Phelps (Grischa), Joan Marsh (Lili), Cora Sue Collins (Tania), Joe E. Tozer (Majordomus), Mary Forbes (Prinzessin Sorokina). UA: 30.8.1935.

24. Camille (Die Kameliendame)

USA 1936. 109 Minuten. P: MGM (Irving Thalberg, Bernard Hyman). R: George Cukor. B: Zoë Atkins, Frances Marion, James Hilton (nach dem Roman und Theaterstück »La Dame aux Camélias« von Alexandre Dumas). K: William Daniels, Karl Freund. M: Herbert Stothart, Giuseppe Verdi. A: Cedric Gibbons, Fredric Hope, Edwin B. Willis. Ko: Adrian. S: Margaret Booth. T: Douglas Shearer. D: GRETA GARBO (Marguerite), Robert Taylor (Armand), Lionel Barrymore (Monsieur Duval), Elizabeth Allan (Nichette), Jessie Ralph (Nanine), Henry Daniell (Baron de Varville), Lenore Ulric (Olympe), Laura Hope Crews (Prudence), Rex O'Malley (Gaston), Russell Hardie (Gustave), E. E. Clive (Saint Gaudens), Douglas Walton (Henri), Marion Ballou (Corinne), Joan Brodel (Marie Jeanette), June Wilkins (Louise), Fritz Lieber jr. (Valentin), Elsie Esmonds (Mademoiselle Duval). UA: 22.1.1937.

25. Conquest (Maria Walewska)

USA 1937. 115 Minuten. P: MGM (Bernard H. Hyman). R: Clarence Brown. B: Samuel Hoffenstein, Salka Viertel, S. N. Behrman (nach dem Roman »Pani Walewska« von Waclaw Gasiorowski). K: Karl Freund. M: Herbert Stothart. A: Cedric Gibbons, Edwin B. Willis. Ko: Adrian. S: Tom Held. T: Douglas Shearer. D: GRETA GARBO (Maria Walewska), Charles Boyer (Napoleon), Reginald Owen (Talleyrand), Alan Marshal (Captain d'Ornano), Henry Stephenson (Graf Walewska), Leif Erickson (Paul Lachinski), Dame May Whitty (Laetitia Bonaparte), C. Henry Gordon (Prinz Poniatowski), Maria Ouspenskaya (Gräfin Pelagia). UA: 4.11.1937.

26. Ninotchka (Ninotschka)

USA 1939. 110 Minuten. P: MGM (Ernst Lubitsch). R: Ernst Lubitsch. B: Charles Brackett, Billy Wilder, Walter Reisch (nach der Story von Melchior Lengyel). K: William Daniels. M: Werner Richard Heymann. A: Cedric Gibbons, Randall Duell, Edwin B. Willis. Ko: Adrian. S: Gene Ruggiero. T: Douglas Shearer. D: GRETA GARBO (Ninotschka), Melvyn Douglas (Graf Leon d'Algout), Ina Claire (Großherzogin Swana), Bela Lugosi (Kommissar Razinin), Sig Rumann (Iranoff), Felix Bressart (Buljanoff), Alexander Granach

(Kopalski), Gregory Gaye (Graf Rakonin), Rolfe Sedan (Hotelmanager), Edwin Maxwell (Mercier), Richard Carle (Gaston). UA: 9.11.1939.

27. Two-Faced Woman (Die Frau mit den zwei Gesichtern)

USA 1941. 94 Minuten. P: MGM (Gottfried Reinhardt). R: George Cukor. B: S. N. Behrman, Salka Viertel, George Oppenheimer (nach dem Theaterstück von Ludwig Fulda). K: Joseph Ruttenberg. M: Bronislau Kaper. A: Cedric Gibbons, Edwin B. Willis. Ko: Adrian. S: George Boemler. T: Douglas Shearer. D: GRETA GARBO (Karin), Melvyn Douglas (Larry Blake), Constance Bennett (Griselda Vaughn), Roland Young (O. O. Miller), Robert Sterling (Dick Williams), Ruth Gordon (Miss Ellis), Frances Carson (Miss Dunbar), Bob Alton (Tänzer). UA: 31.12.1941.

Bemerkungen

Zu Beginn ihrer Karriere trat GRETA GARBO in zwei von Ragnar Ring inszenierten Werbespots, *Wie man Kleider nicht trägt* (Schweden 1921) und *Unser tägliches Brot* (Schweden 1922), auf. In James Cruzes *A Man's Man* (USA 1929) hatte sie einen kurzen Gastauftritt. 1984 inszenierte Sidney Lumet mit *Garbo Talks* (Die Göttliche) eine leise Komödie über eine von GRETA GARBO besessene Exzentrikerin (Anne Bancroft).

Register